Quand la terre tremble

HAROUN TAZIEFF

Quand la terre tremble

Documentation réunie par Mlle Valérie THOMAS
(fournie notamment par le Bureau de Recherches Géologiques et Minières)

FRANCE LOISIRS
123, boulevard de Grenelle, Paris.

Édition du Club France-Loisirs, Paris,
avec l'autorisation de la Librairie Arthème Fayard.

ISBN 2-7242-1091-3

La terre tremble

J'écris cette mise à jour au lendemain des tremblements de terre d'El Asnam, en Algérie, et d'Eboli, en Italie. Et de leurs milliers de morts. Ce chapitre initial comme celui qui termine ce livre sont de dix-huit ans plus jeunes que les pages qu'ils entourent, écrites après l'enquête que j'avais menée sur le terrain au lendemain du séisme, formidable, qui le 20 mai 1960 avait ravagé plus de cent cinquante mille kilomètres carrés de la moitié méridionale du Chili. Géologue tectonicien reconverti depuis alors douze ans à l'étude des éruptions volcaniques, je m'étais hâté d'y courir car, fait rarissime, une éruption avait éclaté quelques heures après ce tremblement de terre ; en règle générale, éruptions et séismes sont indépendants l'un de l'autre, quoique ce soient les mêmes processus qui les engendrent dans les tréfonds de la planète. Ce réveil de volcan et le formidable choc qui venait de ravager le pays, était-ce une coïncidence ou bien s'agissait-il d'une exception qui confirmait la règle ? Je passai plusieurs semaines, du volcan Puyehue, perdu au sud de la Cordillère des Andes, à la région épicentrale de Valdivia, et je vous avouerai tout de suite que, pas plus que quiconque d'ailleurs, je ne suis arrivé à savoir si la simultanéité des deux phénomènes était due au hasard ou était reliée comme un effet à sa cause. Je pense que seul le hasard a joué sauf, peut-être, que la secousse fut la goutte d'eau qui fit déborder le vase d'une éruption prête à éclater et dont elle aura avancé de quelques heures, voire de quelques jours, le déclenchement.

Le tectonicien en moi s'était réveillé aussi dans le volcanologue que j'étais devenu car, à parcourir les étendues immenses que le séisme avait gravement affectées, j'avais le privilège d'observer des phénomènes que d'habitude les géologues n'ont guère l'occasion que d'imaginer : affaissement de provinces entières, jeux de failles, surrections, glissements de terrain, création de lacs, tsunamis...

Mais pendant que mon esprit se régalait de tout cela, qui pour lui était de la découverte, ma compassion se faisait plus aiguë, à côtoyer jour après jour des centaines de milliers de rescapés.

Compassion bientôt accompagnée de l'indignation que soulevait en moi la mise à nu de l'égoïsme de certains possédants, de certains dirigeants, de certains fonctionnaires, la mise en évidence aussi d'imprévoyances gouvernementales et de la malhonnêteté de certains constructeurs.

Car le scandale éclatait : la plupart des victimes auraient échappé à la mort si les bâtiments avaient été édifiés de façon à résister aux secousses : seuls debout au milieu des ruines, ceux qui avaient été conçus pour cela le démontraient. Mais ils étaient rares, montrant à l'évidence que les autorités administratives n'imposaient pas le respect des règles, dites parasismiques, qui permettent aux bâtiments de ne pas s'effondrer sur les gens. Ou qu'en tout cas, elles n'en surveillaient pas l'application, ce qui permettait à tel architecte ou à tel entrepreneur d'empocher les dix, les vingt ou les trente pour cent représentant le surcoût que ce type de construction peut signifier.

Dès lors, sensibilisé à cet aspect des problèmes posés par la sismicité, chaque fois que l'occasion s'en est offerte j'ai observé ce qui s'était produit lors d'un tremblement de terre destructeur et cherché à en tirer la leçon. Il me faut avouer aussi que, depuis cette expérience chilienne, j'ai toujours évité d'aller faire mes petites investigations tectoniques aussitôt après quelque séisme majeur lorsque celui-ci avait frappé une région peuplée : tout au long de ces semaines passées à parcourir les zones sinistrées du Chili méridional un complexe de culpabilité s'était développé en moi, car dans ce pays dévasté, sans plus ni chemins de fer ni routes utilisables, et par là même affamé, tout ce que mes deux compagnons et moi mangions, c'était ces malheureux qui ne le mangeraient pas.

Ce qu'écrit, à propos du relogement des sinistrés du cataclysme d'Eboli, l'envoyé spécial du *Monde* (9 décembre 1980) illustre bien la chose : « ... vingt mille personnes se sont réfugiées dans des écoles, dix mille ont squatterisé des logements, sept mille cinq cents habitent leur voiture, quatre mille quatre cents sont hébergées dans des hôtels, dans des casernes et dans des couvents, deux mille se sont repliées dans des wagons, mille six cents dans des bateaux et enfin, mille dans des autobus ». Vous iriez, vous, occuper une chambre là-bas pour enrichir votre savoir scientifique et faire quelques publications professionnelles intéressantes ? Heureusement pour les chercheurs que les séismes intéressent, il s'en produit de colossaux ailleurs que dans les pays surpeuplés. En Alaska entre autres, qui est de surcroît l'une des plus belles contrées du monde.

Les tremblements de terre s'étudient de deux façons : sur le terrain, où l'on cherche à observer les modifications morphologiques et les événements structuraux qu'ils provoquent ainsi que la nature et la répartition des « répliques » (ces secousses, parfois fortes, qui se succèdent des semaines voire des mois durant après tout grand séisme) et en laboratoire où l'on enregistre tout d'abord, puis l'on analyse et interprète les différents types d'ondes que ces chocs engendrent. Cette dernière approche est d'une fécondité extrême pour la connaissance non seulement des mécanismes sismiques mais aussi de l'architecture profonde de la planète, des structures et même de la nature des couches concentriques qui la constituent. Par contre elle ne contribue pas tellement, pas encore du moins, à protéger contre les effets des séismes les milliards d'êtres humains qui leur sont exposés.

Quand je dis qu'elle n'y contribue guère, j'entends d'une part que le savoir fondamental et essentiel que cette approche du phénomène apporte n'en réduit pas les risques, d'autre part que cette connaissance des mécanismes sismiques, la plupart des sismologues ne l'utilisent pas pour, grâce à la compétence qui est la leur, imposer les précautions nécessaires aux autorités qui gouvernent les nations et portent la responsabilité de la sécurité civile.

Cette espèce de « neutralité », face aux autorités, des scientifiques spécialisés, ce refus de politiser les événements sismiques, qui cependant sont aussi événements sociaux, événements économiques, donc événements politiques, cette retraite dans une tour d'ivoire académique permet auxdites autorités dans la plupart des pays susceptibles d'être secoués de façon catastrophique, et entre autres la France, de profiter d'une part de l'ignorance de la masse des citoyens et de l'autre du silence des sismologues, pour ne rien faire de ce qui devrait, ou de ce qui pourrait être fait.

A force de courir le monde et, sauf pour de trop rares pays — États-Unis et Japon pour ceux que je connais de façon directe, Chine d'après tout ce que j'en ai appris par ouï-dire —, à force de constater les carences des pouvoirs publics et des intérêts privés, j'ai pris sur moi de dire ce que beaucoup de collègues pensent. Ces manières fâcheuses indisposent la gent universitaire et scientifique à laquelle j'appartiens, mais mieux vaut se rendre impopulaire en énonçant des vérités, pour déplaisantes qu'elles soient, que soigner sa petite carrière en les taisant, en les dissimulant, voire, pour certains, en les déformant. Et comme j'appelle un chat un chat et fripons ceux qui n'ont pas pris, ou qui n'ont pas fait prendre, les mesures susceptibles d'éviter des morts évitables, je m'attire des inimitiés, d'autant plus hargneuses que sont dénués de probité et de courage ceux qui les ressentent.

Depuis que j'ai écrit la première édition de ce livre, il s'est produit de nombreuses catastrophes sismiques de par le monde et leur histoire est presque toujours la même : champs de ruines, pareilles à celles que laissent les bombardements, morts, blessés graves, gens désespérés par centaines ou par milliers. Par centaines de milliers parfois, comme le 28 juillet 1976 à Tangshan, cent cinquante kilomètres à l'est de Pékin, où près d'un million de personnes perdirent la vie en quelques instants.

Quatre-vingt-dix fois sur cent les drames résultent exclusivement de la destruction des bâtiments. Il est fort rare que lors d'un tremblement de terre les gens périssent d'une façon différente. Certes, il y eut, en 1960, les victimes des tsunamis provoqués par le grand séisme chilien dont je parle longuement plus loin; il y avait eu, en 1958, les quatre disparus dans l'extraordinaire lame d'eau d'origine sismique de Yakutat Bay en Alaska; il y eut, le 31 mai 1970, les vingt-cinq mille personnes ensevelies sous les colossales coulées de rocs, de glaces et de terres engendrées par l'écroulement de vastes pans de montagne lors du formidable tremblement de terre d'Ancash au Pérou; il y eut quelques douzaines de brûlés, le jour de Pâques 1964, lorsqu'un pétrolier se renversa et flamba sur le quai de Seward, encore en Alaska. C'est relativement peu, comparé au million et demi de morts durant la même vingtaine d'années, victimes de l'écroulement des édifices mal construits, je veux dire construits de façon à ne pas résister aux secousses telluriques...

Lorsque des glissements de terrains aussi gigantesques que celui de Lituya Bay dont je parlais à propos de l'Alaska se produisent à proximité d'une région peuplée, le bilan peut devenir effroyable et aucune architecture parasismique évidemment ne saurait résister.

On peut attribuer le degré XII à de tels effets sismiques, degré maximal de l'échelle des intensités, dite échelle de Mercalli modifiée, ou encore échelle MSK. Au degré XII, plus rien ne subsiste des constructions humaines et les paysages se trouvent bouleversés. Cela se produisit au Pérou le 31 mai 1970 et, paradoxalement, assez loin de l'épicentre du séisme, situé au large du port de Chimbote, sur la côte du Pacifique.

Officiellement, l'intensité maximale ne fut cependant que de IX et elle fut tout naturellement ressentie dans la zone épicentrale entre Chimbote et Casma. La surface secouée à force VIII dépassa les quatre-vingt mille kilomètres carrés, sur lesquels 80 % des habitations furent détruites. Officiellement toujours, il y eut 54 000 morts (je pense qu'en vérité il y en eut davantage) et plus de 150 000 blessés. Ce fut dans les 80 000 km^2 de cette zone VIII qu'une colossale avalanche de glaces, de rocs et de boue, détachée des flancs du mont Huascaran, sommet de plus de 6 700 m d'altitude dans la Cordillera Blanca, fonça à plus de 400 km à l'heure et, dans la vallée du rio Santa, ensevelit la ville de Yungay avec ses quelque vingt mille habitants. Cet anéantissement correspond bien à la définition du degré XII dans l'échelle internationale Mercalli modifiée : « Rien ne demeure plus des œuvres humaines; il se produit de véritables changements dans la topographie. » La zone avait beau se trouver à plus de 120 km de l'épicentre et dans la surface secouée jusqu'à seulement l'intensité de VIII, le site de Yungay a été frappé à force XII, même si ce désastre était dû non à la violence des secousses mais à des effets secondaires : des glissements de terrain.

Les tremblements de terre peuvent être l'un des plus terrifiants, l'un des plus dévastateurs, l'un des plus meurtriers des fléaux naturels. Ils sont très fréquents dans certaines zones de la surface terrestre, quasi inexistants en de vastes régions, plus ou moins rares ailleurs. Rares ne signifie malheureusement en aucune façon qu'ils ne soient pas à redouter. La France se trouve précisément dans cette situation-là.

Que des séismes redoutables frappent la France quarante ou cinquante fois par millénaire ne doit cependant pas alarmer les gens : le risque que l'on court d'être victime d'une secousse tellurique est incomparablement moindre que celui d'être blessé, gravement ou mortellement, dans un accident de la circulation. Et ce risque pourrait encore être réduit à cent, voire mille fois moins de sa valeur actuelle si l'on se décidait enfin à prendre les mesures de prévention qui s'imposent et à organiser les secours de façon rationnelle. Le dernier chapitre de ce livre reprendra cela plus en détail.

Avant d'aller plus loin, je voudrais résumer en quelques mots de quelle façon les tremblements de terre détruisent et tuent. Sans ordre hiérarchique interviennent ou peuvent survenir dans un séisme majeur : la vibration, d'autant plus destructrice qu'elle est prolongée, que son amplitude est grande et sa fréquence élevée; la rupture du sol, que celui-ci soit meuble ou de roc dur; l'éjection de boues et (ou) de sable par des fractures béantes; les glissements de terrain, tant à l'air libre que sous la mer; les incendies; les tsunamis, communément appelés « raz de marée »; l'affaissement soudain du sol, comme sa brusque surélévation.

Ces facteurs agissent autant sur la structure naturelle (sol, collines, montagnes, fonds sous-marins) que sur les constructions (bâtiments, viaducs, quais, barrages, ponts, remblais, routes, chemins de fer, etc.).

Il convient donc de prendre des mesures qui réduisent au plus strict minimum, voire à zéro, le nombre des victimes. En quoi consistent-elles ?

En Californie, l'une des régions les plus menacées du monde et celle où l'effort le plus grand est fait pour se protéger contre les effets des tremblements de terre, un code de construction parasismique a été établi en 1973 par des physiciens et des ingénieurs compétents et ses éditions successives sont constamment révisées. L'objectif premier en est « la sécurité civile » *(public safety)* par la construction de bâtiments capables :

— de résister aux séismes *mineurs* sans souffrir de dommages,

— de résister aux séismes *modérés* sans dommages de structures mais en subissant seulement quelques dommages n'affectant pas la structure,

— de résister aux séismes *majeurs* sans s'effondrer mais en subissant seulement quelques dommages de structure aussi bien que de non-structure ».

Le coût, d'après des experts californiens réputés (R.A. Paye, J.A. Blume et W.B. Joyner), représente de 20 à 40 % du prix du bâtiment. Ces auteurs ont publié le tableau suivant, qui montre l'étonnante supériorité du bois en tant que matériau :

Intensité	Facteur coût dommages % pour :	
MSK	Édifices bois	Autres bâtiments
VI	< 0.2	< 1
VII	2	5
VIII	5	15
IX	8	35
X	12	> 50

VI — Choc ressenti par tous. Difficultés à marcher. Vitres, vaisselle brisées, plâtres et maçonnerie fêlées.
VII — Difficulté à se tenir debout. Quelques cheminées cassent au faîte des toits, chutes de plâtres, de briques, de tuiles, de corniches.
VIII — Difficulté à conduire une voiture. Effondrement partiel de maçonnerie non renforcée contre les effets latéraux. Maisons charpentées (en bois) déplacées lorsqu'elles ne sont pas fixées aux fondations.

IX — Panique générale. Maçonnerie faible détruite; maçonnerie renforcée sérieusement endommagée. Maisons charpentées bois transportées lorsqu'elles ne sont pas solidaires des fondations. Charpentes tordues.
X — La plupart des maçonneries et des charpentes détruites avec leurs fondations. Destruction de quelques bâtiments de bois bien construits.

« Je voudrais répéter en quoi ces précautions consistent. Ces répétitions s'expliquent par le fait que les autorités dites responsables persistent, année après année, lustre après lustre, à garder les oreilles bouchées.

Premièrement, dans les zones susceptibles d'être frappées par des séismes destructeurs, ne plus rien construire qui ne réponde aux normes correspondant aux intensités possibles. Je rappelle qu'il ne s'agit nullement de bâtir des édifices qui supporteront sans souffrir les chocs les plus violents, mais des édifices qui, même si ce choc les rend inutilisables, ne s'effondrent pas, donc ne tuent ni ne blessent.

Parmi les principes de la construction parasismique, l'on peut signaler la nécessité de rendre étroitement solidaires les murs d'une part et les planchers de l'autre; les corniches sont à rigoureusement éviter. Le bois, et surtout les contre-plaqués, est le matériau qui supporte le mieux les secousses telluriques. Mais les maisons de bois doivent être bien fixées à leurs fondations. Plus les baies et les fenêtres sont grandes, moins la construction sera résistante. Plus la maison est basse, mieux se comportera-t-elle.

Les petits bâtiments à charpente d'acier résistent fort bien aux tremblements de terre alors que ceux de grande hauteur doivent être soigneusement calculés. Les immeubles en béton armé sont souvent plus mal construits en ce qui regarde la résistance aux chocs que ceux d'acier, car la qualité du béton comme celle de son armature entrent en jeu. Les points de connexion entre les diverses surfaces, verticales et horizontales, doivent être particulièrement soignés. Une hauteur d'étages modérée est recommandée ainsi qu'un nombre minimal d'ouvertures dans les murs.

Deuxièmement : mettre sur pied, pour tous les immeubles existants, un vaste programme de consolidation destiné à réduire au minimum possible le nombre des victimes. Un tel programme doit être mené à l'échelle de l'État comme à celui des régions, des départements, des municipalités, des sociétés privées et des particuliers. Son coût total, des centaines et des centaines de milliards de francs répartis sur une vingtaine d'années, serait largement couvert, d'une part, par l'inchiffrable économie de vies et d'invalidités, épargnées par milliers, ainsi que par la non-destruction d'innombrables immeubles, d'autre part, à l'échelle nationale, par la reprise économique de toutes les industries liées à la construction, c'est-à-dire par une réduction drastique du chômage.

Troisièmement : affiner la connaissance géologique des régions menacées de façon à localiser avec la précision la plus grande possible les failles de l'écorce terrestre susceptibles de tout à coup rejouer, c'est-à-dire de provoquer un tremblement de terre. Les effets d'un séisme sont évidemment maximaux à l'aplomb de la faille qui joue, et il convient donc de renforcer davantage les bâtiments qui s'en trouvent à proximité immédiate (et de commencer le programme de renforcement des bâtiments existants par ces zones, qui sont les plus menacées de toutes). L'intensité ressentie en un lieu déterminé est fonction de divers facteurs parmi lesquels les plus importants sont la force propre du séisme (ou magnitude), la profondeur de son foyer, la distance d'avec l'épicentre, la durée de la secousse, les fréquences et les amplitudes des vibrations, la nature du sol superficiel et celle du sous-sol rocheux. Ce dernier point signifie que les travaux géologiques doivent également préciser la plus ou moins grande cohérence des sols, leur épaisseur et la nature du socle de roc sur lequel ils reposent.

Quatrièmement : prenant exemple sur les Japonais et surtout les Chinois, il faut non seulement éduquer la population, lui apprendre ce que sont les tremblements de terre et comment réagir lorsqu'il s'en produit, mais aussi l'intéresser « activement » à la question. Les résultats obtenus en Chine sont à cet égard exemplaires. L'un des « secrets » en effet, pour échapper aux dangers soudains, quels qu'ils soient, dus à la nature ou dus à l'homme, c'est de garder son sang-froid. Je vous parle d'une expérience fort longue et variée.

Cinquièmement, prenant en « contre-exemple » le cas trop répandu de secours exagérément lents, mal organisés, voire détournés par des maffias toujours aux aguets de profits illicites, il faut prévoir et organiser de façon rationnelle et *compétente* les opérations de sauvetage afin de réduire à son minimum le pourcentage des morts, victimes des délais, des retards, des lenteurs apportées à secourir les personnes prisonnières des décombres, victimes des insuffisances techniques et médicales, à s'occuper des blessés, victimes des incohérences diverses dues à la surprise, à la non-préparation, parfois au manque de sang-froid des autorités administratives, voire des volontaires accourus à l'aide.

Lorsqu'on constate les insuffisances de l'Administration qui marquent la moindre des situations inhabituelles, depuis les embouteillages d'automobiles jusqu'au verglas ou aux congères et a fortiori aux calamités les plus graves comme les inondations, les pannes généralisées de courant électrique ou le naufrage des pétroliers, on peut imaginer l'efficacité des secours qui seront improvisés par une administration convaincue qu'un tremblement de terre désastreux ne peut être français... Les fameux « plans ORSEC » laissent quelque peu rêveur. Cependant il est à coup sûr possible d'en concevoir d'efficaces, il est à coup sûr possible de les faire appliquer par des gens bien organisés, bien encadrés, capables de conserver le calme indispensable, capables de réfléchir vite et de décider sur-le-champ de la manière dont il convient d'agir. Il semble évident que les corps militarisés, pompiers, gendarmeries diverses, armée, trouveraient là une façon de se rendre exceptionnellement utiles et de justifier le coût important qu'ils représentent pour les contribuables et, à l'instar des C.R.S. sauveteurs, de regagner la sympathie de leurs concitoyens que la politique menée, jusqu'à ce jour du moins, ne fait que continuellement rogner.

Comme Georges Buis l'écrivait dans *Le Monde* au lendemain du désastre italien de novembre 1980, il serait même judicieux d'organiser des secours militaires à l'échelle européenne.

Je souhaiterais que les autorités administratives qui gouvernent la France prennent exemple sur, par exemple, le Japon. En 1923, le grand séisme de Kanto (magnitude 7,9) avait détruit Tokyo et Yokohama, notamment par incendies, et causé des milliers de victimes. Depuis lors, les Japonais s'efforcent par tous les moyens de minimiser l'effet des séismes à venir. En France, où trois tremblements de terre de force X et XI (et de magnitude probablement supérieure à 7) ont détruit la région de Bâle et de Mulhouse en 1356, la Catalogne en 1428 et le pays de Nice en 1564, où le dernier choc d'intensité IX s'est produit à Lambesc en 1909, et où il est donc fort à craindre qu'un nouveau séisme de force IX et X se produise dans les prochaines décennies, en France *rien* n'est fait.

Les responsables nippons, qui savent que Tokyo sera de nouveau éprouvé, demain ou dans dix ans, ou dans cent, ont, dès lors, élaboré toute une stratégie destinée à minimiser les effets des tremblements de terre à venir. Stratégie qui va des normes de construction aux exercices annuels d'évacuation, en passant par l'élaboration de cartes des risques des divers secteurs de la cité, risques qui varient selon la nature du sol et celle du sous-sol, la hauteur au-dessus du niveau de la mer (certains édifices pourraient être envahis par les eaux si des digues se rompaient), la plus ou moins grande susceptibilité à flamber, la présence de stocks de carburant, les possibilités de lutte contre les incendies, la densité de la population, la proportion de routes, d'avenues et d'espaces libres. Le gouvernement nippon développe en conséquence un programme de construction et de reconstruction qui tient compte de tous ces facteurs. Il fait renforcer les structures telles que ponts, viaducs, quais, digues, tanks à gaz, à pétrole, à essence et autres combustibles. Il améliore les voies de communication et accroît le nombre des pompiers, plutôt que celui des policiers. Il fait construire des réservoirs d'eau et renforcer les refuges. Une semaine annuelle de préparation au tremblement de terre est mise sur pied pour habituer les citoyens à réagir le mieux possible et les encourager à s'organiser, entre autres à faire des réserves de nourriture, d'eau et d'extincteurs d'incendies, ainsi qu'à les entraîner à bien connaître les itinéraires de fuite et la conduite à tenir. En juillet 1976, l'exercice d'évacuation avait mobilisé 58 000 policiers, 2 200 véhicules de secours et une escadrille d'hélicoptères.

Une personne, émue par le nombre élevé de victimes, tant à Eboli qu'à El Asnam, des lenteurs apportées à dégager les gens piégés sous les décombres, vient de m'écrire suggérant que chacun, dans une zone susceptible d'être frappée par un séisme destructeur, porte sur soi un sifflet qui lui permettra, si besoin était, d'appeler de façon efficace.

Ce que fait le Japon laisse rêveur celui qui compare ce que font chez nous, ou plutôt ce que ne font pas, les gens que leurs fonctions rendent en principe responsables de la sécurité des citoyens. Agir contrairement à ce qu'on a le devoir de faire, cela ne se dit-il pas « forfaire » ?

Paris, février 1981

PREMIÈRE PARTIE

Le grand séisme du Chili

I

Destruction et mirages

De Santiago, la capitale du Chili, il n'y avait guère que l'avion pour atteindre les régions où avait fait rage la crise sismique de mai 1960, mais cette tragédie même faisait que tous les avions étaient combles. Nous avions cependant fini par trouver des places et par arriver à Puerto-Montt, où le Chili continental s'achève pratiquement sur la coupure est-ouest du golfe d'Ancud et où débute le monde de vents et de pluies de l'Archipel austral.

Dans cette ville en ruine, se loger tenait de la gageure; après avoir erré sac au dos dans la bruine tenace, nous heurtant partout à des refus excédés, nous avions enfin déniché une chambre dans une auberge à matelots où des gars au faciès patibulaire, adossés contre la cloison du corridor, mains au fond des poches, nous dévisageaient sans aménité pendant que nous discutions avec le tenancier. Le « Rex », comme la plupart des maisons du Sud chilien, était en bois; le séisme avait mis la bicoque de travers, et on l'avait étayée de troncs écorcés sans que cela lui donnât pour autant un aspect rassurant.

Harassés, mes trois camarades et moi avions jeté nos sacs sur le plancher et, lourdement assis sur le rebord des lits qui encombraient la chambre, nous commencions à débattre du problème du ravitaillement, a priori délicat dans une région complètement désorganisée par une catastrophe d'une telle ampleur. En dehors de Georges

Servajean, géologue professionnel, il n'y avait avec moi que des « amateurs », Pierre de Bourran et Maurice Mathieu, Français habitant le Chili, désireux à la fois de parcourir les régions dévastées par un séisme majeur (ce n'est pas là dans la vie d'un homme une occasion fréquente), et de m'aider par amitié à récolter les informations pour la recherche desquelles j'avais traversé l'Océan. C'était une équipe sympathique où l'humour aidait à supporter les contrariétés et où la gentillesse goguenarde était de règle. La chose n'est pas aussi fréquente que l'on peut le penser, car au cours des expéditions un tant soit peu inconfortables, la hargne, l'égoïsme, l'aspect chagrin d'un caractère beaucoup trop souvent apparaissent, même parmi des chercheurs scientifiques dont la formation intellectuelle devrait, semble-t-il, compenser la médiocrité congénitale du caractère. Ici, par contre, l'harmonie régna tout au long du voyage.

Nous commencions donc à discuter du ravitaillement, lorsque autour de nous soudain tout se mit à vibrer. Le mobilier rudimentaire, la cuvette émaillée et le broc, les vitres, les cloisons et la porte gauchie frémissaient dans un cliquetis dont le registre élevé stridulait sur un grondement profond qu'on eût dit d'un camion énorme roulant sur le pavé descellé de la rue.

Plus que toute autre manifestation redoutable de la nature, le tremblement de terre est par essence terrifiant, car plus que tout autre il met en question la stabilité du substratum même de l'existence humaine. Mais pour qui n'a pas vécu la terreur extrême d'un très grand séisme et conserve le caractère assez jeune pour éprouver de l'allégresse à se trouver aux prises avec quelque cataclysme, il y a une certaine griserie à percevoir ainsi la puissance colossale du monde et à se dire que l'on va vivre peut-être une expérience exceptionnelle... Nous regardions, partagés entre l'appel de la raison conseillant de se précipiter au-dehors avant que tout ne s'effondre et un fatalisme enfantin où l'impression juvénile d'invulnérabilité autant qu'une sorte d'esprit de jeu, de pari informulé, nous retenaient, presque heureux de frôler la catastrophe.

Cette *réplique*, comme on appelle les secousses qui se succèdent pendant plus d'une année parfois après un séisme violent, dura plus de vingt longues secondes puis, en quelques instants, s'éteignit.

Nous descendîmes dans la rue. Un faible courant alimentait les ampoules jaunâtres qui luisaient sous la pluie fine. L'alerte passée, les gens, l'air un peu hagard encore, se décidaient à rentrer. Par les rues humides et mal éclairées, nous déambulions dans la petite ville bouleversée par la terrible secousse du 22 mai comme par un bombardement. On avait commencé à déblayer la chaussée, on avait étayé des bâtiments qui, quoique debout encore, s'inclinaient de façon inquiétante. Malgré la similitude de ces ruines avec celles des cités écrasées sous les bombes, malgré les décombres d'où pointaient comme des membres raides poutres brisées et planches fendues, malgré les fenêtres crevées, les trottoirs éventrés, malgré l'étrangeté des quelques maisons intactes debout au milieu de cet anéantissement, tout ici, par d'indéfinissables et subtiles différences, me semblait fondamentalement *autre* que les lieux frappés par la guerre.

Sans doute était-ce là une réaction toute psychique. Sans doute, si je n'en avais pas connu au préalable la cause, aurais-je réagi à ces ruines-ci comme jadis aux autres; mais de savoir que tout cela était dû à un frisson du cuir de la planète, tel celui d'un épiderme de cheval que les muscles peaussiers font vibrer, me faisait percevoir derrière cette désolation je ne sais quelle dimension formidable. Formidable au sens premier du mot, et exaltante.

J'étais arrivé au Chili aussitôt que je l'avais pu après la catastrophe, avec mission d'observer l'éruption volcanique qui avait éclaté deux jours après le choc principal, et de rassembler les données nécessaires au tracé des *isoséistes,* ces lignes qui limitent les aires secouées avec une égale intensité. En ce début de juin, nous étions entrés dans l'hiver austral, avec ses nuages bas et lourds sans cesse chassés par les vents d'ouest et ses pluies presque ininterrompues qui transformaient en boue les chemins et les routes, déjà bien mauvais en temps ordinaire. Cela rendait difficiles les travaux, le ravitaillement de la population sinistrée, les secours... Et la tristesse d'une grisaille pluvieuse s'ajoutait à la désolation des ruines.

Pour tracer ces isoséistes, qui servent entre autres à localiser *l'épicentre* d'un choc, il allait falloir parcourir dans tous les sens la surface affectée, et elle était énorme : cent cinquante mille kilomètres carrés... Les trains ne roulaient plus, les routes étaient coupées en maints endroits, voire anéanties; pour se rendre d'un point du territoire à un autre, il ne restait que les avions, ceux des lignes commerciales ou ceux de l'armée, et les hélicoptères. Il y avait aussi le cheval, mais dans la pluie froide ce n'était là qu'un pis-aller, et pour des distances n'excédant pas une vingtaine de lieues.

Puerto-Montt, où nous découvrions à la lueur parcimonieuse des réverbères la puissance un instant réveillée de la Terre, était l'une des deux cités où la violence du choc avait été la plus grande; elle avait basculé les quais de béton du port, et grues, wagons chargés de quarante tonnes, hangars emplis de marchandises ou de minerais, avaient été précipités dans la mer; les navires à l'ancre s'étaient couchés sur le flanc; l'estacade zigzaguait en dents de scie grotesques; des quartiers entiers n'étaient plus que néant.

L'intensité du séisme, estimée d'après l'échelle internationale, avait atteint à Puerto-Montt comme à Valdivia le degré XI, c'est-à-dire le dernier avant celui qui est défini par « Destruction totale... objets lancés dans les airs ».

L'intensité ressentie en un lieu, bien entendu dépend

tout d'abord de la violence intrinsèque du choc; mais elle est également fonction de l'éloignement d'avec l'épicentre, comme aussi de la profondeur du *foyer* (le foyer est l'endroit où, à l'intérieur du globe, se produit la rupture qui cause la secousse; l'épicentre est, à la surface, le point situé verticalement au-dessus du foyer). Pour un même séisme, il y a donc beaucoup d'intensités différentes, et qui en général décroissent avec la distance. On pourrait presque dire qu'il y a autant d'intensités qu'il y a d'observateurs car, en dehors des « preuves » indubitables qu'un certain degré a été atteint, telles que vibration des vitres, chute de cheminées, déplacement d'objets ou fissures dans le sol, les critères d'évaluation, qui font appel aux observations individuelles, permettent à chacun une interprétation toute personnelle des événements. Sans avoir à mettre en doute l'honnêteté des témoins, il est certain que leur émotivité plus ou moins grande peut les induire à des descriptions parfois assez éloignées de la réalité; il faut aussi se méfier de la tendance qu'ont la plupart des gens à voir ce qu'ils s'attendent à voir, plutôt que ce qui se passe réellement. Ainsi, au cours de l'enquête longue de six semaines que nous entreprenions ce soir-là à Puerto-Montt, ai-je eu l'occasion de recueillir des témoignages formels auxquels cependant il était impossible d'ajouter foi : tel homme pondéré affirmait que durant le paroxysme les épais madriers soutenant le toit d'une véranda ondoyaient comme cordes pendantes; or, non seulement la chose était matériellement impossible à cause de la forte épaisseur de ces poteaux de moins de deux toises de haut, mais encore l'observation la plus minutieuse ne permettait-elle pas de découvrir à leur surface la moindre fêlure, la moindre fibre brisée qui eût peut-être prouvé que ce que l'homme avait cru voir était autre chose qu'une hallucination. A Lota, au sud de Concepcion, un jeune ingénieur à coup sûr objectif me décrivit les ondulations qui parcouraient la haute cheminée d'usine de la mine de charbon. Quoique cette cheminée de brique eût fini par se rompre à mi-hauteur, je n'ai pu ajouter foi à cette vision d'une cheminée-serpent, car ici encore, malgré la grande hauteur de l'édifice, nulle trace du mouvement qu'on lui aurait vu faire n'était décelable. Dans les contreforts de la Cordillère des Andes, le directeur d'une scierie, homme calme, intelligent, aussi digne de confiance que les autres, parlait de la chaussée « où couraient des vagues comme au bord de la mer »; mais nul pavé ne s'était descellé, nul symptôme ne témoignait d'un phénomène aussi extraordinaire. Et cependant... Chaque séisme de grande violence provoque des témoignages semblables, que ce soit au Japon, en Amérique, aux Indes ou en Chine. L'un de ceux auxquels on peut à coup sûr se fier est celui d'un physicien de l'Observatoire du Mont-Wilson, le docteur Anderson, que rapporte Richter : il se trouvait dans son laboratoire au moment du séisme de San Jacinto, le 21 avril 1918; comme il se dirigeait vers la porte, il vit le sol de ciment onduler en vagues de quatre à six pouces de creux, vagues dont les crêtes étaient à six ou dix pieds l'une de l'autre. Aussitôt le calme revenu, il examina ce plancher avec toute l'attention critique d'un homme de science : malgré l'aide d'une loupe, il ne put y découvrir la fente la plus infime...

Dans ce cas, celui d'un savant authentique dont le sang-froid était connu, l'on ne peut parler d'une fantasmagorie d'ordre psychique. Que peut-il donc se passer, qui donne l'illusion de vagues et n'en laisse aucune trace ? Peut-être certaines réactions physiologiques, comme la mise en vibration du liquide dans les canaux semi-circulaires de l'oreille ? Peut-être des phénomènes physiques, assimilables à ces mirages que chacun a vus sur l'asphalte des routes chauffées par le soleil, mais provoqués ici non par la chaleur mais par le changement de l'indice de réfraction de l'air à l'émergence des ondes sismiques ?... Pour résoudre ce problème, mineur mais fort intéressant, il faudra que des chercheurs spécialisés aient l'occasion, pris dans un séisme majeur, de disposer durant les secondes du paroxysme des moyens techniques et de la maîtrise de soi nécessaires aux observations et aux mesures indispensables.

II

Intensités et magnitudes

L'intensité d'un tremblement de terre, qui varie d'un point à l'autre, qui dépend de la distance, de la profondeur du foyer, de la durée des secousses, de la nature du sol et de celle du sous-sol, de la solidité des constructions, et aussi de la physiologie et de l'imagination des habitants, l'intensité ne suffit pas du tout à caractériser l'importance véritable d'un séisme.

J'en ai eu moi-même l'illustration à deux ans d'intervalle; en 1956, alors que je me trouvais dans les îles de la Sonde, il s'y produisit un tremblement de terre d'une très grande énergie qui fit osciller avec violence et pendant plus d'une heure les sismographes du monde entier; mais le foyer s'en trouvait à cent cinquante kilomètres de profondeur, et l'épicentre loin en mer : nous n'avons pas ressenti cette secousse davantage qu'aucune de celles qui, combien de fois par an, font vibrer les vitres des maisons, lorsqu'elles en possèdent, dans tous les archipels de l'Extrême-Orient. En mai 1958, par contre, dans l'île de Faial aux Açores, un essaim de plusieurs centaines de chocs en une seule nuit jeta la panique dans la population; mille maisons furent détruites, plusieurs villages anéantis. Ce séisme terrible était un contrecoup direct de l'éruption volcanique qui se poursuivait depuis huit mois à un mille au large de l'île, et son foyer fut très superficiel, ce qui le rendit tellement destructeur alors que, malgré cette intensité extrême, il passa inaperçu sur les sismogrammes, tant en Europe qu'en Amérique.

Ici, intensité X pour un choc si insignifiant qu'aucun observatoire sismologique ne le remarqua; là-bas, intensité II ou III pour un séisme majeur... Voilà qui montre combien la seule notion d'intensité est insuffisante pour caractériser l'importance véritable d'un tremblement de terre.

Les sismologues étaient frappés — et le sont d'ailleurs toujours — par l'écart qui existe parfois entre l'émotion, voire la panique que telle ou telle secousse provoque dans la population et la presse, et son peu d'importance réelle, que les sismographes leur révèlent. L'idée tout naturellement devait leur venir d'essayer d'établir une échelle de l'importance des tremblements de terre qui en reflète l'énergie véritable sur la base des inscriptions de leurs instruments, à l'abri des influences diverses qui tendent tantôt à exagérer les effets d'un séisme, tantôt à les réduire.

Délicat à résoudre, le problème intéressait surtout les savants des pays fortement sismiques et peuplés. Après une première tentative de Wadati, au Japon, C.F. Richter élabora à Pasadena une échelle de magnitudes destinée à comparer entre eux les tremblements de terre de Californie. Cette magnitude était calculée à partir de l'amplitude maximale des ondes enregistrées par un sismomètre de type bien déterminé, le « Wood-Anderson à torsion », dont toutes les stations du pays étaient équipées, ce qui permettait de confronter avec efficacité les enregistrements obtenus pour un même choc en divers points du territoire. Le système donna des résultats très satisfaisants pour les séismes locaux, aussi entreprit-on la tâche de l'étendre à ce que l'on nomme les *téléséismes*, c'est-à-dire ceux qui, se produisant à mille kilomètres au moins de la station d'enregistrement, sont assez forts pour en mettre les sismographes en branle. La chose est beaucoup plus compliquée que pour les secousses locales, car la transmission des diverses espèces d'ondes est influencée de multiples façons par la nature des parties du globe qu'elles ont à traverser pour parvenir au sismographe. Par exemple : les ondes qui, provenant d'Amérique Centrale, arrivent aux observatoires de Suède, sont considérablement amorties par un obstacle, probablement constitué par des failles profondes sous les Caraïbes; les ondes qui viennent par voie continentale répondent différemment de celles qui suivent le fond des océans; les amplitudes de certains types d'ondes, celles-là qui traversent le globe, varient très fort, et irrégulièrement hélas, avec la distance; d'autres ondes, très utiles pour la détermination des magnitudes, qui voyagent en suivant la surface de la planète et dont la période est beaucoup plus longue que celle des ondes superficielles, n'existent habituellement pas lorsque le foyer de la secousse est logé à grande profondeur; les caractéristiques des sismographes utilisés de par le monde diffèrent dans de larges mesures, etc. Malgré ces obstacles, Gutenberg, Richter, et à leur suite des savants travaillant dans des régions très diverses (Bath en Scandinavie, Filippo et Marcelli en Italie, Hayes en Nouvelle-Zélande, Peterschmitt en France, Schebalin et Soloviev en U.R.S.S., Tsuboï, Wadati et de nombreux autres chercheurs au Japon) ont progressivement réduit l'adversaire, et l'on approche de plus en plus d'une solution acceptable de ce difficile problème : déterminer la magnitude exacte d'un tremblement de terre et sa relation avec l'énergie libérée. Il reste cependant beaucoup à faire encore, mais un grand pas a été réalisé déjà, puisque l'importance réelle, *tectonique*, d'un séisme est désormais caractérisée par un chiffre, obtenu de façon objective et en principe indépendante de tout autre facteur que son énergie propre. La notion de magnitude est incomparablement supérieure à celle d'intensité : pour un même tremblement de terre, il y a de très nombreuses intensités, mais il n'existe qu'une seule magnitude.

L'échelle des magnitudes part de 0, comme celui d'une échelle ordinaire de température, où le 0 ne correspond nullement à « pas de température », puisqu'il existe des températures négatives, ce 0 ne signifie en aucune façon « pas de tremblement de terre »; simplement, on convient qu'un choc de magnitude 0 est tout juste assez fort pour que la plus grande amplitude d'onde inscrite par un sismographe placé à 100 km de l'épicentre soit de 1 micron seulement.

Au contraire des échelles d'intensité, où la progression est grossièrement arithmétique, c'est-à-dire que l'intensité VI vaut six fois l'intensité I et trois fois l'intensité II par exemple, l'échelle des magnitudes est logarithmique, et chaque unité est trente fois supérieure à la précédente : la magnitude 6 vaut trente fois la magnitude 5, 900 fois la 4, 27 000 fois la 3, 780 millions de fois la magnitude 0, et elle est 27 000 fois moins forte que la magnitude 9.

Les plus grands séismes enregistrés jusqu'à ce jour n'ont jamais atteint cette magnitude 9; selon les formules adoptées, la magnitude maximale, mesurée depuis qu'existent des sismographes, oscille entre 8,6 et 8,8. L'énergie que ces paroxismes libèrent sous forme d'ondes élastiques est donc de 20 000 milliards de fois supérieure à celle des plus légers tremblements de terre identifiables. On peut dire que tout choc de magnitude 8 et au-dessus est un cataclysme dans la région de l'épicentre; et il n'est pas recommandable de se trouver dans quoi que ce soit de supérieur à 7...

Les effets d'un tremblement de terre sont évidemment plus intenses si le foyer est superficiel que s'il est profond. En Californie, où les secousses se produisent à faible profondeur, on a pu établir entre la magnitude et les intensités ressenties dans la zone épicentrale les relations approximatives suivantes : 8 correspond à XI de l'échelle internationale de Mercalli (celle-ci est donnée en appendice), et on ressent le choc dans un rayon de 600 km; 7 correspond aux intensités IX à X, et est perceptible dans un rayon de 400 km; 6 à VII et VIII, et 220 km; la magnitude 3 correspond à l'intensité III et le choc est ressenti jusqu'à 15 km de distance.

J'ai beaucoup insisté sur cette notion de magnitude, trop peut-être au gré du lecteur, mais elle est très importante pour celui qui veut avoir une vision claire de la sismicité du globe et de l'importance relative des tremblements de terre que ce livre relate, comme de celle des séismes qui se produiront dans le monde lorsqu'il en aura terminé la lecture... Mais revenons au Chili. Depuis qu'il existe des sismographes, c'est-à-dire depuis la fin du XIXe siècle, on a enregistré 14 séismes de magnitude 8,6 ou 8,7[1]; en mai 1960, ce ne fut cependant pas simplement une formidable secousse qui dévasta le Chili, mais une *crise* de plusieurs jours, où se succédèrent des chocs de magnitudes comprises entre 7 et 8,7, crise la plus violente sans doute dont l'histoire humaine ait conservé le souvenir et la magnitude la plus élevée calculée sur sismogrammes, du moins jusqu'en janvier 1981...

Cela commença le samedi 21 mai à 6 h 02 du matin, en pleine obscurité encore. La grande ville de Concepción sur la côte, celle de Chillan à 100 km dans l'intérieur, et toute la presqu'île d'Arauco furent secouées par un séisme dont la magnitude, calculée plus tard dans divers observatoires du globe, fut de 7 3/4, et l'intensité de VIII. Du moins lui ai-je attribué ce degré après avoir consciencieusement parcouru la région. A Concepción, de nombreux édifices s'effondrèrent, clochers d'églises, vieilles maisons de brique ou de pierre. Plusieurs centaines de personnes furent écrasées dans leur lit par l'écroulement des murs. Cependant que les bâtiments construits après le séisme meurtrier de 1939 selon les principes de l'architecture antisismique résistèrent fort bien.

Une demi-heure après, toujours avant le lever du

1. Voir liste en appendice.

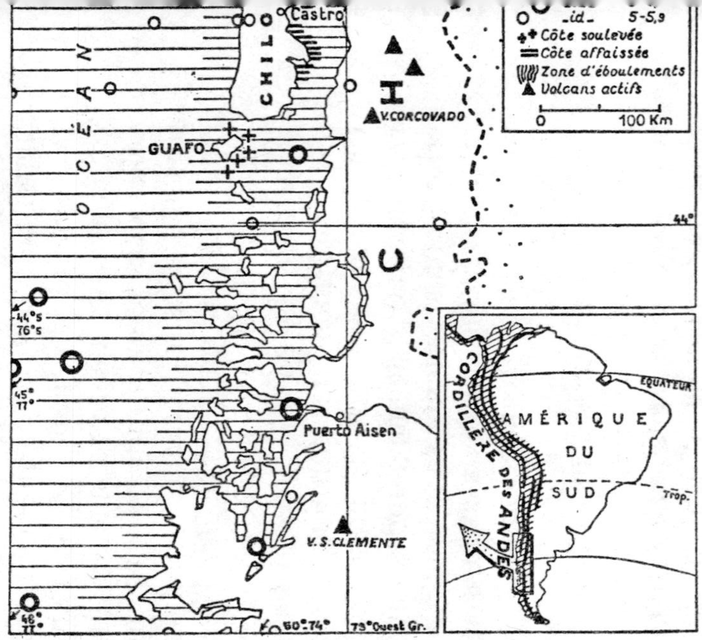

10/11 | Les séismes du Chili (d'après J.-P. Rothé).

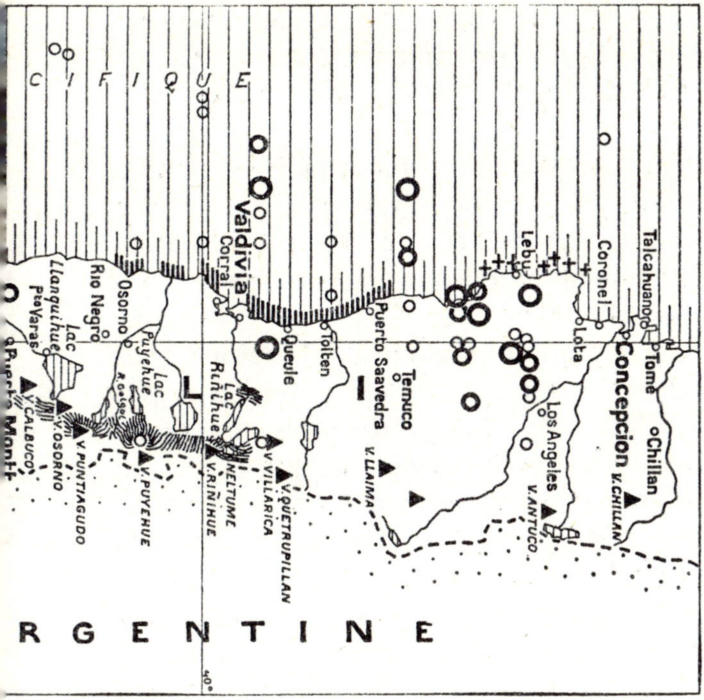
C I F I Q U E
Talcahuano
Coronel
Lebu
Lota
Tomé
Concepcion
Chillan
V. CHILLAN
Los Angeles
V. ANTUCO
Temuco
Puerto Saavedra
V. LLAIMA
Tolten
Queule
Valdivia
Corral
Lac Riñihue
V. VILLARICA
V. QUETRUPILLAN
NELTUME
V. RIÑIHUE
Lac Puyehue
V. PUYEHUE
Osorno
Rio Negro
Lac Llanquihue
Pto Varas
V. OSORNO
V. CALBUCO
V. PUNTIAGUDO
R G E N T I N E
40°

soleil, se produisit un deuxième choc aussi violent que l'autre. Si d'autres destructions vinrent s'ajouter aux premières, si la terreur fut plus grande encore que lors de l'alerte initiale, par contre il n'y eut guère de nouvelles victimes : la population était tout entière massée sur les places, les avenues, les espaces dégagés, instruite par une tradition semi-millénaire de ce danger principal des tremblements de terre : l'écroulement des édifices.

Un calme de trente-trois heures succéda à ce double choc de Concepción. Le temps était radieux, chose exceptionnelle en cette fin d'automne. Pour les milliers de sinistrés, c'était une grande chance. Pour les centaines de milliers qui l'allaient être, c'en fut une plus grande encore... Car lorsque le dimanche 22 mai à 3 heures de l'après-midi se produisit le paroxysme, la population, profitant du gai soleil de l'après-midi dominical, se trouvait en majeure partie hors des maisons.

Si la secousse s'était produite en semaine, ou la nuit, ou même si simplement le temps avait été médiocre, au lieu de quelques milliers, les victimes se seraient comptées par dizaines, voire par centaines de mille... De nuit, les gens auraient été surpris au lit par l'écroulement de leur demeure : sur les 352 421 maisons qui existaient dans la zone ébranlée, 58 622 ont été complètement détruites. En semaine, les usines, les bureaux, les ateliers, les écoles auraient été pleins de gens, employés, ouvriers, enfants... Il faut avoir contemplé certains de ces bâtiments, dont les étages s'étaient télescopés comme si les murs, soudain, s'étaient effacés, pour imaginer l'effroyable gâchis d'humains broyés qui se serait produit là en semaine... Le beau temps et l'heure elle-même — celle des matches de football hebdomadaires qui avaient attiré à l'extérieur des dizaines de milliers de personnes — leur avaient épargné la mort.

Un dernier facteur favorable avait joué, et réduit dans de grandes proportions le nombre des victimes : quinze minutes avant le paroxysme, une brutale secousse, de magnitude 7 3/4, déjà avait jeté l'alerte; et moins d'une minute avant la catastrophe, un choc prémonitoire, plus violent encore (magnitude supérieure à 7,8), mais insuffisant pour faire s'écrouler les murs, affola la population : la plupart de ceux qui, malgré le soleil, étaient dans les cinémas ou à la sieste, eurent le temps de se précipiter au-dehors. Puis ce fut le grand séisme...

La crise n'était pas achevée pour autant : durant les huit jours qui suivirent, trois chocs de grande énergie se produisirent encore, chocs qui n'étaient pas des répliques, car les épicentres qui, entre le 37ᵉ et le 48ᵉ parallèle, se répartissaient du nord au sud sur près de 1 350 km, ne correspondaient pas à celui du 22 mai. Ensuite, bien trop longue au gré des habitants, commença la période des répliques, dont la magnitude atteignit à diverses reprises le degré 7...

Les villes les plus éprouvées par la secousse majeure furent Valdivia, sur le parallèle 39° 40', Puerto-Montt, par 41°27', et Castro, dans la grande île de Chiloé, par 42° 28' de latitude sud, où l'intensité atteignit XI. Entre le 38ᵉ et le 45ᵉ parallèle, le degré VIII dut dépassé dans la plupart des cités : du nord au sud, 150 lieues furent ravagées. Nul séisme historique n'a dépassé cette ampleur.

La magnitude, notion introduite par Charles Richter en 1935, est généralement considérée comme représentant l'énergie libérée par un séisme. Au début, on utilisait l'amplitude des ondes de 0.1 à 2 secondes de période, et de 300 à 6 000 m de longueur : c'était la magnitude M_L, où L = local. Plus tard, d'autres formules furent employées, pour des ondes de 1 à 10 secondes (magnitude notée m_b, où b = body, c'est-à-dire intérieur de la planète), et pour les ondes de 20 secondes, de 60^{km} de longueur (M_S, où S signifie ondes de Surface).

Mais on a découvert qu'il existait aussi des ondes de très longue période (jusqu'à une heure) et dont la longueur atteignait plusieurs centaines et même plusieurs milliers de kilomètres.

L'on introduisit alors une notion nouvelle, celle du

moment sismique et il semblerait que ce moment — beaucoup plus aisément calculable pour les ondes très longues — constitue l'un des paramètres les plus représentatifs de l'énergie d'un séisme de grande envergure. Une nouvelle magnitude a été alors définie, baptisée M_W et qui répond à la formule $M_w = (\log M_o/1.5) - 10.7$, M_o = étant le moment sismique exprimé en dynes par cm (pour les séismes importants, M_o a des valeurs comprises entre 10^{28} et 10^{30} dynes par cm).

Avec cette méthode, la magnitude est définie en fonction de l'énergie alors que jusque-là c'était l'énergie qui était calculée d'après la magnitude. M_W correspond à M_L ou à M_S pour la plupart des tremblements de terre importants mais pas pour certains d'entre eux, que l'on qualifie de « grands » — le plus grand étant, précisément, celui de mai 1960 au Chili. Pour ces « grands » séismes, la magnitude M_W est beaucoup plus élevée que celles calculées d'après les ondes de 20s ou plus de période. Celui du Chili, au lieu de $M_s = 8.7$, a une magnitude $Mw = 9.5$ qui correspond à un moment sismique $M_o > 10^{30}$. Celui de 1964 en Alaska, de magnitude Richter 8.5, atteint 9.2 en M_w.

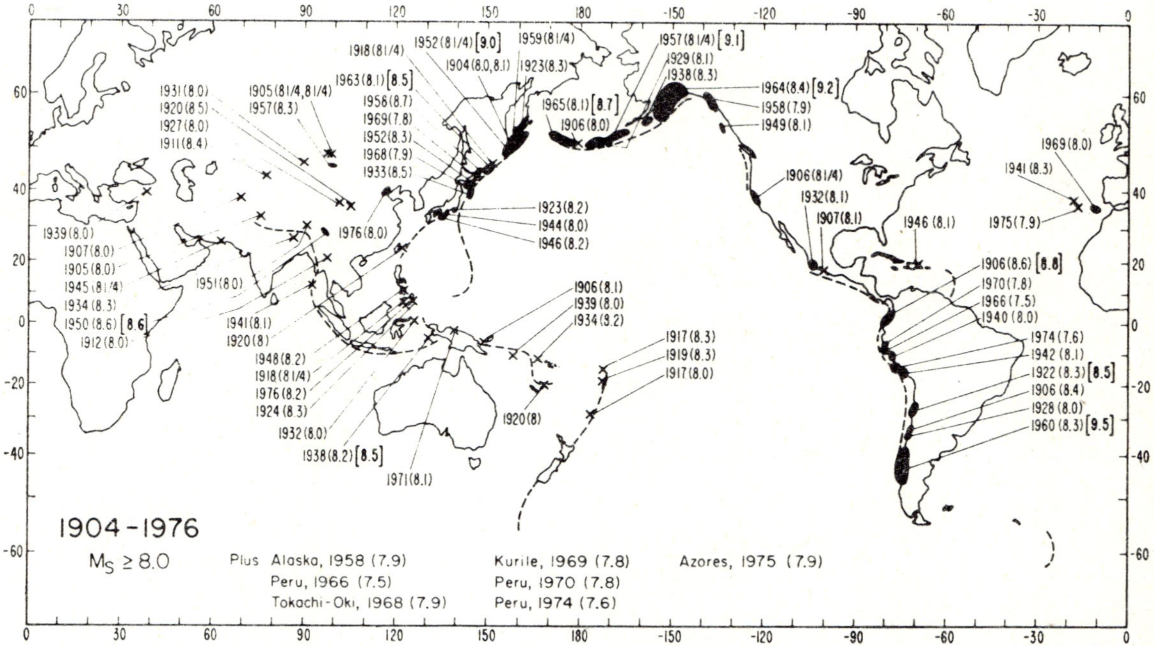

Tremblements de terre importants et étendus, pendant la période qui va de 1904 à 1976. La grandeur de la vague en superficie, M_s, est indiquée entre parenthèses et le M_w est indiqué entre crochets pour les dix tremblements les plus étendus.

Les zones les plus affectées sont signalées en noir.

III

Bâtir en pays instable

Le nombre des morts ne caractérise guère la violence réelle d'un tremblement de terre, et cette même année 1960 en a fourni la démonstration : alors qu'au Chili l'un des plus grands séismes jamais éprouvés faisait moins d'une demi-douzaine de milliers de victimes, deux soubresauts mineurs, comme il s'en produit impunément plusieurs centaines tous les ans, à Agadir et au Maroc et à Lar en Iran, tuaient des hommes par dizaines de mille. Les causes en sont, avant tout, la malchance et l'ignorance. La malchance, qui plaça l'épicentre d'un séisme tout juste sous une cité; l'ignorance, l'imprévoyance aussi : en de tels endroits, toujours menacés, il ne faudrait bâtir que des édifices capables de résister, sinon aux très grands chocs, du moins aux secousses « normales ».

Il existe des principes d'architecture asismique, et les preuves de leur efficacité abondent, du Japon à la Californie et de la Méditerranée à la Nouvelle-Zélande. Au Chili même, à Puerto-Montt, à Concepción ou à Valdivia par exemple : que ce fussent de petites maisons privées, des immeubles à étages nombreux ou des bâtiments industriels, les édifices construits selon ces principes ont finalement résisté aux chocs terribles et interminables de la crise de mai.

Dans les régions où de fortes secousses peuvent se produire, il est sage de respecter toujours certaines règles fondamentales. Tout d'abord, ne construire que sur un sol ferme; nous y reviendrons. Puis n'utiliser que des matériaux dont la cohérence et l'élasticité soient aussi grandes que possible : il est évident que le bois ou le béton armé conviennent mieux que la pierre ou la brique, éléments auxquels le mortier plus ou moins résistant ne confère qu'une homogénéité toute relative. Quel que soit d'autre part le matériau utilisé, les diverses parties d'un immeuble doivent être rendues solidaires les unes des autres par un chaînage intelligemment conçu. Ensuite, éviter la surcharge des parties hautes des bâtiments mais abaisser autant que possible le centre de gravité de l'ensemble; bannir les portées trop étendues entre supports verticaux; proscrire les corniches ou les lourds auvents en surplomb : ces « ornements » que seul un ancrage souvent précaire retient, ont tendance à se détacher dès l'intensité VII, Cependant que dès le degré VI s'abattent, trop souvent meurtrières, les cheminées de brique qui surmontent les toits.

A Valdivia, détruite à 80 p. 100, nous avons trop vu quel péril représentaient des immeubles construits au mépris de ces principes : sur la rive droite du fleuve Calle-Calle qui traverse la ville, les étages d'une grande brasserie (Valdivia est colonie allemande) se trouvaient tous les trois rassemblés au sous-sol... Cette usine centenaire avait pourtant résisté à de nombreux séismes, mais à mesure qu'avait grandi son importance, on avait installé aux étages supérieurs des machines toujours plus modernes, y accumulant pour finir l'excédent de charge qui cette fois détermina la catastrophe. Sur la rive gauche, une grande manufacture de chaussures s'était effondrée quoiqu'elle ne comportât qu'un rez-de-chaussée : la lourde toiture, dents de scie de béton et de verre, avait une portée de plusieurs dizaines de mètres sans soutien intermédiaire. Ces usines écrasées, je les ai vues et revues à chacun de nos passages par Valvidia, sans m'y habituer jamais, avec chaque fois la même angoisse au creux de la gorge à l'idée du massacre qui se serait produit là, le séisme survenant en semaine...

L'un des plus grands périls que courent les habitants d'une ville violemment ébranlée par un tremblement de terre est celui d'incendie : les foyers, les fourneaux se renversent, mettent le feu à ce qui les entoure, et la panique que provoque le séisme proprement dit fait que nul au début ne s'efforce d'éteindre ces flammes alors qu'elles sont petites encore; lorsque l'incendie fait rage, les amenées d'eau crevées, les rues défoncées, bloquées par les débris, interdisent aux pompiers d'intervenir... Heureux encore si des conduites de gaz rompues, des réservoirs à essence éventrés, alimentant l'incendie, ne rendent pas la situation désespérée. Les horribles hécatombes de San Francisco en 1906, et surtout du Kwanto 1923, où Tokyo et Yokohama furent anéanties, ont été essentiellement le résultat du feu.

Il arrive que des incendies se déclarent assez longtemps *après* un séisme, même un séisme faible mais suffisant pour fissurer des murs et des cheminées : le feu qu'une ménagère, plusieurs heures plus tard, rallumera pour cuire le repas ou réchauffer la maison, se faufilant par les craquelures ouvertes, va gagner les poutres, les solives, les charpentes...

Il n'y eut heureusement pas beaucoup d'incendies sur l'immense territoire si violemment secoué les 21 et 22 mai 1960. L'heure à laquelle les secousses se produisirent d'une part — bien avant l'aube, et tard dans l'après-midi —, la température clémente de l'autre, avaient fait que les fourneaux et les poêles étaient à chômer, cependant que le dimanche jouait ici encore son rôle bénéfique dans les secteurs industriels.

Par contre, c'est à travers les 150 000 km^2 sur lesquels les maisons furent détruites par les secousses, que j'ai pu voir jusqu'à satiété les effets de mal bâtir. Cependant, après la catastrophe qui, en 1939, détruisit Chillán et Concepción, les autorités gouvernementales avaient édicté des règles de constructions strictes, et dans ces deux villes les bâtiments construits selon ces normes ont fort bien résisté. Mais à Valdivia, comme à Puerto-Montt ou à Castro, le scandale s'étalait sous les yeux : ici une splendide clinique en cours d'achèvement, là des immeubles flambant neufs, des châteaux d'eau, des usines avaient été — pour accroître la marge des bénéfices d'architectes et d'entrepreneurs à la conscience modestement effacée derrière le portefeuille — construits en mauvais béton, mal ou trop peu armé, en acier trop bon marché, sur des fondations médiocres et insuffisamment enracinées. A peine terminé, déjà c'était inutilisable. Il est heureux pour la France, où tant d'immeubles aussi sont construits à l'économie (c'est un euphémisme), que la sismicité soit si faible...

Nous allions d'une ville à l'autre par avion, et à chacune de nos approches, j'étais étonné, presque déçu, j'avoue, de ne découvrir du haut des airs que des destructions somme toute assez peu impressionnantes. Mais peu à peu je m'aperçus que dans ces cités en majeure partie construites en bois, bien des maisons, qui de l'extérieur semblaient presque intactes, étaient audedans complètement dévastées. Les bâtiments de poutres et de planches sont vraiment très élastiques — il faut les avoir vus osciller comme branches dans le vent — et résistent aux plus longues et aux plus violentes secousses; pour autant, bien sûr, que le sol lui-même pardessous ne se dérobe pas. Mais les meubles qui s'y trouvent, à moins d'être solidement fixés, comme dans un bateau secoué par la tempête, partent à la dérive et, percutant les cloisons, les défoncent tout en se détruisant eux-mêmes. Cette folie des objets constitue d'ailleurs l'un des dangers que l'on court, même dans un immeuble asismiquement construit : dans le grand hôtel « Pedro de Valdivia », où seules des lézardes s'étaient ouvertes de-ci de-là dans le béton armé des murs, les gens qui se trouvaient dans la vaste salle à manger, s'étant précipités au-dehors dès le début du séisme, échappèrent à la chute des lustres énormes et pesants :

violemment mis en branle, ils s'étaient mis à osciller, lourds pendules dont la période propre s'unissant à celle des trains d'ondes sismiques provoqua un phénomène de résonance qui amplifia l'amplitude des oscillations jusqu'à rupture.

Pendant notre première semaine de pérégrinations, j'avais été intrigué par un fait à première vue inexplicable : à peine sortions-nous de l'une ou de l'autre de ces villes gravement détruites, que, parvenus dans les campagnes, nous ne remarquions plus guère de dommages, aux fermes pas plus qu'aux villages... Certes la plupart des maisons, des granges, des hangars, étaient faits de planches et le dedans souvent en était bien entendu beaucoup plus malade que l'extérieur; mais ceci n'expliquait pas cela, puisque dans les villes la proportion était tout de même très importante des édifices de bois détruits de fond en comble, ou tout au moins tordus et gauchis. Ce fut en passant d'un quartier particulièrement éprouvé du bas Valdivia à un autre, situé sur une légère éminence où les édifices convenablement construits avaient bien résisté, que la lumière se fit pour moi : le secteur en contrebas était bâti sur un ancien bras remblayé du fleuve, l'autre l'était sur le sol naturel, incomparablement plus ancien et plus ferme...

Là gisait l'explication du contraste qu'offraient les villes et les campagnes après le séisme : alors que fermes et villages se trouvent toujours sur le sol en place, bien des villes, et surtout des villes situées sur la côte ou sur un estuaire, comme Puerto-Montt, Castro, Concepción, Valdivia, ont des quartiers entiers édifiés sur des alluvions récentes ou des remblais. Or rien n'est plus dangereux, en pays sismique, que de construire sur remblais artificiels; et même les alluvions récentes, trop meubles encore, sont à éviter autant que faire se peut.

Les gens croient généralement plus sûr de construire sur un sol meuble plutôt que dur, sur la terre plutôt que sur la roche, s'imaginant qu'ainsi un « coussin » amortira le choc souterrain. Or, non seulement les remblais, les sables, les alluvions se tassent ou se déplacent sous l'effet des vibrations, mais encore ces dernières, pour peu qu'elles soient assez fortes et prolongées, y sont amplifiées par résonance jusqu'à devenir désastreuses. Ceci arrive chaque fois que l'énergie libérée par le séisme, voyageant sous forme d'ondes élastiques plus ou moins rapides, au lieu de simplement traverser — en le secouant — le milieu qu'elle rencontre, doit s'y accumuler comme les voitures du trafic aux heures de pointe s'embouteillent au passage des goulets; cela se passe dans les alluvions et surtout les remblais; l'absorption d'énergie y provoque un accroissement continu de l'amplitude des vibrations, et pour peu que le séisme dure, les secousses — comme s'exaspérant elles-mêmes en une hystérie exacerbée — atteignent une violence telle que tout ce qui était bâti sur un tel support se trouve jeté bas finalement.

Un homme essayait de me décrire les impressions qu'il avait ressenties durant le séisme, qui l'avait surpris alors qu'il s'en allait voir une partie de football : « Il y eut tout d'abord un choc assez violent. Puis un grondement souterrain, comme un grand orage lointain; cela roulait comme le tonnerre. Puis j'ai de nouveau senti le sol vibrer. Je pensais que ça allait s'arrêter, comme d'habitude; mais ça durait. Alors moi je me suis arrêté; j'ai aussi regardé ma montre. Tout à coup, les secousses sont devenues beaucoup plus fortes, et j'ai cru que j'allais tomber. Ça durait toujours et ça augmentait sans arrêt, de plus en plus violent. J'ai commencé à avoir peur. Je ne parvenais plus à demeurer debout : ça me lançait de côté et d'autre, comme sur un bateau quand la mer est mauvaise. Deux voitures qui passaient ont dû stopper. Moi, je me suis mis à genoux pour ne pas tomber, puis à quatre pattes. Ça ne finissait pas. J'avais très peur... Très peur... Un arbre s'est cassé en deux, un grand eucalyptus, à dix mètres de moi, avec un craquement terrible. Tous les arbres étaient balancés, comment vous dire, comme s'ils avaient été des branches qu'on aurait agitées à toutes forces. La chaussée clapotait, oui, la surface remuait comme de l'eau... Si, je vous assure ! Et plus ça durait, plus c'était terrible; les secousses augmentaient tout le temps. C'était interminable. » Cela se passait sur du remblai artificiel, vieux de quelques dizaines d'années à peine, très mal tassé par conséquent.

Dans les villes chiliennes les plus durement touchées, la répartition des destructions a souligné avec précision la limite du sol en place, où l'intensité apparente du séisme n'avait guère dépassé le degré VII, et des terrains rapportés où le XI souvent avait été atteint : seuls les anciens bras des cours d'eau, les petites baies remblayées, et les quartiers avoisinant les berges avaient été saccagés par d'incroyables soubresauts. Et dans les campagnes paisibles, où presque rien déjà ne parlait plus du sabbat qu'avait dansé la Terre, les remblais des chemins de fer et des routes témoignaient encore avec éloquence de la puissance des chocs : sur la « Panaméricaine », cette grande route dont seuls des tronçons plus ou moins longs jusqu'à présent existent, mais qui doit en principe relier un jour la Terre de Feu à l'Alaska, les dalles de béton, énormes et pesantes, avaient basculé dans tous les sens comme les cartes d'un jeu, laissant des trous béants où des voitures étaient allées s'abîmer... C'était la preuve, presque la seule, que l'intensité des secousses avait été aussi élevée ici que dans les villes. Sinon, en dehors de quelques silos sapés à la base, de quelques hangars renversés, de quelques cheminées de brique abattues, de quelques arrachements de terrain, de quelques fissures courant dans le sol aux abords des rivières, les campagnes n'offraient à l'œil que la paix un peu morne d'un hiver pluvieux.

Du moins en était-il ainsi dans les plaines centrales ou les collines de la Cordillère côtière. Car d'un bord comme de l'autre, à l'ouest le long du rivage de l'Océan, et à l'est dans la Cordillère des Andes, ce qui s'était passé dans la nature était colossal.

IV

Cinq départements s'affaissent

Il m'a fallu des semaines pour que, sous le poids des preuves peu à peu récoltées, j'admette ce que, du sud au nord, d'Aysen dans Chiloé jusque passé Valdivia, les gens me répétaient : « Le pays s'est enfoncé de deux mètres. » Certains disaient : « La mer a monté de deux mètres », et pour les habitants c'était pratiquement la même chose d'ailleurs; mais il est évident que le niveau de l'Océan ne peut monter brusquement d'une toise et que, le pourrait-il, ce serait alors un cataclysme à l'échelle de la planète entière, et dont Londres, Amsterdam, Tokyo, New York et Marseille seraient également victimes. Les mers n'y étant pour rien, il fallait reconnaître que la faute du changement de niveau relatif était à mettre au compte du continent. Mais il est très difficile de se figurer que dix ou vingt mille kilomètres carrés de ce « sol sous nos pieds » *a priori* si stable aient pu s'affaisser d'un seul coup d'une hauteur d'homme, et longtemps je refusai de croire ce que l'on m'affirmait et que mes yeux cependant étaient bien obligés de voir. Il est d'ailleurs indispensable, au cours d'une enquête de ce genre, de garder l'esprit critique et de se méfier des exagérations, voire des fables qu'une population de bonne foi, mais comme *choquée* par l'événement, propage. Il n'est pas mauvais non plus de se méfier de soi-même !

De Puerto-Montt, un petit avion nous avait transportés dans l'île de Chiloé. A Puerto-Carmen, à Castro, à Ancud, les témoignages concordaient : la mer à chaque marée montait désormais beaucoup plus haut qu'auparavant. Castro se trouve dans le fond d'une vaste baie; un quartier pauvre en est construit sur des pilotis plongeant dans l'eau (cela parce que, pour bâtir là, il ne faut pas acheter le terrain, qui est propriété publique et non pas privée). Ces pilotis gardent la marque des marées, et j'ai pu mesurer une différence de un mètre cinquante-cinq entre les hautes eaux actuelles et celles d'avant la secousse. Désormais, deux fois par jour, un pouce d'eau de mer recouvre le plancher de ces maisons... A Puerto-Carmen, le débarcadère se trouve d'un mètre et demi plus bas que jadis. Ancud, au nord de l'île, et Maullin, de l'autre côté du détroit, baignent partiellement dans l'Océan.

Longuement nous avons tourné au-dessus de Maullin : les clôtures ne limitaient plus que des rectangles d'eau; une barque avançait à la voile, en travers d'un terrain de football dont les buts avaient quelque chose de ridicule; les quais ne s'apercevaient que par transparence; et plus loin les pins splendides de la forêt plongeaient leur pied dans le bleu de la mer...

A Valdivia, passé l'impression violente que provoquait l'aspect de tant de ruines, immeubles anéantis, maisons effondrées, rues crevées, et cette école dont il ne restait que les marches d'un perron ne conduisant nulle part, on prenait peu à peu conscience d'une calamité plus discrète mais qui de jour en jour s'affirmait, elle, permanente : l'inondation. Près de la nouvelle université, un quartier entier baignait dans le fleuve et, à marée haute, les quais qui autrefois dominaient l'eau de trois mètres étaient presque à son niveau. Au sud de la ville, douze mille hectares se trouvaient inondés, et de notre hélicoptère nous voyions pointer des fermes, des barrières, le haut d'une haie, la moitié d'une charrette...

Tout cela, cependant, n'était-ce pas simple et ordinaire inondation, bien normale somme toute avec cette pluie qui ne cessait pas depuis plus de quinze jours ? L'aspect eût été le même, et le phénomène bien moins invraisemblable ! Car s'il était évident que le niveau de l'Océan n'avait pu monter sur les seules côtes chiliennes, je ne parvenais pas à admettre davantage qu'une immense bande de terre, large de vingt ou trente kilomètres et longue de cinq cents, se fût enfoncée d'un seul coup, que quinze mille kilomètres carrés, un million cinq cent mille hectares fussent « tombés » de six pieds en l'espace de quelques dizaines de secondes... Cela dépassait mon imagination, et Dieu sait pourtant si les géologues en possèdent !

Mais nous sommes ainsi faits qu'il nous est difficile de concevoir comme réel quelque chose qui se trouve en désaccord avec les idées ancrées dans notre conscience. Or la géologie classique que l'on nous inculque sur les bancs des facultés, et même l'expérience professionnelle qu'ensuite nous acquérons sur le terrain, s'opposent à tout catastrophisme. Cela d'autant plus que le catastrophisme, il n'y a pas deux cents ans de cela, dominait l'esprit des grands naturalistes et que la réaction contre ces idées, amorcée et amplifiée jusqu'à son maximum dans le cours du XIXe siècle, continue de régner.

Chacun sait que l'écorce terrestre, solide à petite échelle (essayez donc de briser un bloc de granit !), est plastique à celle du globe : elle se déforme lentement, ondulant en vagues dont la longueur se chiffre par dizaines de lieues et la période par millénaires. Chacun sait aussi que des mouvements plus « rapides » l'affectent çà et là : la Scandinavie remonte d'un demi-pouce chaque année depuis la fin de la dernière période glaciaire, que la Zélande, elle, s'enfonce d'un millimètre par an, qu'enfin des marées terrestres, rythmées par la Lune et le Soleil, font que la surface de la planète « se gonfle » et « se retire » alternativement sous le passage d'une onde monstrueuse... La rapidité de ces mouvements de la croûte terrestre est évidemment relative et ne semble telle que comparée à l'extrême lenteur de la plupart des grands phénomènes géologiques — l'*orogenèse* qui édifie les montagnes et la *glyptogenèse* qui les rabote — auxquels il faut, pour s'accomplir, des millions et des millions d'années.

D'autres mouvements sont beaucoup plus rapides encore : ceux-là mêmes qui provoquent les séismes, et les plus grands d'entre eux accompagnent parfois des déplacements brusques de deux compartiments de la croûte terrestre qui se chiffrent par mètres. Cela, chacun le sait aussi; parce qu'il l'a entendu mentionner dans un cours — assez négligemment d'habitude — ou parce qu'il l'a lu quelque part.

Il existe des exemples récents où le mouvement relatif a atteint des proportions dont la géologie classique a trop méconnu l'importance. Le 16 juin 1819, à l'est des bouches de l'Indus, le bassin de Sindree, quarante-cinq kilomètres sur vingt-cinq, s'affaissait d'un seul coup, cependant qu'à sa bordure septentrionale le sol se soulevait en une puissante digue naturelle, l'Allah Bund ou Digue de Dieu, longue de quarante-cinq kilomètres, large de sept, haute de quarante pieds... Lors du grand séisme de l'Assam de 1897, la faille de Chedrang joua sur une douzaine de milles et le rejet vertical de ses lèvres atteignit onze mètres. Le 10 septembre 1899, la côte occidentale de la baie du Désenchantement, dans Yakutat Bay en Alaska, se trouva brusquement portée à quatorze mètres d'altitude et un bloc de près de sept cent mille hectares (soixante-treize kilomètres sur trente) fut basculé : de trois à cinq mètres d'un bord et deux à trois de l'autre !... La faille de San Andreas, dont la remise en mouvement soudaine provoqua en 1906 la destruction de San Francisco, joua sur une longueur de quatre cent cinquante kilomètres; le déplacement fut horizontal, le compartiment situé à l'est de la faille remontant vers le nord par rapport à celui situé à l'ouest, et il atteignit en certains endroits jusqu'à sept mètres. En cette même année 1906, jusqu'ici la plus sismiquement violente du siècle, le choc qui détruisit au Chili la ville de Valparaiso, provoqua sur deux cents milles de distance un soulèvement des côtes de près de trois pieds.

Nos professeurs certes connaissaient ces faits, mais seulement d'une façon abstraite. Alors qu'ils étaient comme nourris des phénomènes orogéniques normaux, dont la majestueuse lenteur ne peut apparaître qu'aux esprits avertis et longuement préparés à déceler dans l'immobilité apparente du roc les preuves ténues des tumultes de la vie minérale. Le mouvement soudain qu'un séisme parfois déclenche n'était jamais pour eux qu'un « accident », spectaculaire certes, mais d'importance mineure, exception venant confirmer par sa brusquerie même la règle des lenteurs sereines et vastes des cataclysmes tectoniques. Et la mention qu'en passant ils nous faisaient de ces soubresauts, simples anecdotes dans l'histoire du globe, ne pouvait éveiller notre intérêt, tout entier orienté vers la mystérieuse et nonchalante genèse des montagnes et des continents.

Ils avaient doublement tort, nos maîtres vénérés : tort de ne pas voir que les lentes convulsions du derme de la Terre se déroulent, pour parts équivalentes sans doute, par secousses brusques et rapides autant que par lentes déformations plastiques; tort de dédaigner ces quelques mètres de déplacement soudain que provoquent parfois les paroxysmes sismiques. Car le million et plus de tremblements de terre qui se produisent chaque année appartiennent dans leur très grande majorité à l'espèce dite des *séismes tectoniques,* ceux-là qui se déclenchent lorsque, par accumulation graduelle de forces de cisaillement, la résistance à la rupture des roches se trouve dépassée. Soudaine, la cassure provoque la secousse sismique dont les ondes se propagent du foyer dans toutes les directions. Cette fracturation des roches, c'est la naissance d'une faille, ces failles que les géologues rencontrent en nombre incalculable dans tous les terrains du globe, et dont l'importance pour l'humanité est primordiale : bénéfiques, des failles sont à l'origine de la plupart des gisements métallifères, permettent l'exploitation de l'énergie géothermique, ramènent au jour les eaux thermales, laissent reparaître en sources des nappes artésiennes profondément enfouies; maléfiques, des failles sont la voie d'accès vers notre biosphère des laves et des gaz volcaniques dévastateurs, des failles sont à l'origine des catastrophes qui de temps à autre font s'écrouler des barrages, des ponts, des bâtiments ancrés dans un sous-sol perfidement fracturé, des failles, chaque fois qu'elles jouent, ou qu'elles rejouent, peuvent provoquer des cataclysmes sismiques.

Une même fracture (ou une même zone étroite de fractures parallèles) naît un beau jour pour vivre durant des millions, voire des centaines de millions d'années. Elle rejoue chaque fois que, comme pour sa naissance, la somme des efforts peu à peu accumulés en arrive à dépasser le seuil de résistance des roches. Moindre cette résistance, moindre l'énergie nécessaire pour mettre en mouvement les lèvres de la faille, moindre donc l'amplitude de ce mouvement, et moindre l'énergie du séisme qui en résulte. Et réciproquement. La valeur du déplacement et la quantité d'énergie libérée par la secousse sont des facteurs essentiels de l'importance d'un tremblement de terre. Si chaque année des centaines de milliers de frissons à peine perceptibles sont dus à des mouvements minuscules, les secousses majeures, de magnitude comprise entre 7 et 8 (moins d'une vingtaine par an), et les chocs exceptionnels de magnitude supérieure à 8, dont il ne survient qu'un seul chaque année en moyenne, sont provoqués par des décalages qui sans doute se mesurent par toises. Ces chiffres permettent de situer dans la hiérarchie des tremblements de terre le dernier cataclysme chilien : il s'y produisit, entre le 21 mai et le 22 juin 1960, deux cent vingt-cinq séismes, dont dix dépassèrent la magnitude 7 et trois la magnitude 8...

Bien que je ne fusse pas sans savoir quelle amplitude peuvent atteindre parfois les déplacements dus aux tremblements de terre et malgré les preuves nouvelles que chaque journée d'investigation m'apportait, mon esprit ne parvenait pas à admettre la réalité d'un fait aussi impressionnant que le fléchissement d'un énorme morceau de continent, abaissé de dix pieds en l'espace d'une minute... Imaginez toute la région allant de Dijon et Dôle à Marseille et Toulon s'affaissant soudain d'une hauteur d'homme! Je vous l'assure : réaliser, sur place, la possibilité d'un pareil phénomène éveille dans l'âme une émotion étrange en même temps qu'exaltante. Par mon métier, je suis cependant assez habitué à l'idée de la mobilité de l'écorce terrestre et de la précarité du sol sur lequel nous vivons, mais cette accoutumance n'enlevait rien au sentiment d'émerveillement qui peu à peu m'envahissait, à mesure que j'en arrivais à concevoir l'inconcevable.

V

Un sacrifice humain

La zone côtière s'étant donc affaisée, il était logique de se mettre à la recherche de la faille qui, limitant à l'est le compartiment effondré, devait le séparer du reste du continent. En cette période de l'hiver, il était quasi impossible de se déplacer dans le Sud chilien ravagé; les chemins de fer et les routes avaient été rendus inutilisables par la destruction des ponts et le basculement des assises en remblais, et les inondations désormais définitives dues à la perte d'altitude de la région n'avaient rien amélioré. On pouvait se résoudre à partir à cheval dans la pluie froide et la boue, mais il fallait presque qu'il fût question de vie ou de mort pour s'y décider... Malgré l'excès de travail dont l'aviation chilienne était surchargée à cause même de cette interruption totale du trafic terrestre, ses hélicoptères nous ont néanmoins véhiculés à diverses reprises au-dessus des zones qui nous intéressaient.

Penchés au-dehors par la porte grande ouverte, nous scrutions avec avidité les hautes collines de la Cordillère côtière qui défilaient en dessous, anxieux de découvrir soudain la longue muraille rectiligne du rejet de la faille. Mais les croupes vertes succédaient aux croupes vertes, les forêts alternaient avec les immenses pâturages, et malgré les zigzags de nos itinéraires, nous ne pûmes rien trouver qui rappelât un accident tectonique. Rien, sinon deux cassures nord-sud, larges d'un pied environ, longues de cent à deux cents mètres, noirs traits de pinceau sur la tristesse verdâtre de l'hiver. Ces fissures, sans rejet entre les deux lèvres, ne pouvaient en aucune façon être assimilées à la faille importante que nous recherchions. Cependant, courant à quatre ou cinq lieues de la côte et parallèlement à elle, elles se trouvaient précisément dans la zone où le continent demeuré stable passait à la longue bande affaissée.

Lorsque nous fûmes assurés qu'il n'existait pas de faille entre ces deux parties du pays, il nous fallut conclure que la rupture brutale s'était produite beaucoup plus dans l'ouest, au large de la côte. Là un rejet vertical de plusieurs toises devait séparer les deux compartiments, celui qui s'en venait du continent s'étant affaissé par rapport au fond stable du Pacifique. Et à l'est de la zone de fractures (car, plutôt que d'une cassure unique, il s'agit certainement d'une zone, avec des failles se relayant en échelon sur des centaines et des centaines de kilomètres), tout un vaste pan de l'écorce terrestre avait suivi le mouvement amorcé sous l'Océan, mais avec une amplitude qui décroissait avec la distance : plus d'une toise encore à la côte, un mètre environ à une lieue de Valdivia; à vingt ou trente kilomètres vers l'intérieur, ce pan de croûte se raccordait à la partie continentale demeurée fixe par une simple flexure, marquée par quelques rares fissures de second ordre, dont ces deux-là mêmes finalement aperçues, ouvertes dans le sol meuble de la surface.

Que l'épicentre du séisme, ou, plus exactement, les épicentres des secousses successives de cette formidable crise, se fussent situés sous l'Océan, à plusieurs lieues au large sans doute, devenait quasi-certitude pour qui pouvait contempler les ravages du « raz de marée » qui avait déferlé sur la côte. J'ai mis raz de marée entre guillemets parce que le phénomène dont il s'agit n'a rien à voir avec les marées, ces lentes pulsations que l'attraction de la Lune et du Soleil provoque dans la masse des eaux (et aussi, mais avec de bien moindres amplititudes à cause de sa viscosité élevée, dans la masse entière du globe terrestre). On pourrait éventuellement parler de « raz de mer », mais comme ce mot n'existe

津波

pas, les sismologues ont adopté le terme de *tsunami* (que certains orthographient à tort *tunami* : en fait, il s'écrit comme ci-contre) que les Japonais, malheureusement pour eux orfèvres en la matière, donnent à ce fléau qu'engendrent parfois les grands séismes sous-marins. L'espagnol comme l'italien dit *maremoto*, par opposition à *terremoto* qui signifie tremblement de terre; je pense qu'en français il serait préférable d'utiliser ce vocable latin...

La pluie persistante et fine, le ciel bas, ajoutaient leur tritesse morose à la désolation que survolait à basse altitude notre insecte métallique et bruyant. La mer avait balayé avec une violence extrême toutes les parties basses de la région côtière, celles-là précisément qui étaient habitées; et les zones rocheuses, désertes pour cette raison même, portaient la marque du choc des montagnes d'eau successives lancées par l'Océan : à huit ou dix mètres de hauteur courait la limite inférieure de la végétation intacte; en dessous, le roc dénudé jusqu'à l'os... Mais les estuaires, les plaines, les fermes, les bourgs, les ports, n'offraient aux regards qu'une désolation tragique. Ces étendues inondées, inondées définitivement, nous aurions pu les prendre pour les lagunes littorales existant avant la catastrophe si des routes, ici et là, n'y allaient droit pour s'y enfoncer. Tragiques chemins qui ne conduisaient plus nulle part, qui disparaissaient ou qui parfois transparaissaient sous l'eau stagnante, qui se ramifiaient en ce qui avait été les rues d'une cité effacée, qui bifurquaient pour aboutir au vide là où avait existé une ferme isolée, ou bien, plaqué contre une colline, au fouillis de planches et de madriers brisés, reste de centaines de maisons de bois réduites à un tas de monstrueuses allumettes — Tolten, Quéule, Mehuin, Puerto-Saavedra, Corral, vingt bourgades qui n'étaient plus, au mieux, que des amas de débris, et parfois rien que le spectre d'un lacis de rues... Il était arrivé que des maisons — surtout celles qui étaient isolées et qu'aucun obstacle, aucun rideau d'arbres, n'avait pu retenir — fussent arrachées tout d'une pièce et transportées sur le dos immense de la lame jusqu'à cent, cinq cents, deux mille mètres plus loin vers l'intérieur des terres, et elles s'étaient échouées au pied des collines, mêlées à des épaves, des barques, des arbres déracinés; elles demeuraient là, pitoyables masures gauchies, perdues dans le glauque morne des prairies détrempées.

Toute vie, paradoxalement, n'avait cependant pas disparu : alors qu'à trente mètres d'altitude, nous approchions d'une maison visiblement transportée là par la mer, nous vîmes un jeune garçon en sortir en courant, puis un homme, puis une femme, qui nous firent des saluts de leurs bras largement agités. Ailleurs des chevaux erraient, paissaient un peu d'herbe, puis repartaient plus loin.

Au sud de Puerto-Saavedra, une fumée montait de derrière un bois et nous fîmes un détour pour y aller voir. Autour d'un feu, un fort rassemblement d'hommes et de femmes levaient vers nous leurs visages tannés; quelques-uns nous firent de grands gestes; de nombreux chevaux broutaient, entravés. Il est étonnant combien, en un seul instant, l'on appréhende de détails du haut d'un hélicoptère : dans le même temps où je découvrais ces gens, leurs traits mongols, leurs bêtes, j'apercevais derrière eux deux tentes coniques, de tissus aux bruns divers tendus sur de hautes perches qui dépassant, s'entrecroisaient par-dessus; je me trouvais d'un seul coup plongé dans le Fenimore Cooper de mon enfance : ces tentes étaient des *teepees* indiens.

Nous étions dans la Réserve où vivent les descendants de la fameuse tribu des Araucans, celle-là même qui avait, et elle seule, repoussé les envahisseurs incas jusque-là invincibles, qui avait ensuite, et elle seule, empêché les Espagnols de s'emparer de leur territoire, et qui avait ensuite résisté victorieusement aux Chiliens; jusqu'à ce qu'enfin ces derniers, avec la totalité de leur armée qui venait de vaincre la Bolivie et le Pérou, infanterie, cavalerie et artillerie rassemblées, finissent, il y a cent ans, par les anéantir dans une énorme tuerie. De ce qui subsiste de cette nation farouche, une petite partie « s'occidentalise », se métisse, s'intègre à la vie moderne dans les villes chiliennes; le reste, trois cent mille âmes peut-être, agriculteurs ou semi-nomades, mène dans la Réserve une existence assez misérable.

Longue et formidable, la crise sismique qui venait de se produire avait terrorisé les Indiens plus encore que les Blancs. Dès les premières secousses, les sorcières avaient eu des visions et avaient appelé des sacrifices humains pour calmer les démons furieux; et l'on pense que plusieurs sacrifices eurent lieu, ici et là, dans la Réserve. Un seul cependant fut dénoncé. La victime était un enfant, et ce fut sa mère qui courut à Temuco, hurler ses plaintes auprès des autorités. Domestique chez les Blancs, la femme n'avait appris son malheur que lorsqu'elle put, bien après le cataclysme, parvenir au village où elle avait confié au grand-père la garde du petit. Pourquoi les anciens et les sorcières avaient-ils choisi précisément celui-ci ? Sans doute parce que, justement, sa mère était absente, et son père inconnu... Parce que, aussi, le garçon était sain et pas encore pubère. Les anciens dirent au grand-père qu'ils allaient prendre l'enfant et le préparer au sacrifice. Il semble d'après l'enquête que le vieux fit tout pour s'y opposer, pour sauver de cette fin atroce cette chair de sa chair. Mais qu'eût-il pu faire, contre le pouvoir des prêtres, contre la passion d'une foule terrorisée par la colère des dieux, contre la pression de la communauté entière ? L'enfant fut saigné à mort, et l'on versa le sang dans la mer. Puis on dépeça le petit corps, et l'on revint sur le rivage, jeter dans l'eau grise sous le ciel gris les morceaux propitiatoires.

VI

Maremoto

Il m'a été impossible de savoir, même approximativement, combien le cataclysme a fait de morts. Le gouvernement chilien se montre à ce sujet d'une discrétion étonnante. Sauf peut-être dans les hameaux qui jalonnent l'embouchure du rio Maullin, où l'on pense qu'un millier de personnes ont été noyées, il semble que le *tsunami* n'ait pas tué trop de monde. La raison en est que les gens qui habitaient sur la côte, peu après le grand choc de trois heures de l'après-midi, ont vu la mer se gonfler d'abord bien au-delà des limites des plus hautes marées, puis soudain se retirer, rapidement, comme aspirée, bien plus loin cette fois que les eaux les plus basses : une dure expérience plusieurs fois centenaire leur avait appris la signification de ce phénomène, et, au cris générateur d'angoisse : « el mar se retira ! », ils prirent la fuite vers les collines. A Quéeule, complètement effacée de la surface de la terre et où seul subsiste le tracé des rues, il n'y eut que trente-cinq morts; à Corral, quatre-vingts environ. La destruction de Corral m'a été décrite avec beaucoup de précision par le curé de l'endroit, l'abbé Deschamps.

Corral était un petit port à l'embouchure du rio Calle-Calle, à quatre lieues de Valdivia. Le Père Deschamps, qui venait de remplir son office à Niebla, bourgade de l'époque de la Conquista, bâtie de l'autre côté de l'estuaire, allait prendre place dans la barque à moteur pour rentrer à Corral. L'embarcation avait à peine quitté l'estacade que tous à bord perçurent des vibrations violentes, qui n'étaient certes pas le fait du moteur et qui allaient en s'amplifiant : le tremblement de terre. A cent mètres à peine du rivage, le clapotis de l'eau était devenu tellement fort que le batelier fut obligé de stopper le moteur; au bout d'une minute, il put le remettre en route. Ils arrivaient vers le milieu de la baie lorsqu'ils virent comme d'énormes baleines faire le gros dos au-dessus des flots : les sables des hauts-fonds, lancés rythmiquement d'en bas. Tout le temps que dura le reste de la traversée, un gros quart d'heure, les « baleines de sable » en une douzaine d'endroits continuèrent leurs jeux étranges dans les eaux clapotantes.

Ils atteignirent Corral à 15 h 25. Le bateau eut beaucoup de peine à aborder : alors que d'habitude il y avait une différence de plus de deux mètres entre le débarcadère et le niveau de la mer, il ne restait guère que quarante centimètres au moment où la barque accostait. Quand le Père Deschamps réussit à prendre pied, il ne restait que trente centimètres. En dix secondes, cette différence avait encore diminué de moitié. Une minute plus tard, la mer avait monté d'une hauteur d'homme... Tout le monde avait fui, pataugeant dans les rues déjà inondées, et les gens avaient cherché refuge sur la hauteur à laquelle s'adossait la bourgade.

C'était la première montée, « suave » comme ils disent, de la mer. Pendant cinq minutes environ, l'eau était restée étale, à quatre ou cinq mètres au-dessus de son niveau normal. Il y avait trois navires au port, le *Santiago,* le *San Carlos* et le *Canelos.* Tous trois ont rompu leurs amarres; le *Santiago,* 3 000 tonnes, est passé par-dessus le môle de béton, et tous les trois ont été emportés à la dérive. A 16 h 10 la mer a commencé à se retirer. A toute vitesse, avec un bruit impressionnant, comme d'une succion métallique sur un grondement de cataracte. Telle une nébuleuse tout d'abord, un banc de sable qui se trouvait normalement à trois mètres de profondeur émergea du fleuve. Des gens ont crié : « Nous sommes perdus : un cratère ! » On ne savait ce qui se passait : la mer qui se retirait, ou la terre qui montait...

La deuxième vague est arrivée une vingtaine de minutes plus tard, à 16 h 20, haute de huit mètres, à la vitesse effroyable de cent cinquante à deux cents kilomètres à l'heure. A son fracas formidable se mêlaient les hurlements des femmes : la plupart des hommes, dès le retrait des eaux, étaient descendus de la hauteur pour chercher à sauver, dans cette misère de cataclysme tombée soudain sur leur misère quotidienne, les objets qui pouvaient l'être. La lame, comme une main colossale qui aurait froissé une longue feuille de papier, broya toutes les maisons l'une après l'autre, dans un gigantesque crépitement de planches brisées. En vingt secondes elle avait entassé contre le pied de la colline un amas de huit cents maisons, écrasées comme boîtes d'allumettes.

Au moment du tremblement de terre, quelques pêcheurs, entraînant femmes et enfants, avaient sauté dans leurs barques et avaient pris le large. Du haut du *cerro* on avait vu ces canots flotter sur le dos de l'onde « suave », puis être entraînés lors du jusant exacerbé, enfin engloutis en un instant, sans une ride, par la muraille liquide qui fonçait vers la terre.

La mer est restée haute de dix à quinze minutes, puis, avec le même bruit de succion monstrueuse, elle s'est retirée. Une heure plus tard, l'on vit la troisième onde apparaître au loin. Elle était encore plus haute que la précédente, dix à onze mètres, mais sa vitesse ne semblait pas dépasser cent kilomètres à l'heure. Après être venue s'écraser contre le barrage de bois amoncelé par la deuxième vague, la mer demeura à l'étale un bon quart d'heure avant de se retirer, toujours avec le même bruit métallique, effrayant, de succion.

Les trois navires avaient été entraînés comme fétus. Le *San Carlos* coula presque aussitôt. Le *Santiago* sombra le surlendemain, en mer. Le *Canelos* s'était échoué, d'abord à un demi-mille au large de Corral lors du deuxième retrait de la mer, ensuite à quinze cents mètres *en amont* de l'embouchure du fleuve, où la troisième onde l'avait transporté à une terrifiante vitesse.

Depuis le *maremoto* qui suivit le formidable tremblement de terre de Lisbonne en 1775, le monde en a subi un grand nombre. Une lame de vingt mètres de hauteur, née au large du Pérou en 1868, a frappé San Pedro en Californie; la côte occidentale du Mexique a été ravagée en 1787, en 1907, en 1932. Le sud-ouest de l'océan Pacifique engendre des *tsunamis* fréquents, à cause de la forte sismicité sous-marine des Nouvelles-Hébrides, de la Nouvelle-Zélande, des îles Tonga, des Salomon, de la Nouvelle-Guinée. Le Japon, où le terme de *tsunami* a son origine, en est évidemment gros producteur; gros consommateur aussi hélas, puisqu'en plus de ses propres *tsunamis* il a périodiquement à souffrir de ceux qui proviennent des autre bords de l'océan Pacifique. Le sismologue Imamura en a noté au moins quinze de catastrophiques entre 1596 et 1938; et depuis lors, il y eut ceux de 1940, 1941, 1944, 1946, 1952, 1953... L'un des plus désastreux fut celui de 1896, qui balaya la côte de Sanriku, à une centaine de lieues au nord de Tokyo. La hauteur maximale de la lame la plus haute fut de *vingt-quatre mètres.* Trente mille personnes furent noyées; dans certaines localités, la proportion des victimes atteignit les quatre cinquièmes de la population. Moins de quarante années plus tard, le 3 mars 1933, un nouveau *tsunami* provoqué par un séisme sous-marin de magnitude extrême, 8,6, dévasta le Sanriku, causant la mort de trois mille personnes, détruisant une dizaine de milliers de maisons, et plus de huit mille bateaux, barques et navires... D'étonnants éclairs illuminaient le front de la mer, alors qu'elle fonçait en pleine nuit vers la côte; la seule explication rationnelle de ce phénomène serait l'excitation soudaine, sous le choc, des myriades d'animalcules phosphorescents du plancton. Mais aux yeux des témoins qui survécurent à la catastrophe, cette lumière marine précédant de justesse le déluge était démoniaque.

Au nord du Japon, les Kuriles, le Kamtchatka et surtout les Aléoutiennes sont des nids à *tsunamis;* sur l'île de Hawaii, 173 personnes furent noyées et la ville de Hilo détruite (15 milliards de dégâts) le 1er avril 1946 par une grande lame qui, née aux Aléoutes, s'en alla jusqu'au Pérou. Le 9 mars 1957, à la suite du choc principal (magnitude 8) de l'extraordinaire crise sismique qui secoua l'archipel aléoutien durant toute cette année-là, un *maremoto* s'est propagé à travers le Pacifique pour frapper de nouveau Hawaii et le Japon.

La côte pacifique de l'Amérique du Sud se range parmi les endroits les plus fertiles en *maremoti.* Les rivages de la Colombie (Tumaco, 1906), du Pérou et, surtout, du Chili sont ravagés à plusieurs reprises par siècle : avant celle de 1960, on a subi ici les catastrophes de 1562, 1570, 1575, 1604, 1657, 1730, 1751, 1819, 1835, 1868, 1877, 1922... Il existe un récit précis et impressionnant du drame d'Arica, 1818, que l'on pourra lire dans la deuxième partie de ce livre.

Il est vraisemblable que ces terribles ondes marines sont déclenchées par l'affaissement ou le soulèvement brusque d'un bloc du fond sous-marin. Les glissements de terrain sur la pente du talus continental ou sur celle des canyons immergés peuvent en provoquer également; et, plus exceptionnelles, des explosions volcaniques cataclysmales en engendrent, comme celle du Krakatao qui, en 1883, fit naître une vague terrible : elle noya 36 000 personnes à Java, et alla secouer les navires à l'ancre jusque dans la rade de Valparaiso, à vingt mille kilomètres de distance.

En vérité, on ne sait pas trop encore comment les *tsunamis* se forment. Mais on peut concevoir qu'il s'agit d'un mécanisme schématisé comme ceci : l'affaissement brutal d'une partie du fond prive soudain de son support

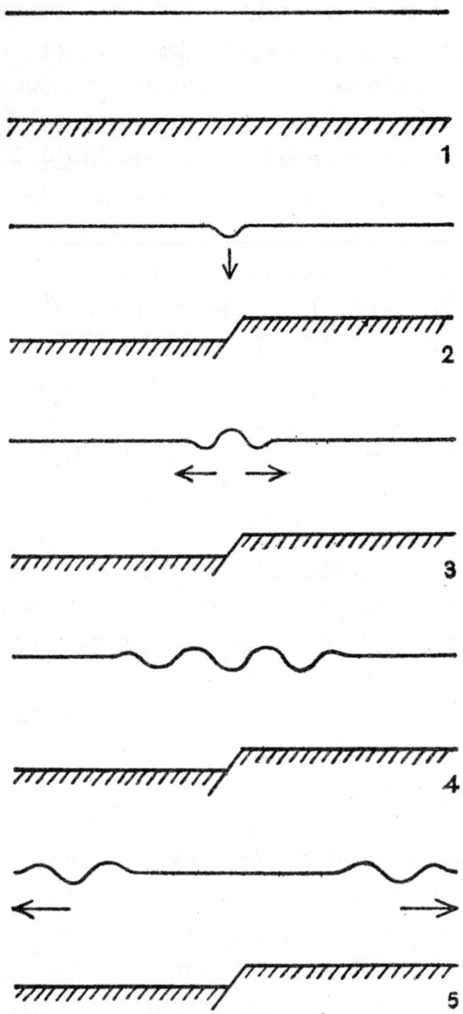

Formation et propagation d'un *tsunami*.

tout le volume liquide qui se trouve au-dessus; cette eau s'abat dans le même temps et il se forme à sa surface une dépression plus ou moins profonde, allongée selon la dénivellation. Aussitôt, accourant de part et d'autre, des masses liquides affluent; la dépression superficielle se propage rapidement, perpendiculairement à son axe, la mer est mise en état de vibration et des ondes extrêmement longues et de grande période s'élancent sur l'Océan.

Cette période d'oscillation va de vingt minutes à une heure, et la longueur des ondes est immense : elle dépend en effet de la période et de la vitesse, elle-même fonction de la hauteur d'eau libre; dans le Pacifique dont la profondeur moyenne est de 5 000 mètres, la vitesse est de l'ordre de 700 kilomètres à l'heure[1]. 700 kilomètres à l'heure, cela fait environ 200 mètres à la seconde; pour une période moyenne de quarante minutes la longueur de l'onde sera égale à 480 kilomètres. Ceci explique pourquoi nul navire ne peut percevoir, *au large,* le passage d'un *tsunami* : la « pente » de la vague, quelques mètres de hauteur à peine pour quatre à cinq mille mètres de longueur, est insignifiante, et le navire s'élève et redescend de façon imperceptible. Mais, dès l'approche des côtes, comme la vitesse de l'onde diminue à mesure que les fonds remontent, sa hauteur croît jusqu'à dix, vingt, voire trente mètres, et la vague, que la profondeur trop faible finit par faire déferler s'abat sur le rivage de toute sa masse et de toute sa vitesse terrifiantes. La hauteur de la muraille liquide est encore aggravée lorsque l'espace vient à manquer non plus seulement vers le fond mais encore sur les côtés; c'est pourquoi les effets les plus catastrophiques s'observent en général dans les golfes, les baies et les estuaires.

Quoique la très grande majorité des *tsunamis* soient engendrés dans le Pacifique, il s'en forme ailleurs de temps à autre. Le terrible tremblement de terre de Lisbonne de 1775 en suscita un; dans l'océan Indien il s'en produisit en 1945 dans la mer d'Arabie et un autre, fort spectaculaire, après le violent séisme du 27 novembre 1957 au large du Bélouschistan; dans l'Atlantique, un *tsunami* a suivi, le 18 novembre 1929 le tremblement de terre au large de Terre-Neuve et il semble certain qu'il ait été provoqué par de grandes avalanches de sédiments sur un fond sous-marin; les Caraïbes sont ravagées de temps à

1. La vitesse est égale à la racine carrée du produit de la profondeur multipliée par g (qui est l'accélération de la pesanteur, 9,81) : $v = \sqrt{gh}$.

autre (1842, 1907, 1946). En Méditerranée, des *maremoti* de moindre envergure mais qui peuvent être terriblement meurtriers surviennent parfois à la suite d'un séisme ou d'une éruption sous-marine; Messine et la Calabre furent ravagées à deux reprises, en 1783, puis en 1908, et les noyés se comptèrent par milliers; les côtes de Turquie furent balayées à la suite du violent séisme de 1939, et il arrive qu'il s'en produise même en mer Noire.

Si l'on se trouve jusqu'à présent dans l'impossibilité de prévoir un tremblement de terre, les *tsunamis* par contre, qui suivent les séismes avec un certain retard et vont ravager des côtes situées parfois à des milliers de kilomètres de leur source, peuvent être détectés à temps, pour autant que l'on ait mis en place un système d'alerte permettant l'évacuation des régions menacées avant que la masse d'eau ne survienne. Le *Coast and Geodetic Survey* des États-Unis a créé dans ce but un service de détection et d'alerte, dont le centre a été placé à Honolulu, dans ces îles Hawaii sises au milieu du Pacifique et toujours menacées dès qu'un séisme violent survient au Japon ou au Kamtchatka, aux Aléoutiennes ou au Chili. Les données fournies par les stations sismologiques sont sur-le-champ communiquées par radio à Honolulu qui peut ainsi se rendre compte si le choc s'est produit dans une zone génératrice d'ondes marines; dès qu'un *tsunami* est signalé, Honolulu en est averti, et de là l'alerte peut être lancée vers les zones menacées. Le système a bien fonctionné à diverses reprises, notamment lors du *tsunami* déclenché aux Aléoutiennes par le choc paroxysmal du 9 mars 1957 : toute la population des rivages menacés sur l'archipel hawaiien fut évacuée à temps.

En revanche, le *maremoto* chilien de mai 1960 fut meurtrier malgré l'alerte donnée. Le choc majeur s'était produit à 19 h 11', Temps Moyen de Greenwich. Quoiqu'il eût interrompu toutes communications entre la zone ravagée et le reste du monde, le Département d'Hydrographie de Valparaiso détecta dès 20 h 16' GMT une première montée du niveau de la mer et alerta l'Observatoire de Honolulu, à près de 11 000 kilomètres de l'épicentre. Fonçant à la vitesse moyenne de 700 km/heure, le *tsunami* atteignit Hawaii vers 1 heure du matin (10 h 30 GMT). La ville de Hilo fut partiellement détruite, 61 personnes périrent noyées, 300 furent blessées. Poursuivant sa course rapide, six heures plus tard le *tsunami* balayait de vagues de six mètres de haut les côtes de Hondo et de Hokkaido, les deux grandes îles septentrionales de l'archipel nippon, y anéantissant 5 000 maisons, noyant 190 personnes et en laissant 50 000 sans abri.

Pourquoi le Tsunami Warning System n'a-t-il pas fonctionné ? L'enquête montre qu'il n'y eut pas de faute technique mais une fois de plus bêtise des gens : à Hawaii, 15 p. 100 des personnes interrogées avouèrent n'avoir tenu aucun compte des deux alertes successives lancées par le TWS et 53 p. 100 attendaient des informations plus détaillées... C'est-à-dire que les deux tiers d'une population qui se croit très évoluée, sous le prétexte qu'en 1958 et en 1959 le Tsunami Warning System les avait alertés en vain, n'avaient pas cru devoir se déranger... Il reste toute une éducation du public à faire : lui apprendre à écouter la voix raisonnable des hommes de science, qu'il a tendance à mépriser, comme ce fut le cas ici à échelle modeste, ou lorsqu'ils lui prédisent la plus effroyable des catastrophes, celle d'une guerre atomique. Mais aujourd'hui comme il y a des millénaires, la foule entend bien plus volontiers les amuseurs, les histrions, les magiciens de tous poils : ceux des pseudo-sciences comme ceux des faiseurs de miracles politiques.

VII

Rio Golgol

J'ÉTAIS accouru au Chili non tant à cause de l'importance tectonique du séisme, dont aux premières nouvelles on ne soupçonnait pas les dimensions, mais parce qu'il avait été annoncé, et confirmé ensuite, que le tremblement de terre avait provoqué l'éruption d'une douzaine de volcans... C'était là une nouvelle extraordinaire, d'abord parce qu'on ne connaît guère d'exemple où l'activité éruptive ait été déclenchée par un séisme tectonique (non que la chose ne soit possible mais, jamais observée avec certitude jusqu'ici, elle est certainement très rare); ensuite parce qu'il est exceptionnel que des volcans contigus entrent simultanément en éruption; or non seulement on en annonçait ici dix de réveillés ensemble, mais encore deux d'apparus pour la première fois !... J'avais d'abord refusé d'accorder la moindre foi à une telle nouvelle; mais lorsque, après que des journaux indéniablement sérieux eurent repris cette information et qu'elle nous eut été confirmée par un rapport d'observatoire sismologique chilien, il n'y avait plus d'hésitation à avoir et je sautai dans le premier avion d'Air France à destination de l'Amérique du Sud.

A peine arrivé, je pus me convaincre combien ces nouvelles, même les plus officielles, étaient exagérées : un seul volcan, et non dix, était entré en éruption, un seul et pas plus... C'était le Puyehue (prononcez Pouilleoué), et il n'avait rien d'un nouveau volcan. Cette éruption avait duré quelques jours et était terminée avant que je n'atterrisse à Santiago.

Quoique l'aspect volcanique des événements qui avaient bouleversé le Chili fût infiniment moins sensationnel qu'on ne l'avait proclamé, il était tout de même intéressant d'essayer de savoir si le réveil du Puyehue avait été provoqué par le séisme ou non. L'éruption ayant éclaté deux jours après la secousse principale, il était permis de se poser la question, ces deux jours pouvant fort bien correspondre au temps nécessaire aux laves pour atteindre depuis un réservoir situé à quelque profondeur la surface de la terre. Si la corrélation entre les deux phénomènes était possible, il pouvait cependant aussi n'y avoir là qu'une coïncidence, d'autant que le Puyehue est distant de quelque 200 kilomètres de l'épicentre, dont la position approximative, déterminée par l'Institut de Physique du Globe de Strasbourg, m'avait été communiquée avant mon départ.

La première chose à faire était de voir de près les bouches éruptives. L'aviation chilienne refusa tout net d'aller nous déposer sur les vastes champs de neige qui, vers 2 000 à 2 200 mètres d'altitude, forment l'échine de ce volcan dont les lignes n'ont pas l'élégance de celles de la plupart des autres cônes volcaniques de la Cordillère. Nous pûmes tout juste obtenir d'en faire le survol. Le premier coup d'œil révéla que le cratère central, large de quelques centaines de mètres, n'avait absolument pas bougé; en revanche, à un ou deux kilomètres vers le nord-ouest, une longue fissure s'était ouverte, et par divers points des coulées d'andésite s'en étaient déversées, aujourd'hui noires sur l'étendue neigeuse. Des tourbillons de vapeurs blanches s'échappaient de certaines des sept bouches d'où avaient rampé les coulées larges et courtes, dragons sombres dont à quelques mètres de hauteur nous survolions le dos chaotique.

Redescendus dans la plaine, il fut décidé de tenter d'atteindre par voie de terre la partie active du volcan pour en échantillonner les laves et les gaz. Les routes coupées interdisaient de s'approcher en voiture à moins d'une dizaine de lieues du pied de la montagne, et nous continuâmes à cheval. Après avoir traversé dans une boue liquide où nos montures enfonçaient jusqu'à mi-jambes un affluent du rio Golgol dont le pont de béton gisait au fond du *thalweg,* notre petite caravane de six cavaliers suivit la route asphaltée qui avant la catastrophe montait vers un col-frontière de la Cordillère des Andes pour redescendre en Argentine. Par-ci par-là des terres et des rocs éboulés l'encombraient, mais il n'y aurait eu là que quelques journées de travail pour les déblayer et permettre le passage de véhicules motorisés. Nous commencions à nous étonner qu'un tel travail n'eût pas été amorcé, lorsque l'explication s'étala devant nos yeux : la route n'existait plus. Elle n'était pas barrée par une avalanche plus grosse, non, elle avait disparu, elle, son soubassement, et le sol dans lequel elle avait été taillée... Il n'y avait plus qu'une roide pente de roc nu, lisse, qu'en levant la tête on voyait continuer, cicatrice rouge dans le vert sombre de la forêt, vers les crêtes élevées qui dominaient la vallée; de l'autre côté, elle plongeait dans un capharnaüm de rocs, de terre et d'arbres enchevêtrés, énorme amoncellement d'une colossale avalanche. La rivière, dont le lit ici était creusé dans une gorge rocheuse, avait été entièrement barrée sur une quinzaine de mètres de hauteur. L'eau avait monté en amont du barrage, mais en peu de temps le Golgol s'était taillé un nouveau passage au travers de la masse, et il s'y ruait à présent dans le fracas des rapides. Nous avions déjà vu quelques arrachements de terrain du côté de Puerto-Montt et de Valdivia, mais ils étaient sans commune mesure avec cette gigantesque ruée qui avait raboté de la force vive de ses dizaines de milliers de tonnes lancées à toute vitesse le flanc de la montagne. C'était le premier, mais non le dernier et non le plus impressionnant, des centaines de glissements de ce genre que nous allions rencontrer...

Il est désormais impossible de passer sur cette rive

autrement qu'à pied, le pied sûr d'un montagnard. Nos guides connaissaient un gué en aval, et nous rebroussâmes chemin jusque-là. Le Golgol, calmé, large ici d'une centaine de mètres, roulait entre des berges boisées. Les pluies l'avaient grossi à tel point qu'il n'était plus guéable. Une barque, appartenant à des Indiens dont les champs et la bicoque de planches se trouvaient à portée de voix, permettait aux hommes de traverser la rivière, mais les chevaux devaient le faire à la nage. Nous hésitâmes longtemps, discutant avec nos *arrieros* (cow-boys) qui avaient pour nos scrupules un sourire amusé, si ce bain, avec le froid qu'il faisait, ne risquait pas de donner une pneumonie aux bêtes. Celles-ci d'ailleurs étaient rien moins qu'enthousiastes, et les mettre à l'eau l'une après l'autre ne fut pas facile; l'un tirait l'animal rétif par la bride, les autres lui tapaient sur la croupe à tour de bras, nous poussions des cris qui se voulaient effrayants puis, quand le pauvre cheval terrorisé avait enfin sauté dans la rivière, nous lui jetions des cailloux pour l'empêcher de regagner aussitôt la rive et l'obliger à nager vers le large. Comme le courant était violent, la tactique consistait à remonter le long de la rive avant la mise à l'eau, assez loin pour épargner aux bêtes une lutte par trop épuisante; mais cette traversée en oblique vers l'aval doublait la distance, et coup sur coup trois d'entre elles faillirent se noyer. La peur, que chacune à son tour éprouvait, prise par la rapidité du flot, les naseaux et les yeux écarquillés, était émouvante. Le lasso qui la reliait à l'*arriero* accroupi dans la barque, et qui l'entraînait par le cou dans la direction voulue, ajoutait à son angoisse.

Aussitôt repris pied, les animaux oubliaient cette tragédie et redevenaient les ganaches placides, trop placides, hélas ! pour notre patience... Dans ce pays désorganisé par le cataclysme, il nous avait fallu nous accommoder de ces montures, heureux d'avoir encore réussi à trouver « cela » à louer. Et devant l'impossibilité de faire prendre au cheval le galop le plus petit, nous sentions l'exaspération naître et peu à peu monter à la pensée des lieues et des lieues à parcourir encore... De Bourran et Mathieu, excellents cavaliers au demeurant, n'avaient pas à se plaindre outre mesure de leurs bêtes, mais Servajean et moi, ruisselants et transis, avancions au pas triste de bourriques à tout instant prêtes à s'immobiliser. Pendant des heures face au vent qui nous cinglait de pluie glaciale, les pieds bientôt tout engourdis de froid malgré les gros étriers de bois sculpté, nous fîmes ainsi, Sancho Pança grelottants, la remontée du rio Golgol.

Par endroits la terre s'était ouverte lors du séisme, et il nous arrivait de devoir contourner de véritables effondrements entre des failles verticales. Ces petits *rifts,* dont la profondeur arrivait à dépasser la taille d'homme, ces fêlures béantes dont on n'apercevait pas le fond, avaient été provoqués par le tassement des alluvions récentes de la vallée; mais sur les croupes que nous traversions lorsque la piste s'éloignait du rio, se rencontraient aussi des traces du séisme, moins impressionnantes peut-être au premier coup d'œil mais, parce qu'ouvertes dans des terrains plus fermes, meilleurs témoins encore de la violence du choc : c'étaient des fissures, dont la largeur souvent atteignait celle de la main.

La sauvagerie du tremblement de terre, nous avions pu nous en rendre compte tout au long de cette chevauchée : de part et d'autre de la vallée encaissée entre des montagnes toujours plus élevées, une vingtaine d'énormes cicatrices, les unes rougeâtres, les autres tirant sur le jaune ou le brun selon la nature de la roche, tranchaient net dans le manteau des forêts : c'étaient des arrachements de terrains, que la violence du choc avait provoqués et qui s'étaient achevés en terribles avalanches. Nous en avions beaucoup entendu parler auparavant de ces glissements de terrains, de ces meurtrières « collines qui couraient »; à Osorno, puis à la centrale électrique de Pilmaiquen, à l'ouest du lac Puyehue, où, après les journées tristes de Chiloé, de

Puerto-Montt, de Puerto-Varas, de Llanquihue, nous avions reçu la plus large, la plus chaude hospitalité, on nous avait énuméré des drames : à l'est du lac Rupanco, une centaine d'hommes qui travaillaient aux routes avaient été ensevelis avec leur campement; l'hôtel des Thermes de Rupanco avait été emporté tout entier, bâtiments et personnel, et précipité dans le lac que le séisme faisait bouillonner; un fermier suisse du nom de Laurie et trois de ses ouvriers partis faire un travail sur une colline avaient disparu sous des milliers de mètres cubes de terres soudainement déferlantes...

Les nombreuses escarres que tout au long de nos journées de chevauchée nous avons vues au flanc des monts, les cônes d'avalanches impressionnants que nous avons dû contourner, les petits lacs temporaires, les chutes d'eau nouvelles hautes de centaines de mètres parfois accrochées toutes blanches aux pans des crêtes brutalement déboisées, le sol fracturé, affaissé, tout parlait de la violence extrême du choc. Nous devions voir pis encore quelques jours plus tard, après avoir renoncé au Puyehue. Le froid, les brumes, et la neige fondue qui avait succédé à la pluie à mesure que nous remontions la vallée nous contraignirent à abandonner notre tentative d'atteindre les bouches du volcan; je me décidai à tourner bride, d'autant plus que le danger perfide du brouillard sur les étendues de neige s'ajoutait aux désagréments que nous subissions; tout cela ne se justifiait guère pour quelques échantillons de lave refroidie et de gaz fumerolliens.

VIII

Riñihue

C'EST au retour de cette expédition inachevée que nous sommes allés pour la première fois à Valdivia. Cette ville de soixante-quinze mille habitants, détruite aux trois quarts, en partie inondée par l'enfoncement général de la région, vivait dans la hantise d'une nouvelle catastrophe.

Valvidia se trouve à trois lieues de l'estuaire du Calle-Calle (qui se prononce approximativement Caille-Caille). Comme nombre de rivières sud-américaines, ce fleuve porte des noms différents en aval et en amont : rio San Pedro, il naît tout armé, fleuve puissant déjà, du lago Riñihue (prononcez Rignioué). Le Riñihue est l'un des nombreux lacs que le retrait des glaciers après la dernière glaciation quaternaire a abandonnés à l'amont des moraines terminales des imposants fleuves de glace qui jadis descendaient de la Cordillère jusque dans la plaine. Le Riñihue, long de vingt-cinq kilomètres, large de trois, est un réservoir de plusieurs millions de mètres cubes qui, à moins de vingt lieues de Valdivia, se trouve à cent cinquante mètres au-dessus d'elle. Or, le 22 mai, le rio San Pedro, avait été barré en trois points successifs sur les cinq premiers kilomètres de son parcours. Trois *tacos*, trois bouchons de terres arrachées à la rive, hauts de quatre-vingts mètres, avaient obstrué le thalweg bien qu'il eût mille mètres de large, d'un bord jusqu'à l'autre. Les deux premiers bouchons étaient relativement modestes : seize mètres de haut pour l'un et dix-neuf pour l'autre, mais le troisième avait enfoui le lit du fleuve sous une épaisseur allant de quarante à soixante mètres, deux millions de mètres cubes...

Le lac Riñihue, désormais dépourvu d'exutoire, s'était mis à grossir à l'amont de ce barrage, et sa surface se trouvait déjà de vingt mètres au-dessus du niveau normal : près de deux milliards de mètres cubes d'eau n'étaient retenus que par un amoncellement de terres meubles. Le lac montait inexorablement, alimenté par les pluies continuelles et par ses affluents : le malheur voulait que *cinq* autres lacs n'eussent d'autre déversoir que le Riñihue lui-même !...

En 1575, après un éboulement du même genre survenu au même endroit à la suite d'un choc sismique de même importance, le lac s'était gonflé de même, et cela jusqu'à crever tout à coup l'obstacle : une trombe d'eau colossale avait soudain déferlé dans la vallée, s'était ruée jusqu'à la mer, et sur son passage avait détruit Valdivia, noyé la majeure partie de ses habitants... Près de quatre siècles plus tard le souvenir de cette catastrophe était si vivant encore que de savoir le Riñihue barré à nouveau plongeait dans l'angoisse la population de la vallée entière.

Les autorités avaient pris en main l'organisation de la défense contre cette menace suspendue à cent mètres au-dessus de ces fermes, ces villages et ces villes qui, en quatre siècles, avaient poussé le long du rio San Pedro; défense passive : l'armée qui s'occupait de faire évacuer les parties basses, situées sous un certain niveau calculé d'après le cubage d'eau excédentaire du lac; défense active : l'Endesa, l'entreprise nationalisée qui, au Chili, construit les barrages et produit l'électricité, s'attaqua ici aux bouchons qui obstruaient l'exutoire. Désormais et pendant des semaines et des semaines, la première page de chacun des journaux du pays allait être consacrée au Riñihue.

Le précédent du XVIe siècle était évidemment une raison

largement suffisante pour éveiller l'inquiétude et justifier les travaux entrepris. Cependant, après avoir vu la puissance du nouveau barrage naturel qui constituait le plus occidental des bouchons, le *Taco 3*, mon opinion, que plusieurs géologues et ingénieurs avec qui j'en discutai partageaient, était que le danger cette fois n'existait guère; l'énorme masse argileuse qui obstruait la vallée sur près d'un kilomètre de long ne pouvait céder à la pression statique des eaux accumulées; le processus que nous imaginions était que le niveau allait s'élever jusqu'à atteindre le point le plus bas du barrage, et que le lac alors commencerait à se déverser pardessus; dans le matériau meuble constituant le barrage — débris de moraines, couches de sables et de galets, argiles — la rivière aurait rapidement creusé un lit toujours plus profond, drainant progressivement les excès d'eau du lac jusqu'au rétablissement de son niveau normal. C'était évidemment là une vue optimiste des choses, et peut-être était-il plus sage de les envisager sous l'angle du pire, celui de l'expérience passée, quoique je pense que le barrage de 1575 avait dû être beaucoup moins massif que celui de 1960.

L'Endesa avait mobilisé pour attaquer le Riñihue tous ses bulldozers (quatre-vingt-cinq), des douzaines de camions et des jeeps, des hélicoptères, trente ingénieurs et deux cents ouvriers. Une atroce route de terre, de boue plus exactement, reliait seule la zone des *tacos* au monde techniquement civilisé; les meilleurs des véhicules tout terrain y roulaient à dix ou quinze kilomètres à l'heure; quant aux autres... Bientôt il fallut utiliser les hélicoptères pour ravitailler en vivres, en matériel et en essence l'énorme chantier mécanisé et le camp de travailleurs qui s'étaient rapidement organisés. Le mauvais temps n'arrangeait pas les choses, et la boue devint en quelques jours un enfer pour les conducteurs et les mécaniciens des bulldozers et des pelles mécaniques. Les pannes s'accumulaient, les énormes animaux mécaniques s'enlisaient, dinosaures maladroits, des accidents se produisirent, des hélicoptères s'écrasèrent au sol. Mais jour après jour, semaine après semaine, le creusement d'un canal courant à la surface du barrage se poursuivait en dépit des conditions extrêmement pénibles. Au terme de deux mois d'efforts, enfin, il se trouva achevé. Alors, sous le contrôle de l'homme, les kilomètres cubes d'eaux menaçantes qui s'étaient entre-temps amassés dans le lac commencèrent à s'échapper et à éroder de leur courant un nouveau lit pour le rio San Pedro. L'opération Riñihue avait coûté plusieurs vies humaines et des millions de dollars. Je pense que, à tant faire qu'à l'entreprendre, dans les conditions de l'hiver du Sud chilien, il eût mieux valu adopter la méthode « chinoise » plutôt que la technique « yankee » : des milliers de manœuvres armés de pelles et de paniers plutôt que des moyens mécaniques que la boue neutralisait et dont le ravitaillement se solda par un coût excessif. Il est vrai que le coût de l'opération, ici comme partout et toujours, n'a pas été perdu pour tout le monde...

Cela me rappelle l'étonnement réciproque que mon interlocuteur et moi avons éprouvé un jour où je visitais, vers la fin de ce séjour au Chili, les dégâts du tremblement de terre dans la région de Concepción. Comme nous passions auprès d'une grande verrerie, indemne heureusement, je demandai à mon compagnon si c'était cette usine qui avait fourni les centaines de milliers de carreaux qui heureusement déjà — nous étions en juillet, cœur de l'hiver austral — avaient remplacé tous ceux qui, en mai, avaient volé en éclats.

« Bien sûr, me répondit-il.

— A quel prix les ont-ils livrés, prix coûtant ou prix commercial ?

— Mais... à prix commercial, bien sûr ! »

C'est-à-dire que, en pleine catastrophe nationale, au moment où des milliers de personnes perdaient la vie, où des centaines de milliers d'autres étaient complètement ou partiellement sinistrées, enfoncées dans une misère sordide, au moment où le gouvernement faisait appel à l'aide internationale (qui se manifestait par millions de dollars), au moment où les énormes dépenses que provoquait le cataclysme étaient supportées par les caisses de l'Etat (c'est-à-dire par la masse des citoyens) et par les envois de matériel et de fonds de l'étranger, à ce moment-là même les fabricants de vitres — entre autres — amassaient grâce à cette catastrophe une fortune nouvelle... Je n'en revenais pas, et mon interlocuteur, industriel de la région, au demeurant sympathique, n'en revenait pas, lui, de mon étonnement !

Il est bien certain que ceux qui ont fourni l'essence, par exemple à l'opération Riñihue, n'ont pas dû oublier leur marge bénéficiaire. Et que la répartition de l'aide internationale, ici comme dans tous les pays de la terre sans doute, a profité bien davantage à ceux qui en avaient le moins besoin... A Orléansville, à Agadir, à Fréjus, à Clamart, en Grèce, au Japon, en Turquie, en Iran, comme au Chili, comme ailleurs, la manne des secours officiels, nationaux et internationaux, semble passer, de même que pour le calibrage de minerais ou de graviers, par une succession de tamis superposés; les gros morceaux sont arrêtés par les écrans supérieurs, et au dernier échelon ne parviennent que des miettes : la farine, le sucre, la morue séchée et la couverture des premiers secours d'urgence. Ceux qui n'avaient rien qu'une cabane de bois ou d'adobes finiront bien par se débrouiller pour en construire une autre, de leurs mains et à leurs frais. Et ceux qui avaient une riche demeure en ville, une villa luxueuse, une usine, après le séisme en auront une plus belle, une plus moderne, une plus rentable... Lorsque je suis revenu au Chili sept mois après la catastrophe, j'ai noté avec un certain étonnement qu'on ne voyait plus, dans le Sud en tout cas, un seul de ces vieux camions qui y abondaient auparavant : tous ceux qui roulaient sur les routes réparées étaient du dernier modèle, étincelants de couleurs joyeuses. A croire que ce qui avait le plus souffert du séisme était le parc automobile...

Quant au pauvre *inquilino,* comme le fellah, le bounioul, le paria de toute race, de toute nationalité, il bouffait ce qu'il pouvait trouver et logeait comme ça se trouvait...

IX

Glissements de terrain et nappes de charriage

Au Riñihue la masse des *derrumbes*, comme on appelle ici les glissements de terrain, était énorme : quatre millions de tonnes. Mais ce n'était là qu'une partie seulement du volume total, et qui ne pourra jamais être estimé que très grossièrement, des roches et des terres arrachées et précipitées dans les vallées de la Cordillère : d'avion, ces petits biplaces ou quadriplaces que la Force Aérienne du Chili mettait parfois à notre disposition, j'en ai *compté plus de mille*, et cela quasi du seul côté occidental des monts, car nous n'avions pu pousser que deux pointes vers l'intérieur des Andes, celle du rio Golgol et celle de Neltume. Combien de milliers d'avalanches y eut-il en tout, je l'ignore, mais cet ordre de grandeur seul, mille, suffit à montrer l'importance de cet aspect du séisme.

Neltume est l'un des nombreux lacs de la région du Riñihue, dans un pays de hautes collines et de volcans dont l'altitude dépasse 3 500 mètres. On m'avait dit que des *derrumbes* très graves s'étaient produits là-bas, et avec mon camarade géologue Servajean nous voulions aller les examiner sur place. Servajean, qui arpente depuis une demi-douzaine d'années l'Amérique du Sud, restait seul avec moi après que leurs occupations eurent rappelé à Santiago nos deux autres compagnons. Un hélicoptère de la Force Aérienne en tournée de routine nous déposa en passant dans la bourgade de Panguipulli, à l'extrémité occidentale du lac du même nom, et s'envola dans son fracas habituel en nous abandonnant au centre d'un cercle dense d'hommes, de femmes et d'enfants accourus pour contempler ce que venait de pondre chez eux cette bruyante cigogne.

Celui qu'un hélicoptère amène peut être pris par le vulgaire pour un grand personnage. Celui qui demeure délaissé au milieu de ses bagages dans le froid cinglant du *puelche*, le vent d'hiver de la Cordillère des Andes, et sans qu'aucun officiel, aucun organisme ne s'occupe de lui, revient en peu de minutes à l'état de vagabond : la population ayant satisfait sa curiosité, nous nous retrouvâmes tous seuls à un carrefour venteux de ce gros village d'un far-west hispanique et glacial.

Notre problème était de gagner l'autre bout du lac, à trente kilomètres dans l'est, où le rio Neltume se jette dans le Panguipulli, et où commençait la zone des *derrumbes* majeurs. Sans doute lassés de promener des bonshommes qui perdaient des heures à chercher des fissures dans le sol alors que les autres visiteurs venus de l'étranger se satisfaisaient des destructions spectaculaires de la côte et des villes, les militaires nous avaient déclaré que leurs avions — qui nous avaient été si utiles dans le Sud — et les hélicoptères n'étaient plus disponibles; prétexte : l'opération Riñihue, alors en plein essor de propagande (j'ai toujours eu l'impression que si l'on parlait tellement du Riñihue, dans la presse, à la radio, dans les discours officiels, c'était pour parler moins de la répartition des fonds d'aide, et de ces centaines de milliers de problèmes mineurs : ceux des petites gens et ceux de la misère; en d'autres pays, cette technique s'emploie de même, et les petits scandales savamment gonflés permettent trop souvent d'escamoter les gros...). Nous déposer à Panguipulli dans le cadre d'un vol de routine avait été la dernière concession. Pour aller au-delà, il fallait nous débrouiller.

Comme les routes, toutes, avaient été coupées par les

glissements de terrain, il était rigoureusement impossible de les utiliser, pas plus avec un camion ou une jeep qu'à cheval. Et le *puelche* qui se levait, soufflant avec furie sur le lac, rendait toute navigation impossible.

Nous ne disposions en tout que de trois jours. Deux se passèrent à résoudre le problème du transport; le troisième enfin nous prîmes l'air, chacun de nous passager d'un minuscule coucou biplace, l'un et l'autre pilotés par un jeune gars du pays, le fils du meunier et celui d'un gros fermier : dans ces vastes contrées aux routes trop rares et trop souvent exécrables, l'avion privé joue un rôle que notre vieille Europe n'imagine guère. Mais la géologie en escadrille n'est pas à recommander : non seulement, même en gesticulant jusqu'à en être ridicule, est-il impossible de se faire comprendre de son collègue volant parallèlement à qui l'on voudrait faire remarquer telle ou telle chose, mais encore est-elle source d'inquiétude. Car on perd bien facilement de vue un minuscule monoplan vert lorsqu'on survole le moutonnement vert des immenses forêts, ou que l'on se faufile dans le dédale des vallées profondes, ou encore que l'on tourne en spirale ascendante autour du vaste cône d'un volcan, tel le Shochuenco ou le Villarica...

Les arrachements de terrain que nous pûmes voir de la sorte étaient impressionnants. Je me souviens particulièrement de l'un d'eux, qui avait écorché tout un flanc de montagne, anéanti la route qui en longeait le pied, et traversé le bras de lac qui le séparait d'une île : celle-ci, désormais, était une péninsule. Nous n'avions malheureusement plus le temps d'explorer, comme nous l'aurions voulu, les trop nombreuses avalanches qui avaient ravagé la région de Neltume, et nous avons dû nous contenter, une fois au sol, d'aller rapidement en regarder de près une demi-douzaine seulement, à proximité du petit terrain où nous avions atterri. Elles n'étaient pas gigantesques, comme certaines autres aperçues d'avion, et la plus importante n'avait pas cent mille mètres cubes; elle s'était déclenchée à une cinquantaine de mètres de hauteur à peine et avait arraché une couche de huit à neuf mètres d'épaisseur sur quelque deux cents mètres de large. A parcourir à pied ces *derrumbes,* nous percevions mieux que d'avion, d'une façon presque intime, la formidable puissance qu'un soubressaut de l'épiderme du globe représente : ces troncs séculaires brisés comme allumettes, au front de l'avalanche, ces maisons écrasées, ces blocs de rocher énormes, trois cents tonnes, transportés sur plus de cent pas à travers le fond horizontal de la vallée...

Transport à l'horizontale... Voilà qui, ma foi, était extrêmement curieux ! A première vue nous n'y avions pas fait attention, impressionnés que nous étions par le chaos des épaisses couches étalées, par le roc décapé au flanc des collines, par la sobre mention du nombre de victimes que nous faisait, à chacune des avalanches que nous traversions, un sympathique Asturien émigré là et qui s'était offert à nous piloter : « Ici, sept personnes enfouies », « Ici, dix-huit familles », « Ici, cinq familles », « Ici... ». Étrange et assez effroyable émotion, que marcher sur ce sol nouveau sous lequel se trouvaient, étouffés par la ruée soudaine des terres au pied desquelles ils avaient toujours vécu, des centaines et des centaines de femmes, d'hommes, d'enfants.

Mais comment auraient-ils pu prévoir le sort qui les guettait ? Il est courant, après une catastrophe, de la « prédire » *a posteriori*; d'autre part, des experts réellement compétents peuvent d'ailleurs prévoir presque à coup sûr un danger latent : construite à la va-comme-je-te-cimente sur une grande faille dans l'axe même de la chaîne de l'Atlas, Agadir était condamnée à terme, et des géologues l'avaient prévu; comme étaient condamnées Valdivia ou Puerto-Montt, bâties sur du remblai, comme tant de ports et de villages sur ces rivages du Pacifique que les *tsunamis* viennent frapper plusieurs fois par siècle; comme tout ce qui se trouve au pied d'un volcan actif et qui disparaîtra brutalement quelque jour; comme les maisons, les villages nichés au bas des pentes abruptes de la Cordillère, sous l'épée de Damoclès des avalanches latentes[1]. Mais ces fermes, ici, au beau milieu du fond horizontal et paisible de la vallée, à cent, voire deux cents pas des collines modestes, hautes de soixante mètres à peine, qui bordent le thalweg ?

Cela, aucun géologue, aucun sismologue n'aurait pu le prédire, car il s'est produit ici quelque chose que jamais l'on n'avait observé encore : des terres arrachées par un séisme et s'abattant en avalanche avaient parcouru sur le fond plat de la vallée une distance plusieurs fois plus longue que ne le font jamais les avalanches, lesquelles s'achèvent en un cône de déjection ou en un éventail dont la longueur est proportionnelle à la force vive, à la vitesse de l'avalanche, c'est-à-dire en définitive à la hauteur depuis laquelle elle s'est détachée, et à l'inclinaison de la pente. Que les énormes cataractes de roches et de terres qui avaient dévalé de mille mètres du haut des montagnes, dans cette région de Neltume comme en tant d'autres endroits de la Cordillère entre le 39e et le 40e parallèle, eussent dévasté parfois sur toute leur largeur le fond des vallées, qu'elles eussent barré des rivières, colmaté des détroits, c'était, si je puis dire, normal. Mais que des modestes glissements de terrain, tombant de vingt, trente ou cinquante mètres seulement, après avoir descendu des pentes de 20 à 40 degrés à peine, eussent parcouru *sur le plat* des distances cinq et six fois plus longues que leur hauteur de chute, que l'une d'elles, après avoir ainsi franchi une centaine de mètres à l'horizontale, parvenue au pied du versant opposé, possédât encore une énergie cinétique suffisante pour en amorcer la remontée, voilà qui était tout à fait extraordinaire. Ce qu'aucun géologue, faute

1. Une formidable avalanche de roc, de terres et de glace a enseveli en quelques secondes plusieurs villages, plusieurs milliers de personnes en janvier 1962 dans l'étroite vallée qui court au pied ouest du gigantesque Huascaran, au Pérou, dans cette même province d'Ancash qui avait été secouée en 1946 par un tremblement de terre de magnitude supérieure à huit (voir deuxième partie de ce livre).

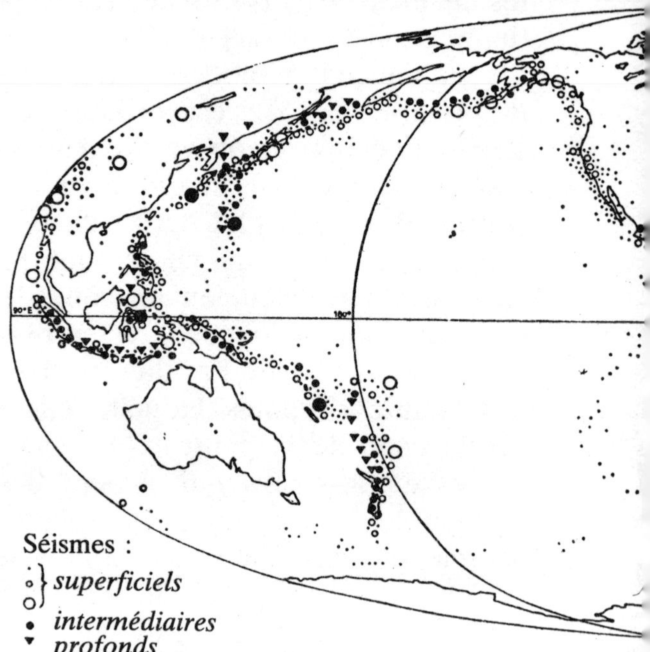

Planisp

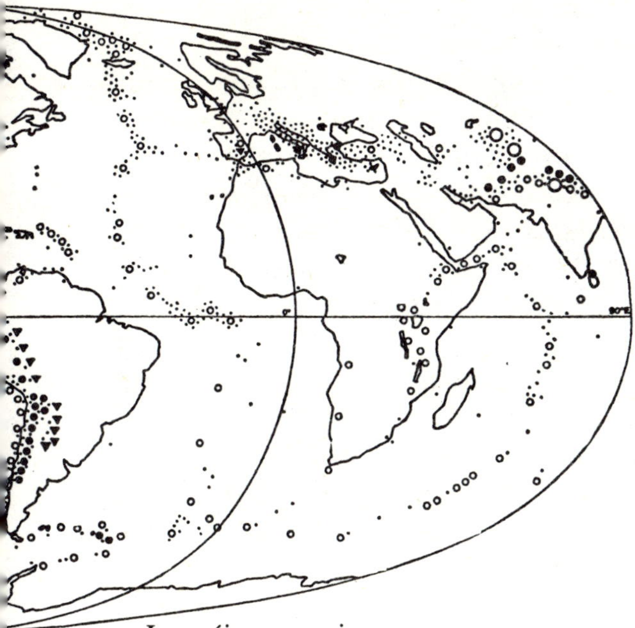

séismes. Les séismes majeurs
enregistrés de 1897 à 1966
sont indiqués par des cercles plus gros.

d'avoir jamais pu l'observer, n'eût été dans la possibilité de prévoir, comment eussent pu le pressentir les malheureux que le déferlement de ces terres avait engloutis ?

Devant la diversité des aspects et devant l'ampleur de la grande catastrophe sismique qui avait ravagé le pays l'on finissait, je l'avoue, par n'être plus guère étonné de rien. Lorsque pendant six semaines on a vu tour à tour des navires couchés sur le flanc, des bateaux échoués à deux cents kilomètres du rivage, des ponts d'acier tordus, des dalles de béton de deux tonnes mêlées comme jeu de cartes lancé en l'air, des cinq étages télescopés en un seul, des fleuves barrés, des routes effacées, des chemins de fer transformés en sinusoïde, des pans de montagnes arrachés, une vaste région tout entière affaissée, comment n'être pas quelque peu blasé et ne pas avoir tendance à prendre pour quasi normal quelque chose de cependant très extraordinaire ? C'est pourquoi l'incongruité de cette translation horizontale ne vint me frapper l'esprit qu'après, et que je ne m'interrogeai pas aussitôt sur l'explication du phénomène.

Celle-ci, en fin de compte, semble ne pouvoir être que celle de l'entretien du mouvement de translation par les vibrations intenses du sol pendant toute la longue durée du paroxysme sismique, comme si la terre avait joué le rôle d'une gigantesque « table à secousses », cette machine à classer des minerais qui progressent sur une surface à peine inclinée sous l'effet de vibrations violentes et ininterrompues.

Ce phénomène impressionnant, observé ici pour la première fois, est important d'un point de vue géologique. L'on sait que les chaînes de montagnes sont en grande partie formées de strates rocheuses plus ou moins plissées par des mouvements tectoniques. Quels sont les moteurs qui déclenchent ces mouvements, quels en sont les mécanismes ? Pour répondre à ces questions on est très largement réduit aux hypothèses : contraction de la terre sous l'effet de son refroidissement;

dérive des continents, considérés comme des radeaux flottant sur un magma fluide; compression, entre deux continents qui se rapprocheraient, des sédiments marins empilés en couche sur des dizaines de milliers de mètres d'épaisseur; plissement de ces strates sous-marines glissant par pesanteur sur un plan incliné... Toutes ces hypothèses ont été invoquées pour expliquer la formation des plis, larges ou serrés, qui affectent les roches des régions montagneuses. Le mystère est plus profond encore des *nappes de charriage*, ces plis si exagérément reployés sur eux-mêmes, si étirés, que la matière rocheuse en a été transportée à des lieues, voire des dizaines de lieues de son emplacement d'origine. A côté des hypothèses classiques de la compression et de l'écoulement par gravité, je crois qu'il faut désormais tenir compte de la formation de nappes de charriage par tremblement de terre.

Car il suffit de réfléchir à ce qui s'est passé à Neltume, c'est-à-dire à quelque deux cents kilomètres de l'épicentre, sur une surface horizontale, avec des sédiments secs (il n'avait pas plu, le 22 mai 1960, depuis des semaines), et d'extrapoler quelque peu : ici, les cinérites et les tufs volcaniques arrachés au flanc des collines ont parcouru jusqu'à trois cents mètres à l'horizontale; que s'est-il passé sous l'Océan, dans des régions plus proches encore de l'épicentre ? Là, pour peu que le fond soit incliné, et précisément il l'est aux endroits où les sédiments s'accumulent le plus — talus continentaux et flancs des fosses marines —, la violence de la secousse aura pu mettre en branle non plus une couche de quelques mètres, mais des épaisseurs dix, cent, trois cents fois supérieures... Et ces masses de vases, argileuses ou calcaires, lubrifiées par l'eau et le sel qui les gorgent, une fois en mouvement sur l'immense plan incliné et vibrant, ce ne sont plus des centaines, mais des milliers de mètres qu'elles pourront parcourir.

Loin de moi l'idée de prétendre qu'un séisme, particulièrement violent et prolongé, soit à l'origine de toute nappe de charriage ! Mais certaines d'entre elles sont assurément provoquées par des tremblements de terre, et je pense à ces « nappes sans racines », empilements de strates transportées loin d'un lieu d'origine que rien ne permet plus de localiser, et dont jusqu'ici l'on n'a guère pu expliquer la genèse.

L'on sait d'ailleurs bien que les tremblements de terre déclenchent parfois d'énormes avalanches sur les pentes sous-marines. Dans le jargon des océanographes et des géologues, on appelle ces avalanches des « courants de turbidité ». Turbidité signifiant « état d'un liquide trouble », on peut se demander ce que peut être un « courant d'état d'un liquide »; c'est grammaticalement aussi trouble que la turbidité, un barbarisme de plus, un abus du langage dû à cette espèce de paresse mentale qui conduit à fabriquer des néologismes par simple transposition d'une expression de langue anglaise. « Courant de boue » ou « courant de vase » aurait été plus correct du point de vue sémantique, « avalanche de boue » aurait mieux rendu compte du phénomène, d'autant que celui-ci est sporadique et non pas continu et que sa vitesse peut atteindre cinquante nœuds.

Ces avalanches, déclenchées par secousse sismique, sont l'un des plus importants outils à façonner le relief sous-marin. Leur rapidité jointe à leur densité élevée en fait des gouges colossales qui entaillent les pentes qu'elles dévalent, y creusant des canyons que chaque avalanche nouvelle approfondit et dont les dimensions atteignent celles de l'impressionnant canyon du Colorado, formé, lui, à l'air libre.

L'existence de ces *turbidity currents* fut longtemps mise en doute par les géologues. Ce ne fut qu'en 1952 que Ewing et Heezen, sismologues et océanographes, prouvèrent que les ruptures de câbles sous-marins étaient dues à des avalanches de boues et non au mouvement relatif des deux compartiments d'écorce terrestre de part et d'autre d'une faille, comme on avait tendance à le croire jusque-là.

En 1947 et en 1949, le navire océanographique *Atlantis* avait ramené des grands fonds situés entre les Açores et les Bermudes d'abord, ensuite des plaines sous-marines abyssales situées au large de l'Hudson, des carottes de sondage qui révélèrent contre toute attente que les sédiments, loin d'être composés de vases et d'argiles très fines comme il est de règle sur les grands fonds océaniques, étaient des sables aussi grossiers que ceux des plages côtières, et contenaient même des coquillages de mollusques qui ne vivent qu'en eaux peu profondes. Or, il est une chose bien prouvée : les particules se sédimentent d'autant plus près des côtes qu'elles sont plus grosses, les galets d'abord, puis les sables grossiers, les sables moyens ensuite, les sables fins et enfin les divers types d'argile. Comment alors de tels sables pouvaient-ils bien avoir été amenés jusqu'à des centaines de milles des rivages les plus proches, et déposés à des milliers de mètres sous la surface de l'Océan ?

Le fait que la plaine abyssale de l'Hudson se trouve au débouché d'un canyon sous-marin conduisit Ewing et Heezen à attribuer aux *turbidity currents*, outre le creusement de celui-ci, la sédimentation de celle-là : les avalanches déclenchées près des rivages après avoir fait leur travail de gouge en dévalant les pentes, allaient s'étaler au-delà en gigantesques éventails presque horizontaux.

La preuve, ils la trouvèrent dans l'enregistrement de l'heure précise à laquelle, successivement de l'amont vers l'aval, les câbles transatlantiques passant au sud de Terre-Neuve s'étaient rompus lors du séisme de 1929 : jusqu'à cinq cents kilomètres de l'épicentre, ils s'étaient brisés l'un après l'autre durant les treize heures et dix-sept minutes qui suivirent la secousse. La vitesse de l'avalanche avait été de 80 km/h sur la pente et de 25 km/h sur la plaine abyssale où, *à un demi-millier de kilomètres de son lieu d'origine*, elle s'en alla mourir.

Le 9 septembre 1954, le tremblement de terre qui détruisit Orléansville déclencha un *turbidity current* au large de l'Afrique du Nord. Posés sur le fond à des distances allant de soixante à cent kilomètres de la côte algérienne, cinq câbles se rompirent successivement; la vitesse de l'avalanche sous-marine avait décru ici de 60 jusqu'à 8 kilomètres à l'heure.

Au nord de la Colombie, dans la mer des Caraïbes, 17 ruptures de câbles sous-marins se sont produites en vingt-cinq ans, et l'on a pu prouver à diverses reprises qu'elles aussi étaient dues à des glissements de terrain.

Le professeur Oulianoff, de Lausanne, n'admet cependant pas cette explication non plus que l'existence des courants de turbidité. Les énormes vitesses qu'auraient ceux-ci dépassent, dit-il, et de loin, toutes celles qu'on observe directement sur les rivières et les torrents les plus impétueux descendant les pentes raides. Or, l'eau mise en mouvement par un éboulement sous-marin est rapidement dispersée et sa force vive amortie. Le courant sous-marin largement étalé doit vaincre de plus l'important freinage de la masse d'eau ambiante. Il faut cependant expliquer le transport des sédiments sur les fonds océaniques; Oulianoff envisage pour ce faire un moteur identique à celui que j'imaginai pour le transfert horizontal observé au pied des *derrumbes* chiliens : le « couloir vibrant » mû par la sismicité du globe.

Et il apporte à cette hypothèse un argument nouveau, celui de l'existence sur les grands fonds de ces rides, appelées *ripple-marks* par les géologues, dont on n'expliquait jusqu'ici la formation que par l'action des vagues, de la houle ou des courants. Or ni vagues, ni houle ne peuvent agir sur des fonds immergés à plus de deux cents mètres; d'autre part, la vitesse des courants les plus rapides que l'on soit arrivé à découvrir aux grandes profondeurs est de l'ordre de quelques centimètres à peine par seconde, vitesse tout à fait insuffisante pour provoquer la formation des rides dont les océanographes modernes révèlent l'existence jusque sur les plus grands fonds : Jacques Piccard, qui avec le batyscaphe *Trieste* descendit le premier dans les abysses océaniques, y a vu des ripple-marks. Il m'a donné une photographie, prise par 2 800 mètres, de rides réellement énormes, puisque au lieu d'avoir les dimensions des ripple-marks littoraux que chacun connaît, celles-ci ont deux mètres de crête à crête, et un demi-mètre de creux...

Oulianoff a certainement raison : il n'y a guère d'autre explication à la genèse de ces rides, énormes comme celles-ci ou petites comme elles le sont d'ordinaire, que la vibration sismique, phénomène quasi ininterrompu et qui affecte le globe tout entier, avec des intensités très diverses allant de pulsations microsismiques jusqu'aux colossales trépidations qu'infligent, dans leur zone épicentrale, les séismes de haute magnitude.

En revanche, je ne partage pas son avis en ce qui regarde les courants de turbidité, et je pense que des avalanches sous-marines peuvent fort bien être déclenchées par un tremblement de terre, et leur progression entretenue par un effet de table vibrante.

Il est probable que les secousses sismisques ne soient pas le seul type de gâchette à déclencher ces transports puissants et rapides, de millions de tonnes de sables et de vases; l'excès de sédiments, par exemple, accumulés au large des estuaires et des deltas, ou encore des jeux dus aux glaciations et aux adoucissements alternés du climat devraient aussi en provoquer. Mais il semble prouvé désormais que pour la plus grande part ce soient bien les séismes qui commandent ces translations, important processus géologique.

Or les tremblements de terre qui ont provoqué les avalanches sous-marines de Terre-Neuve, d'Algérie et des Caraïbes étaient nettement inférieurs à la formidable crise sismique chilienne du 20 mai 1960, tant par la magnitude — c'est-à-dire l'énergie libérée — que par la durée. Cette dernière fut exceptionnelle à deux titres : pendant un mois il se produisit des séismes violents par vingtaines, et la secousse sismique majeure se serait prolongée de deux à trois fois plus longtemps que les trois minutes où les survivants dirent l'avoir ressentie : l'étude des ondes sismiques superficielles a permis à Eaton et à ses collaborateurs de l'Observatoire de Hawaii de montrer que le jeu des failles s'était poursuivi pendant sept minutes, ce qui est énorme.

L'on concevra dès lors aisément l'importance que peuvent atteindre, volumes transportés et distances parcourues, les translations de sédiments décollés sur des tranches de dizaines voire de centaines de mètres d'épaisseur par un choc exceptionnellement brutal et prolongé : dans ce milieu fluide où tout est comme lubrifié, sur ces pentes sous-marines immenses, les empilements de strates peuvent déjà glisser fort loin par l'action de la seule pesanteur. Et si, comme à Neltume, vient s'y ajouter un effet de vibrations ininterrompu sur de longues minutes, les charriages ainsi engendrés prennent à coup sûr des dimensions extrêmes.

Ce séisme chilien de 1960 fut donc d'une grande importance, non seulement par sa magnitude et les dégâts qu'il provoqua, mais aussi par ce qu'il nous a enseigné sur le rôle tectonique, trop peu connu jusqu'ici, des tremblements de terre : des affaissements (ou des surrections) de plusieurs mètres peuvent affecter brutalement des régions entières, et des nappes de charriage se former en l'espace de quelques minutes seulement...

DEUXIÈME PARTIE

Géographie des tremblements de terre

CHAQUE année, de par le monde, on enregistre environ un million de tremblements de terre pour le moins : sur ce nombre, un ou deux en moyenne atteignent la magnitude 8, une vingtaine sont assez violents pour ébranler la masse entière de la planète, une centaine ou deux se montrent destructeurs, un millier provoquent des dommages certains et trois cent mille autres sont encore nettement perceptibles.

Une infime minorité a pour origine des phénomènes volcaniques, des effondrements de cavernes, falaises ou galeries minières, ou des explosions artificielles; la presque totalité des séismes sont tectoniques : lorsque la somme d'énergie qu'accumulent progressivement les forces profondes qui travaillent la planète atteint en tel ou tel point la limite de résistance des roches, celles-ci cèdent soudain et la cassure déclenche des ondes élastiques qui s'irradient dans toutes les directions, ébranlant le sol sur leur passage. Le point de la rupture initiale est le *foyer* du séisme, et au foyer même un séisme est toujours bref : quelques secondes au maximum pour les chocs très violents. La libération d'énergie est rapide; le mouvement — affaissement, soulèvement, coulissage horizontal ou combinaison intermédiaire — se propage le long du plan de fracture; très vite les tensions tombent à zéro et la friction des lèvres suffit à immobiliser les compartiments de part et d'autre de la faille.

Cependant l'énergie élastique emmagasinée dans la région entourant le foyer d'une forte secousse ne peut être libérée tout entière en une fois, et la faille rejoue dans les heures, les jours, les semaines, voire les mois qui suivent, jusqu'à ce que ces répliques aient épuisé enfin l'excès d'énergie accumulée. Alors s'établit une période de calme plus ou moins prolongée durant laquelle les contraintes qui s'exercent dans le globe reconstituent peu à peu la réserve de forces latentes. La durée de ce repos dépend de l'élasticité des roches et de l'intensité des efforts qui s'exercent sur elles.

Cette intensité a varié au cours des temps, elle a migré d'une région à l'autre de la planète, et à chaque époque géologique elle s'est manifestée différemment. Celle où nous sommes, qui a vu naître l'humanité et qui probablement la verra disparaître, cette ère quaternaire dont le million d'années d'âge ne constitue qu'un petit appendice de ce Tertiaire pendant lequel se sont plissées et soulevées les grandes chaînes alpines, himalayennes et andines, pendant lequel se sont ébauchées les montagnes circumpacifiques qui émergent en archipels ou qui se trouvent encore enfouies dans les profonds mystères de leur matrice sous-marine, l'époque où nous sommes est caractérisée par une sismicité dont les limites géographiques sont bien définies.

Si l'on admet que chaque tremblement de terre soit bien dû au jeu — ou mieux, au rejeu — d'une faille (et vraisemblablement de tout un réseau de failles dans le cas des secousses de forte magnitude), ou plutôt d'un segment de faille — et plus sera long ce segment, plus importante sera la secousse —, il est normal que la sismicité soit maximale dans les sillons géosynclinaux récents, moindre dans les bandes géosynclinales plus anciennes, et minime dans les masses stabilisées depuis les temps précambriens. Ces dernières, ce sont les vastes plates-formes continentales, ce sont les « boucliers » qui forment le noyau des continents, ce sont de vastes étendues des fonds océaniques. Lorsque l'on reporte sur une mappemonde les épicentres des séismes connus, c'est-à-dire les grands chocs historiques et les millions de secousses catalogués depuis le début du siècle, on remarque aussitôt l'existence de deux zones, étroites et longues, dans lesquelles se concentrent les 99 p. 100 de l'activité sismique du globe : l'une encercle presque complètement l'océan Pacifique; l'autre, par arcs puissants se relayant de l'archipel de la Sonde aux Açores, passe par l'Himalaya, l'Hindu-Kush, l'Iran, le Caucase, la Turquie, l'arc Dinarique, les Carpates, les Apennins, les Alpes et l'Atlas. A ces deux bandes majeures, que quelques ramifications de-ci de-là compliquent, il faut ajouter, secondaires du point de vue énergies déployées mais importantes par leur signification tectonique, les étroites ceintures qui suivent avec exactitude le tracé de l'immense chaîne sous-marine qui court sous les cinq océans et que les zones d'effondrement étirées au cœur des masses stables prolongent. La surface du globe apparaît donc comme une colossale marqueterie, où de vastes blocs relativement calmes sont séparés par d'instables sillons frémissants.

L'on a enfin admis — depuis la fin des années cinquante —, après l'avoir (du moins neuf « géo-scientistes » sur dix) nié avec obstination et souvent complexe de supériorité, que les continents ne sont pas fixés où ils se trouvent mais se déplacent les uns par rapport aux autres à des vitesses de l'ordre de deux à dix mètres par siècle. Cependant, ce que Wegener avait appelé la « dérive des continents » s'est révélé être en réalité une expansion des fonds océaniques : ces derniers s'agrandissent par à-coups successifs, tantôt ici, tantôt là, en une expansion invisible (puisque sous-marine) qui ici écarte et là rapproche les masses continentales.

Ces masses continentales sont prisonnières des fonds océaniques comme des icebergs sont prisonniers dans la banquise polaire. Lorsque la banquise se fracture et que les deux parties s'écartent, deux icebergs qui s'y trouveraient fixés de part et d'autre de la cassure s'écarteraient autant l'un de l'autre. De même pour les fonds océaniques et les continents.

Sauf dans le Pacifique, où la faille d'expansion est située au sud et à l'est, tous les fonds d'océans s'agrandissent à partir d'un *rift* (déchirure en anglais) médian. Le mécanisme d'expansion a d'ailleurs été découvert sur la ride médiane de l'Atlantique par l'interprétation, fort intelligente, que des océanologues américains et britanniques y ont faite au cours des années cinquante des très étonnantes inversions du magnétisme fossile des roches volcaniques — des basaltes — qui constituent le fond de l'Atlantique (comme celui de tous les océans du globe d'ailleurs.)

Ces études ont mis en évidence le fait que l'écorce terrestre est constituée par la juxtaposition d'une série de larges plaques que les mouvements des roches fondues constituant le magma sous-jacent font également se mouvoir. Ainsi, des efforts divergents ouvrent des fractures d'extension assez larges pour permettre au magna de s'y injecter et d'aller faire éruption à la surface. C'est cela le volcanisme et s'est cela, schématisé à l'extrême, qui rend compte des rifts subocéaniques et de l'écartement des deux moitiés du fond de l'océan (et des continents fixés à leurs bords externes).

Comme le globe n'est pas expansible, l'écartement de plaques tectoniques ici signifie qu'ailleurs des plaques s'affrontent et que l'une passe forcément sous l'autre. C'est ce que, grâce à la sismologie, l'on vérifie parfaitement : l'est du Pacifique s'enfonce sous l'Amérique du Sud, l'ouest du Pacifique s'enfonce sous le Japon et sous la Chine, le nord-est de l'océan Indien s'enfonce sous l'Indonésie, l'Inde passe sous l'Himalaya, le Tibet et le sud de la Sibérie, l'Arabie passe sous le Zagros et l'Iran.

Tout cela se fait par à-coups successifs, et ce n'est jamais qu'un secteur relativement petit de la plaque, secteur limité par des failles, qui soudain se déplace.

Plus est long le secteur, plus est long le déplacement, plus est important le choc que ce déplacement provoque — choc qui est tremblement de terre.

Les tremblements de terre sont la manifestation la plus violente de la mouvance des plaques qui constituent cette mosaïque qu'est l'écorce terrestre. Et leur répartition souligne les frontières qui séparent ces plaques. Ces frontières sont de trois types, celles entre deux plaques qui s'écartent (rifts, océaniques pour la plupart), celles entre deux plaques qui s'affrontent là où une plaque continentale passe sous une autre de même nature (ainsi Inde sous Chine, Arabie sous Iran, ou, comme aux Nouvelles-Hébrides et aux Salomon, une partie du plancher océanique sous un autre), enfin celles où deux plaques coulissent l'une le long de l'autre (ainsi l'est du Pacifique nord et l'Amérique du Nord le long de la faille de San Andreas, ainsi les innombrables « failles transformantes » qui découpent en étroits secteurs parallèles les grandes plaques constituant les fonds océaniques).

La géographie des tremblements de terre s'explique parfaitement depuis la découverte des plaques tectoniques.

C'est une véritable gageure que de vouloir *décrire* la sismicité du globe; dès le départ l'on se trouve confronté avec la masse redoutable des faits. A ne considérer que les chocs destructeurs enregistrés depuis le début du siècle et sans parler de certains cataclysmes plus anciens qu'on ne peut passer sous silence, les uns à cause de leur retentissement, les autres à cause de leur importance dans l'histoire de la sismologie, voici déjà près de dix mille séismes sur la planche. Chacun d'eux ou presque a ses particularités propres, chacun ses chiffres : magnitude, profondeur, victimes, destructions... Il n'est certes pas question de raconter ici dix mille, ni même cent séismes. Je le sais d'expérience, il est fastidieux de lire page après page le récit toujours répété des catastrophes sismiques; sauf pour qui est passionné par leurs causes et par la structure profonde de notre planète, rien n'est plus monotone. Comme d'autre part il n'entre pas dans mon propos de rechercher l'anecdote pittoresque ou tragique, la tentation est pour moi bien grande de donner simplement les lignes structurales de la sismicité terrestre, en ne décrivant brièvement que quelques secousses majeures, du genre de celle qui nous a occupés durant toute la première partie de ce livre. Le texte y eût à coup sûr gagné en clarté, et le risque eût été moindre de lasser le lecteur parvenu jusqu'ici. Mais j'ai renoncé à cette méthode certainement plus plaisante, car pour celui qui n'a pas parcouru le monde des tremblements de terre, pour celui qui ignore l'angoisse qu'engendre l'instabilité du sol sur lequel il vit (sinon de la politique dans laquelle il baigne), je pense qu'il est indispensable de se plonger dans ce ressassage, car ce n'est qu'à travers la répétition qu'il prendra conscience de l'importance permanente du drame tellurique.

Cette importance est certaine. A deux points de vue : celui de la grande misère des gens, et celui de la connaissance des rouages mystérieux du globe.

Misère des hommes : environ 20 000 à 30 000 morts en moyenne chaque année, 887 000 de 1920 à 1950. J'ai déjà entendu des gens rétorquer, à l'énoncé de ces chiffres, qu'il y a aussi de par le monde des dizaines de milliers de tués chaque année dans les accidents de la route et qu'il n'y a donc pas à s'émouvoir outre mesure. Un tel raisonnement ressortit à une conception hitlérienne des choses. En outre, vingt à trente mille morts, cela représente deux, quatre, six fois plus de gens mis à la torture par l'anéantissement de ceux qu'ils aimaient. Cela représente enfin une colossale misère.

Connaissance du globe, ce globe si énorme comparé à nous que les trous d'aiguille de nos mines et de nos plus profonds sondages n'en dépassent guère encore que la millième partie. Cependant nous savons déjà bien des choses sur les profondeurs à jamais cachées de la planète, et notamment qu'elle est faite de couches concentriques, qu'une mince écorce de roches « normales » entoure un épais magma paradoxalement rigide et visqueux à la fois, qui lui-même enveloppe comme d'un « manteau » (c'est le nom qu'on lui a attribué) un « noyau » dont la limite est à 2 900 kilomètres de profondeur et qui contient à son tour une « graine » centrale. L'existence de ces discontinuités majeures, ce sont les étroites zones sismiques qui sillonnent la surface de la Terre. Nous nous attarderons quelque peu ici ou là, ici pour remonter dans l'histoire des hommes soumis à ce fléau colossal, là pour chercher peu à peu à comprendre les mécanismes tectoniques qui président aux secousses qui ébranlent le monde. Ces mécanismes, qui sont ceux-là mêmes qui régissent la naissance des montagnes et des continents, ce sont les vastes jeux de compressions et d'extensions qui se succèdent, tantôt dans une région, tantôt dans une autre, au sein des couches externes de la planète. Ils font coulisser latéralement des compartiments entiers de l'écorce terrestre; en d'autres lieux, ils compriment des milliers de kilomètres cubes de couches de sédiments accumulées pour en faire des montagnes; ils soulèvent la croûte du globe en de longs bombements dont la clef de voûte s'effondre en fossés étirés... Et tout cela dans la vibration violente et toujours recommencée des tremblements de terre.

I

Zone méditerranéenne

Grèce.

Depuis la plus haute Antiquité, l'histoire des hommes retentit du souvenir d'effroyables catastrophes. Il y a douze mille ans de cela à en croire Platon, la grande île Atlantide s'abîmait en une seule nuit sous la mer. Cette légende repose sans guère de doute sur un fait authentique et ce fait, c'est un cataclysme sismique.

Quelques millénaires plus tard, deux mille cinq cents à trois mille ans avant J.-C. d'après les traditions parvenues aux historiens de la Grèce ancienne, une commotion épouvantable secoua la totalité du monde connu à l'époque, depuis l'Asie Mineure jusqu'aux Colonnes d'Hercule, de la Thrace à l'Egypte. En 1900 avant J.-C., un nouveau tremblement de terre exceptionnel ravagea l'Attique, et la mer envahit les terres (un *tsunami*), noyant toute la population dans le déluge d'Ogygès. Trois siècles plus tard, à la suite d'un séisme formidable, un autre *maremoto*, le Déluge de Deucalion, anéantissait tous les habitants de la Thessalie.

Il est vraisemblable que ce fut une autre catastrophe de ce genre, comme il en survient en Méditerranée orientale depuis des millions d'années, qui a provoqué la disparition si soudaine, et que rien d'autre n'explique, de la florissante civilisation minoenne qui fit de la Crète, durant l'âge du Bronze égéen, l'un des hauts lieux de la culture humaine. Thucydide et Diodore de Sicile racontent qu'en 476 avant J.-C., alors que les armées du Péloponnèse marchaient sur la Béotie, de grands séismes les arrêtèrent, qu'elles prirent pour un avertissement des dieux; elles firent alors demi-tour et rentrèrent dans leur pays. La Grèce entière fut secouée cette fois-là, mais ce fut surtout en Locride, le long du chenal qui sépare le continent de l'Eubée, que le désastre fut le plus grand : plusieurs villes maritimes furent englouties, et une presqu'île se retrouva transformée en l'île d'Atalante.

La quatrième année de la 101e olympiade, c'est-à-dire 373 ans avant J.-C., sur la rive méridionale du golfe de Corinthe, en Achaïe, un puissant tremblement de terre se produisit en pleine nuit : une bande de terre longue de plusieurs lieues et large de douze stades (2 kilomètres) s'effondra sous le niveau de la mer; la ville de Bura fut détruite, qui était bâtie sur une hauteur à quarante stades (7 kilomètres) du rivage, la mer s'en rapprocha définitivement jusqu'à vingt-quatre stades, et la ville de Hélikè fut engloutie sous les flots.

Deux millénaires plus tard, ces deux antiques catastrophes se sont reproduites trait pour trait, mais avec une intensité moindre : celle d'Achaïe le 26 décembre 1861, celle de Locride en deux secousses distantes d'une semaine, les 8 et 15 avril 1894. La plaine côtière, limitée au sud par une faille longue de 35 kilomètres et parfois trop large pour qu'on pût la franchir à cheval, comme lors de la disparition d'Hélikè, s'affaissa de deux mètres environ; deux cents hectares disparurent sous la mer.

Toute l'histoire de la Grèce, continent et archipel, abonde en récits de cataclysmes sismiques; mais en plus de ces chocs désastreux, le sol de ce pays est secoué chaque année plusieurs centaines de fois. Certaines périodes sont « calmes ». 1951 par exemple, où l'on ne ressentit « que » 283 secousses, et 1952, avec 401 chocs « seulement ». D'autres montrent une agitation inquiétante

265 chocs en 1953, 788 en 1954, dont une quarantaine avaient une magnitude allant de 5 jusqu'à 7, et les deux désastres de Zante et de Thessalie...

D'avril 1947 à avril 1957, la Grèce a été frappée de *neuf catastrophes* sismiques, soit en moyenne près d'une par an. En voici un bref résumé. Le 16 avril 1947, choc de magnitude 7 dans le Péloponnèse. Cinquante-trois localités gravement atteintes. Le foyer se trouve sur une faille du golfe de Messini, et les isoséistes, allongées est-ouest, englobent la Crète et suivent l'arc sismique dinarique, qui s'étend de Rhodes à la Croatie en passant par l'île de Karpathos, la Crète, l'ouest du Péloponnèse et les îles Ioniennes.

Le 9 février 1948, sur le même arc dinarique, choc de magnitude 7,1 dans l'île de Karpathos, où plusieurs villages furent détruits.

Le 22 avril, puis le 30 juin, toujours sur l'arc dinarique, deux chocs (magnitude aux environs de 6) détruisirent 60 p. 100 des édifices de l'île de Levkas (Leucade). Six morts et huit blessés.

Les 9, 11 et 12 août 1953, encore sur l'arc dinarique, cinq grands chocs successifs de magnitude respective 6 3/4, 6,9, 7,1, 6,7 et 6,4 ont ravagé les îles Ioniennes, en particulier Ithaque, Zante et Céphalonie : 455 tués, 21 disparus, 912 grands blessés. Cinq villes détruites à 90 p. 100. 28 000 maisons démolies pour 500 intactes.

L'épouvante qui saisit toujours les habitants d'une région frappée par un grand tremblement de terre fut ici décuplée, car au cours de cette longue crise sismique, la violence des chocs, contrairement à ce qui se passe d'habitude, est allée augmentant. La population, jetée dans l'angoisse depuis la première secousse, sentait son anxiété croître à mesure que se succédaient les séismes, se demandant quel paroxysme ils finiraient par atteindre et allant jusqu'à craindre que leurs îles ne s'engloutissent dans la mer. Par contre, le fait que le grand choc se fût produit trois jours après le premier ébranlement destructeur et qu'il eût été précédé la veille d'une deuxième secousse de haute énergie, a réduit le nombre des victimes : dès le 9 août, la population avait fui les maisons. Le fait aussi que le premier choc et le choc principal se soient produits en plein jour a épargné des milliers de vies. Cette catastrophe était la septième à ravager ces îles depuis la fin du XVIe siècle (1592, 1636, 1767, 1825, 1800, 1893).

Le 30 avril 1954, choc de magnitude 7 en Thessalie : 2 villes et 32 villages détruits (13 000 maisons), 31 morts, 717 blessés. Une forte secousse prémonitoire a sauvé des milliers de personnes qui ont eu le temps de fuir vers des espaces découverts.

De février à novembre 1955, dans le massif du Pélion en Thessalie, quatre chocs de magnitude comprise entre 5 et 6 1/4. Dans la ville de Volos, 460 maisons détruites, 6 000 gravement endommagées, soit 66 p. 100 des édifices existants; sur les hauteurs, 61 villages touchés (450 maisons détruites, 7 000 fortement endommagées).

Le 9 juillet 1956, dans les Cyclades, deux chocs de magnitude 7,7 et 7,2 à treize minutes d'intervalle. Les dégâts les plus importants furent signalés dans l'île de Santorin où le célèbre volcan manifesta une recrudescence d'activité (jets de poussières incandescentes et nuages de cendres). Le séisme n'était cependant pas volcanique mais tectonique, et il fut suivi d'un *tsunami* qui déferla sur les Cyclades, atteignant vingt-cinq mètres de hauteur sur le rivage des îles Amorgos et Astypalaea, dix mètres à Phalegandros, quatre mètres à Patmos, deux mètres sur la côte N.-E. de Crète, etc.; une trentaine de bateaux furent coulés — 53 tués, 100 blessés, 500 maisons abattues, 1 500 gravement endommagées.

Le 8 mars 1957, en Thessalie, trois chocs catastrophiques de magnitude 6, 8, 7 et 6 1/4; 55 p. 100 des maisons détruites ou gravement endommagées sur un total de 32 000, mais 2 morts seulement et 6 blessés graves; et 10 000 personnes sans abri. Le nombre restreint des victimes est dû à la secousse prémonitoire et au fait que le séisme se soit produit dans l'après-midi.

Enfin les 21, 25 et 26 avril 1957, trois chocs successifs de magnitude 7,7 1/4 et 6 1/2 ont détruit 3 000 maisons et fait une vingtaine de morts et une centaine de blessés dans l'île de Rhodes et sur la côte turque (les séismes méprisent frontières et douanes). Les deux premières secousses, ressenties sur plus d'un million de kilomètres carrés, avaient leur foyer situé entre 60 et 100 kilomètres de profondeur.

Ces dizaines de milliers de maisons détruites, ces milliers de victimes, c'est le bilan de dix années, toutes récentes, de la dure vie sismique de la Grèce...

Yougoslavie.

La Yougoslavie, avec la Grèce et l'Albanie — Carpates et Balkans —, fait partie de l'arc dinarique, entité sismique extrêmement active. Soumise aux effondrements tectoniques toujours en cours du Karst, de la mer Egée et de l'Adriatique.

Les tremblements de terre destructeurs ont marqué toute l'histoire de cette région. Des cités entières, telle Rhisanium, ont été englouties dans la mer : Dubrovnik fut détruite en 1667, Liubliana, en 1835, Zagreb en 1880. Et Skopje, capitale de la Macédoine, fut ravagée en 518 et de nouveau le 26 juillet 1963. Il y eut, cette dernière fois, plus de 2 000 morts et le double de blessés. Les trois quarts de la population de 200 000 personnes se trouvèrent brutalement sans abri.

La magnitude de ce séisme n'était cependant pas extrême : 5,8, c'est-à-dire du même ordre de grandeur que ceux qui provoquèrent les catastrophes d'Orléansville (1954), d'Agadir (1960), de Lar (1960) ou, quelques semaines plus tard, de Buyin-Zahra en Iran. D'après J. Despeyroux, l'énergie dégagée par cette secousse aurait été supérieure d'environ 20 p. 100 à celle du séisme d'Agadir, et resterait 40 fois plus faible que celle d'Orléansville, 80 fois plus faible que celle de Buyin-Zahra.

L'épicentre, où des intensités de X et XI furent atteintes, se trouvait à une dizaine de kilomètres au nord de la ville, et le foyer à moins de trois kilomètres de profondeur. C'est cette proximité qui a déterminé le drame, comme pour toutes ces catastrophes — Agadir, Lar, Orléansville, etc. — où des milliers de personnes ont été frappées dans des tremblements de terre d'énergie modérée.

Ce type de séisme, à foyer superficiel et de relativement faible magnitude, semble être caractérisé, d'après J. Despeyroux, par une brutalité, une soudaineté, une brièveté plus marquées que celles des grands séismes à foyer plus profond. Cette conclusion lui a été dictée, entre autres, par l'observation du comportement des édifices, et spécialement des objets cylindriques, colonnes, tours, minarets, cheminées d'usine, qui, au contraire des bâtiments rectangulaires et même carrés, présentent un moment d'inertie identique dans toutes les directions, ce qui supprime la possibilité d'un flanc plus solide ou plus faible que les autres; si la secousse est, dit-il, suffisamment brutale et brève pour que les effets puissent être imputés à l'impulsion initiale plus qu'à une mise en oscillation prolongée du système, on pourra déduire du comportement de l'édifice une indication intéressante sur sa direction initiale.

La catastrophe de Skopje a eu un retentissement immense dans l'opinion mondiale, partie à cause de sa situation géographique, partie parce qu'elle s'est produite à une époque, celle des vacances, où les nouvelles politiques sont plus rares, partie parce que beaucoup de touristes étrangers périrent dans les ruines. Aussi de nombreuses missions d'experts furent-elles dépêchées sur les lieux, envoyées notamment par l'U.N.E.S.C.O. Leur avis a été unanime : il est impératif, dans des régions sismiquement instables, de construire — ou de reconstruire — en appliquant avec rigueur les règles de l'architecture parasismique. C'est la seule façon que l'humanité ait de se soustraire aux effets meurtriers des soubresauts du sous-sol. Ces règles s'appliquent à l'assise du bâtiment : rechercher le roc, éviter les sols meubles; aux fondations, qu'il faut faire aussi profondes que possible; à la construction : les formes simples résistent incomparablement mieux aux secousses que les formes compliquées; l'ensemble doit être rendu solidaire par un chaînage soigné; les porte-à-faux de toute espèce constituent l'un des périls les plus grands en cas de séisme; les contreventements doivent être très soigneusement étudiés; les baies, les ouvertures dans les murs, doivent autant que possible être encadrées d'une armature continue reliée à l'ossature ou aux chaînages; on doit éviter les maçonneries de pierre ou de briques et utiliser soit le bois, soit le béton, convenablement armé, soit l'acier.

Tout cela est connu, codifié. Ce qui n'empêche nullement les gougnafiers de toutes nationalités que les bénéfices seuls intéressent de continuer à construire au mépris des règles; je viens de le voir encore, à Messine et sur la Côte d'Azur...

Italie.

A l'ouest de la Grèce, la sismicité décroît, mais si la violence habituelle et la fréquence des tremblements de terre diminuent, les cataclysmes sismiques demeurent nombreux dans le reste du bassin méditerranéen. Et tout d'abord en Italie : 30 000 tués à Naples en 1456, 60 000 en Calabre pendant la terrible crise qui dura plus de trois ans, de 1783 à 1786, où 1 187 secousses se succédèrent.

Le 28 décembre 1908 se produisit le dernier en date des grands cataclysmes sismiques d'Italie. A 5 heures 21 minutes 15 secondes, alors que la majeure partie de la population dormait encore, le sol se mit à trembler à Messine et à Reggio. Ce fut au début un frémissement qui augmenta pendant une dizaine de secondes, décrut ensuite pendant un temps égal, puis cessa. Un repos de deux minutes suivit. Et brutalement, sans autre transition, dans un formidable fracas d'écroulements et de clameurs de désespoir, en pleines et effroyables ténèbres, des secousses terribles anéantirent les villes, les bourgades et les ports, écrasant la population sous des tonnes de ruines et sous la ruée du *maremoto* qui suit aussitôt. Puis l'incendie éclata. Il y eut 84 000 morts.

A lire ces énumérations, à être gavé de morts par milliers, le lecteur risque de trouver insignifiants les « petits » chocs, malheureusement innombrables, où quelques maisons sont plus ou moins démolies, où les tués se comptent sur les doigts de la main. Or c'est là la réalité presque quotidienne des régions instables du globe, une réalité que chacun s'efforce d'oublier, mais qui demeure bouleversante pour ceux qui ont retiré, hors des gravats et des planches éclatées, de dessous le poids atroce des pierres, le corps de leur enfant, de leur femme, de leur mère... Ainsi de l'Italie, dont l'histoire sismique récente est dominée par le cataclysme de Messine, mais où les drames suant l'angoisse sont terriblement fréquents : toute la péninsule, sans parler des îles, est sujette aux secousses meurtrières, Emilie, Ligurie, Toscane, Pouilles, Campanie, Calabre... Il est impossible de faire ici l'énumération des chocs qui de l'autre côté des Alpes éprouvent nos voisins, mais pour que l'on ait une idée de la menace sans cesse présente en dessous d'eux, dans ces régions de sismicité cependant moyenne, je voudrais reproduire ici ce que rapporte, dans sa chronique annuelle de la *Revue pour l'Etude des Calamités*, le professeur Rothé, directeur du Bureau International de Séismologie. Il s'agit d'une courte période de trois ans :

« Les Apennins sont fréquemment le siège d'importants séismes. Le foyer de la secousse du 11 mai 1947 se place dans le golfe de Squilace (38° 33' N., 17° 00' E.) dans une région où l'axe des Apennins est sous-marin; plusieurs localités de la côte de la Calabre furent endommagées (Badolato, Santa Catarina, Iona); on a signalé 4 morts et 37 blessés.

En Ombrie, la secousse du 31 décembre 1948 à 3 heures 32 minutes fut fortement ressentie (degré VII) à Rivodutri et Greccie; le rayon de la surface macroséismique dépasse 100 kilomètres.

En Toscane, dans les Apennins étrusques, la secousse du 13 juin 1948, à 6 heures 33 minutes, fut ressentie VIII à San Sepolcro où il y eut 1 mort et 4 blessés. La localité de San Sepolcro avait été complètement détruite par des séismes en 1352 et 1414; la secousse du 27 avril 1917 fut également très grave. En Toscane encore, la secousse du 3 novembre 1948 fut ressentie VII à Santa Fiora et Seggioano et celle du 15 novembre 1948 à Abbadia, San Salvatore, etc. Ces foyers sont voisins du Monte Amiata. Signalons la secousse à foyer profond (250 à 300 kilomètres) du 31 juillet 1947 originaire de la mer Tyrrhénienne, au voisinage du Stromboli; cette secousse est une réplique du grand séisme du 13 avril 1938.

« Sur la côte de l'Adriatique, les secousses qui commencèrent le 18 août 1948 à 21 heures 12 minutes provoquèrent d'importants dégâts (2 205 maisons endommagées, 1 mort, 50 blessés). Dans les Pouilles, à Foggia, Gargano, San Giovanni, Rotondo, l'épicentre était situé dans le golfe de Manfredonia. L'envoyé du journal *Le Monde* écrivait : « La région fut transformée en un vaste campement où soufflait un vent de panique. »

Au nord de la plaine du Pô, dans le prolongement oriental de l'arc sismique piémontais, plusieurs secousses ont été ressenties dans la région de Brescia, du lac d'Iseo, des Alpes Bergamasques et des Préalpes Carniques; celle du 23 février 1947 fit tomber les ruines de l'église de Santa Afra à Brescia; celle du 19 juillet 1948, originaire du nord du lac de Garde, s'étendit largement jusqu'en Suisse. Des secousses se sont produites le 3 février 1949, le 13 janvier, le 20 février, le 2 et le 5 novembre 1950; la première a fortement endommagé la localité de Paulano et a été largement ressentie en Autriche.

En 1951 et 1952, il y eut en Italie de nombreuses secousses, mais pas de catastrophes, quelques blessés, des dégâts légers dans une vingtaine de villes. En 1953-1954, on y ressentit plus de cent séismes; deux personnes furent tuées, onze cités endommagées. En 1957, la sismicité s'élève : 123 secousses ressenties, dont 41 ont dépassé l'intensité IV, 12 ont atteint ou dépassé VI, et cinq villes ont subi des dégâts importants.

Ils ignorent leur chance, les gens des régions calmes.

Ibérie.

La sismicité décroissant vers l'ouest de la Méditerranée, la péninsule ibérique a moins eu à souffrir que l'Italie, et *a fortiori* que la Grèce. Les dates funestes furent : 1427, 1551, 1666, 1749 où dix mille personnes furent tuées, 1755, 1757, 1790, 1804, 1828, 1884-1885, où l'Andalousie fut ravagée. Mais le Portugal détient un triste record, celui de la plus violente secousse des temps historiques dans le monde, le tremblement de terre de Lisbonne en 1755.

Les sismographes n'existaient pas à l'époque, et l'on ne peut tenter une estimation de l'énergie de ce séisme qu'en discutant de ses effets, tels qu'ils ont été décrits par de nombreux auteurs. Gutenberg et Richter, la plus haute autorité en matière de sismologie, pensent que le séisme de Lisbonne a atteint une magnitude de 8 3/4 à 9, jamais égalée depuis; d'autres sismologues estiment qu'il faut tenir compte davantage des exagérations dont sont en général entachés les récits de grandes catastrophes, et que, comme pour tous les chocs majeurs enregistrés depuis soixante ans, la magnitude n'aurait pas à Lisbonne dépassé 8,6. Quoi qu'il en soit, ce séisme fut formidable et la surface où il fut ressenti, énorme : plus de deux millions cinq cent mille kilomètres carrés; à 2 200 kilomètres de Lisbonne encore, les lustres vinrent à se balancer... Outre le Portugal et l'Espagne, le Nord de l'Afrique et le Sud de la France subirent des secousses très violentes, et l'Italie, la Suisse, l'Irlande, l'Ecosse, la Hollande, l'Allemagne et la Scandinavie furent secouées à un point tel que l'eau des lacs et des baies y fut mise en branle.

C'était là un phénomène de *seiches*. Lorsque la fréquence de centaines de vibrations émises par un choc très violent correspond à la fréquence d'oscillation propre d'un bassin, un phénomène de résonance peut se produire et la masse entière de l'eau prend alors un mouvement rythmique d'avant en arrière dont l'amplitude croît aussi longtemps que passent les ondes sismiques, pour ensuite diminuer et s'éteindre. Les *seiches* n'apparaissent qu'à grande distance (plusieurs centaines de kilomètres) de l'épicentre. Cela s'explique ainsi : un séisme donne naissance à plusieurs espèces d'ondes élastiques, dont chacune voyage dans le sol avec sa vitesse propre, les unes à 7 ou 8 km par seconde, d'autres jusqu'à moins 2 km/s. A mesure que la distance augmente, les divers trains d'ondes se trouvent de plus en plus décalés entre eux, à l'image d'un peloton de coureurs qui s'étire à mesure que la course s'allonge. Lorsque, à huit ou neuf cents kilomètres de l'épicentre, les impulsions provoquées par les ondes de basse fréquence durent un temps suffisant (et que, grâce à l'énergie du choc initial, ces impulsions sont assez fortes encore), la masse d'un lac ou d'une baie peut être mise en mouvement d'ensemble comme le contenu d'une bassine que l'on bercerait pendant quelques secondes. Trop près de l'épicentre, l'effet de résonance ne pourrait se produire car d'une part seules des vibrations à fréquences élevées s'y manifestent et de l'autre leur durée est insuffisante pour que le volume total d'un lac soit agité.

Les *seiches* les plus rapprochées de l'épicentre du séisme de Lisbonne s'en trouvaient à deux cents lieues, les plus éloignées à six cents. Des lacs italiens à ceux de Scandinavie, des lacs suisses au Loch Ness et au Loch Lomond, de la baie de Yarmouth aux dix mille lacs de Finlande, en passant par les estuaires, les fjords, les ports — des amarres furent rompues à Amsterdam, à Rotterdam, à Dartmouth — tous les bassins plus ou moins circonscrits par les terres furent mis en oscillation, phénomène extraordinaire qui, plus encore que la destruction de Lisbonne et des cités environnantes, fait de ce séisme un événement tout à fait exceptionnel.

Il se produisit le 1er novembre 1755, à 9 h 40. Des maisons innombrables, des palais, des églises s'abattirent, écrasant sous leurs décombres des dizaines de milliers de victimes. C'était le matin de la Toussaint, et les églises étaient combles.... Un *maremoto* suivit peu après et des lames de vingt pieds s'abattirent sur le rivage, engloutissant avec le Grand Quai de Marbre la foule qui s'y serrait, terrorisée. Sur les côtes du Maroc, le *tsunami* noya des milliers de personnes. A Madère, la mer se gonfla jusqu'à quinze mètres au-dessus de son niveau normal. Deux autres chocs, très violents aussi, suivirent, l'un à 10 heures, l'autre à midi. Tous les quartiers construits sur terrains meubles furent anéantis; ceux qui se trouvaient sur le roc résistèrent mieux. Vers midi, l'incendie qui depuis deux heures couvait sous les ruines éclata et sa rage ne put être combattue, car ce qui avait été une grande ville n'était plus que chaos.

Le 29 mars 1854, à 6 h 17 du matin, un séisme de très grande importance se produisit pres de Grenade, dans le Sud de l'Espagne, et passa presque inaperçu. Sa magnitude pourtant était très exceptionnellement élevée pour cette partie du monde : 7; et la secousse fut perçue jusqu'à Madrid, Oran et Alger. Malgré l'énorme énergie d'un choc de cette magnitude, il n'y eut presque pas de dégâts, même à l'épicentre. Et les sismogrammes enregistrés dans tous les observatoires du globe montraient eux aussi une anomalie étonnante pour un séisme européen : les ondes P et les ondes S avaient une amplitude exceptionnelle, alors que les ondes de surface, par contre, dont l'amplitude est d'ordinaire plusieurs fois supérieure à celle des ondes premières et secondes, étaient ici à peu près inexistantes.

Se fondant sur les données reçues de nombreux observatoires européens, dès le lendemain le Bureau Central International de Strasbourg était en mesure d'annoncer que le foyer de ce séisme se trouvait à plus d'un demi-millier de kilomètres sous la surface. C'était la toute première fois qu'un séisme *profond* était localisé en dehors du cercle circum-Pacifique.

Des travaux ultérieurs en ont fixé la profondeur à 640 ou 650 kilomètres. J. Rothé a fait remarquer que ce foyer exceptionnellement profond est niché dans le creux de l'arc structural formé par la Cordillère Bétique et le Rif, dans une position analogue à celle des foyers *intermédiaires* (100 à 300 kilomètres sous la surface) ou profonds des îles Lipari dans l'arc Apennins-Sicile ou de Vrancea, en Roumanie, dans le coude des Carpates. Un choc de même type s'est produit le 19 février 1955 dans la zone des Lipari; le foyer en était enfoui à 470 kilomètres de profondeur...

A la suite de cette secousse, Peterschmitt a analysé la répartition des foyers dans cette zone thyrrhénienne, et il a pu tracer pour cette région un schéma tectonique intéressant. Voici d'abord les faits : l'arc montagneux de Calabre-Sicile, qui relie l'Apennin à l'Atlas, grands rameaux du plissement alpin, est le siège de séismes superficiels nombreux et violents (les catastrophes abondantes le démontrent); à l'intérieur, cet arc est doublé par une ligne d'épicentres correspondant à des séismes intermédiaires; on en connaît jusqu'ici une douzaine, dont les foyers se trouvent entre cent et trois cents kilomètres sous la surface; puis, dans une zone jusqu'à présent considérée comme asismique, à deux cents kilomètres dans l'ouest, se situe l'épicentre du choc profond de 1955; enfin, tous ces foyers se répartissent sur une vaste surface conique, qui plonge sous un angle de 60° avec l'horizontale.

Que peut représenter pareille surface sismique, sinon une importante zone de fracture ? La similitude est frappante avec la structure des beaux arcs qui entourent de leur ceinture l'océan Pacifique, ces arcs qui sont l'un des traits essentiels de la face de la Terre et que nous allons bientôt retrouver au cours de ce périple imaginaire que nous venons de commencer autour du globe. Là-bas, la chose semble certaine, les foyers des tremblements de terre jalonnent d'immenses failles — dont deux grands types différents existent — qui séparent l'un de l'autre de vastes compartiments de la sphère terrestre. L'arc calabrais, tout récemment mis en vedette tectonique par la découverte d'un foyer profond, semble, seul de son espèce dans toute l'Eurafrique, être un parent très proche des guirlandes du Pacifique.

Maghreb.

De l'autre côté de la Méditerranée, le Maghreb est lui aussi fréquemment ébranlé. Alger fut détruite en 1715, Orléansville en 1954, Agadir en 1960. On a déterminé plus de quatre-vingts épicentres différents en Algérie seule, répartis dans les chaînes plissées littorales d'une part, le Tell et l'Atlas saharien de l'autre. Les victimes sont nombreuses, même pour des secousses de magnitude moyenne, car les gourbis arabes aux faibles murs de terre ou de torchis, aux toits et aux poutres trop lourds, s'écroulent trop aisément sur les gens qui s'y trouvent. Malgré les 20 000 morts qu'il fit à Agadir, le séisme du 29 février 1960, avec sa magnitude de 5 3/4, n'est que l'un des quelque deux cents chocs de même force qui se produisent en moyenne chaque année dans le monde; si tous devaient se montrer meurtriers à ce point, on aurait à déplorer quatre millions de tués par an par le seul effet des séismes moyens, et cela faciliterait certainement la solution de bien des problèmes politiques : du tremblement de terre comme succédané du camp de concentration... Heureusement, il est tout à fait exceptionnel qu'une telle calamité se produise, et fort rare même que l'on compte une dizaine de victimes pour un séisme de cette magnitude. A Agadir, les circonstances furent tout particulièrement funestes : choc nocturne, alors que la population dormait; bâtiments de qualité médiocre et construits en dépit du bon sens pour une région susceptible d'être secouée avec une certaine force; épicentre coïncidant avec l'emplacement de la cité; enfin, séisme extrêmement superficiel : d'après J.-P. Rothé, le foyer se trouvait à peine à deux ou trois kilomètres sous la surface.

Il faut ouvrir ici une parenthèse à propos des profondeurs auxquelles se produisent les tremblements de terre. Il est très rare que le foyer — c'est-à-dire l'endroit de la rupture qui engendre le choc — se trouve à la surface même du globe. La grande majorité des séismes provient de l'écorce terrestre et de la région sous-jacente jusqu'à soixante kilomètres de profondeur; c'est vers vingt-cinq ou trente kilomètres que les chocs sont, et de très loin, les plus nombreux. Ces séismes sont dits *superficiels* ou encore *normaux*. D'autres, qualifiés d'*intermédiaires*, se produisent entre soixante et trois cents kilomètres; et une troisième catégorie comprend les séismes *profonds*, ceux dont le foyer se trouve en dessous de l'isobathe de — 300 km. Les séismes profonds se situent entre 300 et 720 km sous la surface, cette dernière profondeur semblant constituer une limite au-delà de laquelle les conditions physiques du magma — sa relative fluidité peut-être — interdisent soit une accumulation suffisante des forces de contrainte (qui se dissiperaient par écoulement plastique), soit la rupture brutale d'un matériau dont la rigidité devient, au-delà de cette profondeur, insuffisante.

Tous les séismes intermédiaires et profonds, sans exception jusqu'ici, sont situés dans les deux bandes sismiques principales du globe, la ceinture circum-Pacifique et la ceinture mésogéenne. Plus de 70 p. 100 de tous les séismes sont superficiels, 25 p. 100 environ sont intermédiaires, et seul le faible pour-cent qui reste est profond.

Il est parfois possible de reconnaître sur le terrain si l'on a affaire à un choc superficiel ou non. Alors qu'un séisme normal produit des zones relativement concentriques d'intensité décroissant avec la distance de l'épicentre (le point de la surface du globe situé juste au-dessus du foyer), les séismes profonds, d'une part, ne donnent guère d'isoséistes régulières, et de l'autre affectent de grandes étendues de façon assez uniforme, cependant que des taches d'intensité anormale apparaissent souvent, éparses à travers le pays. C'est là précisément ce que nous avions pu observer en 1960 au Chili : le tracé des lignes d'égale intensité semblait très difficile à faire, des aires *pléistoséistes* (à intensité maximale) se rencontraient du nord au sud et de l'est à l'ouest de la zone ravagée, tranchant au milieu de vastes régions où les secousses ne paraissaient pas avoir dépassé le degré VII ou le degré VIII. Cependant les sismogrammes, enregistrés tant aux États-Unis qu'en Europe, ne permettent pas d'attribuer un foyer profond à ce séisme qui se serait produit à une cinquantaine de kilomètres sous la surface. L'explication de l'aspect anormal et déroutant des isoséistes est une crise sismique particulièrement violente, fournie et longue, où les isoséistes de chaque secousse se sont mélangées entre elles inextricablement.

Pour en revenir à Agadir, on a eu affaire ici à un choc très superficiel, et toute son énergie, sans perte de rendement, s'est ruée sur la mauvaise maçonnerie de la ville. Cette énergie, c'est encore une fois le rejeu d'une faille qui l'a libérée, comme l'a prouvé l'étude des géologues Choubert et Ambroggi : Agadir était bâtie exactement sur le très important accident géologique qui, de Gabès en Tunisie jusqu'à Agadir, forme la limite entre le vieux bouclier stable de l'Afrique et ce rameau des jeunes chaînes alpines qu'est l'Atlas. Édifier une ville en un tel endroit, c'est un peu comme construire sa maison à cheval sur un quai et un ponton qui y serait amarré : si le ponton remue, et il remuera tôt ou tard, la maison connaîtra des moments difficiles; si l'on tient absolument à la bâtir là, que l'on choisisse alors un mode de construction adéquat : soit une solidité, soit une élasticité à l'épreuve des forces à supporter. Ainsi Agadir, construite en majeure partie de façon irréfléchie malgré la terrible leçon de 1731, date où déjà elle avait été détruite; si l'on veut la relever une nouvelle fois de ses ruines et la laisser refleurir sur le même système de failles vivantes, il faut adopter des techniques architecturales appropriées...

Six ans avant Agadir, la catastrophe d'Orléansville avait particulièrement frappé l'opinion française : ces douze cents morts, ces cinq mille blessés, ces milliards de francs de ruines lui parlaient plus — parce qu'à tous points de vue tellement plus proches d'elle — que les immenses cataclysmes d'Asie ou d'Amérique latine. Pendant quelques jours, le Français moyen a perçu combien est fragile la coquille sur laquelle l'humanité s'affaire. Puis il a oublié. Le choc qui a détruit Orléansville et les bourgades environnantes dans un rayon de près de quarante kilomètres s'est produit le 9 septembre 1954, malheureusement en pleine nuit. De même que ce devait l'être six ans plus tard à Agadir, le foyer fut superficiel; mais il était situé heureusement à une quinzaine de kilomètres de la cité; la magnitude, par contre, fut douze fois plus élevée : 6,7 au lieu de 5,5. Le choc principal fut suivi de nombreuses répliques. Le sol de la zone épicentrale fut tout haché de fractures, et des ponts, des barrages, les voies ferrées furent endommagés; à vingt-cinq lieues de l'épicentre, des câbles sous-marins furent brisés, nous l'avons vu, par le déclenchement d'avalanches sous-marines.

A l'actif de l'humanité : le nombre des victimes fut considérablement limité grâce à l'intervention rapide et bien organisée des secours.

II

La ceinture asiatique

Dans la même année 1960 qui connut Agadir et le Chili, un séisme de magnitude tout aussi moyenne a provoqué le 24 avril la ruine de la cité de Lar, en Iran, fait 500 tués et mutilé 2 000 personnes.

L'antique empire des Perses, le Proche-Orient d'aujourd'hui, est une région sismiquement fort instable. La Turquie, la Syrie, le Liban, l'Iraq, l'Azerbaïdjan, l'Iran, l'Afghanistan et le Belouchistan ont connu d'innombrables catastrophes, à commencer par le Déluge de Babylone et le Déluge biblique, envahissement des vallées fertiles mais basses de la Mésopotamie par la mer, que les *tsunamis* de violents séismes sous-marins gonflaient, plutôt qu'inondations provoquées par des pluies assez peu vraisemblables à une telle échelle dans ce climat subdésertique…

On compte depuis l'époque romaine une douzaine de cataclysmes telluriques pour la seule Istanbul. Antioche fut détruite neuf fois, avec quarante mille victimes en 342 et trente mille en 565. En l'an 17, treize villes furent renversées en Asie Mineure. Du 5 juillet au 2 août 1201, une effroyable crise ravagea tout le Proche-Orient, faisant plusieurs centaines de milliers de victimes. Baalbek fut gravement endommagée en 1664 et en 1750, et en 1759 il y eut là vingt mille tués. Toute la région du Caucase est fréquemment secouée, et je conserve vivace dans la mémoire le souvenir d'alertes de ma petite enfance, à

Tbilissi ou à Borjom, lorsque les vitres vibraient, que des objets soudain tombaient d'une étagère, et que nous passions de longues nuits tout habillés, ma mère assise me serrant contre elle, prête à courir hors de la maison. La Perse, aujourd'hui Iran, a connu de tous temps d'effrayantes catastrophes : trente mille victimes en 1641, par exemple, huit mille entre 1926 et 1950, quatre mille de 1957 à 1960. Pendant la seule année 1957, dix-sept séismes violents, dont deux de magnitude supérieure à 7 ont secoué cette partie du globe : celui du 2 juillet 1957, centré au pied du gigantesque volcan Demavend au sud de la Caspienne, a détruit cinq cents villages, provoqué des éboulements dans les montagnes, barré des rivières, terrifié Téhéran et toute la région sur quarante mille kilomètres carrés, tué mille quatre cents personnes et fait des milliers de blessés; celui de décembre 1957, dans la région montagneuse du Kurdistan, anéantit dix-sept villages et détruisit partiellement cinq villes, causa deux mille morts et laissa isolés, sans nourriture et sans chauffage dans la neige et le froid glacial de l'hiver kurde, cent mille sinistrés. Le séisme de Lar, qui se produisit moins de deux mois après celui d'Agadir, et fut considéré comme une catastrophe nationale, n'avait, de même que celui du Maroc, qu'une magnitude de 5 3/4. Mais ainsi qu'à Agadir, les effets de la secousse ont été catastrophiques à cause de la proximité du foyer et de la médiocrité des édifices.

Le 1er septembre 1962, une faille tectonique orientée est-ouest a joué pendant quelques secondes entre Ipak et Chenar, à l'O.-S.-O. de Téhéran, sur plus de 60 kilomètres de longueur. Le séisme, dit de Buyin-Zahra, qui en a résulté a atteint la magnitude 7, libérant une énergie de plus de 4×10^{22} ergs (un milliard de kW) et tuant plus de 12 000 personnes sur un total de 25 000 qui vivaient sur les quelque 6 000 km^2 frappés par la catastrophe. C'est cependant sur plus de 250 000 km^2 que le choc fut ressenti.

Des éboulements et des glissements de terrain importants se sont produits le long de la faille, mais, comme toujours, ce fut sous les décombres des maisons irrationnellement bâties que périt la moitié de la population.

Comme je l'ai déjà dit, on peut estimer l'énergie d'un tremblement de terre à partir de sa magnitude, en utilisant les formules empiriques progressivement mises au point par Richter, Gutenberg et leurs continuateurs. L'énergie est exprimée en *ergs*; on peut dire qu'il faut 36×10^{12} ergs pour faire un kilowatt. Rothé, utilisant la formule $\log E = 11{,}4 + 1{,}8\ M$, a fait le parallèle entre l'énergie libérée à Agadir ou Lar où la magnitude 5 3/4 correspondait à une énergie de 10^{20} ergs (soit environ deux millions de kilowatts) et celle de quelques très grands séismes : la magnitude de 8,6 (Chili 1960, Mongolie extérieure 1957, Assam 1950, Kansou 1920 par exemple) valait 2×10^{24} ergs, quarante milliards de kW/h. Agadir, avec ses dix ou quinze mille morts, a été vingt mille fois moins violent que le séisme de l'Assam, qui n'en causa que quinze cents, celui de 1964 à Anchorage, en Alaska, qui en provoqua cinq cents, ou celui de l'Altaï mongol du 4 décembre 1957 qui n'en fit pas deux douzaines...

Il aurait été certes préférable de pouvoir calculer la magnitude à partir de l'énergie libérée par les tremblements de terre et non l'inverse. Malheureusement il semble impossible de jamais pouvoir mesurer directement l'énergie d'un séisme. Par contre, l'on perfectionne toujours l'estimation de la magnitude, notamment en utilisant pour son calcul les diverses phases des enregistrements, et non plus une seule comme on le faisait au début.

La chaîne de l'Hindukush dans le Nord de l'Afghanistan est le siège de séismes profonds (ou mieux, intermédiaires) dont le foyer se trouve entre 150 et 250 kilomètres sous la surface. Un fait rare et fort curieux est l'existence là-bas d'un nid presque constamment actif situé par 36° 5 N. et 71° E. environ; en l'espace de onze ans par exemple, de 1949 à 1959, ce foyer a provoqué vingt-deux chocs de magnitude supérieure à 6, dont cinq dans la seule année 1956 et quatre en 1957. C'est là que, parti de la Méditerranée orientale et ayant traversé tout l'Iran, le grand arc persan vient se terminer dans le nœud montagneux du Pamir, nœud d'où s'élancent à leur tour le formidable feston de l'Himalaya et les chaînes du Kwen-Lun et de l'Altaï. Ces régions étant peu peuplées, les séismes n'y sont guère catastrophiques du point de vue humain, en dépit de leur fréquence et de leur intensité.

A l'autre extrémité de l'arc himalayen, dans la vaste région qui entoure le rebroussement des chaînes montagneuses de l'Himalaya, du Tibet et de la Birmanie, nous arrivons à la partie la plus violemment secouée de tout ce long serpent sismique qui, de la Méditerranée à la Malaisie, prend le globe en écharpe.

Au pied sud de l'Himalaya, où l'énorme relief se raccorde à la plaine du Gange par le gradin des collines Siwalik, la région de Kangra fut ravagée le 4 avril 1905 par un grand tremblement de terre de magnitude 8; cent dix mille édifices de toute espèce furent détruits et dix-neuf mille personnes tuées. La surface *macroséiste* dessinait une longue ellipse étirée sur plus de deux mille sept cents kilomètres suivant la direction de la chaîne. Par un hasard providentiel, un nivellement topographique avait été fait l'année d'avant dans la région épicentrale même; évidemment, on le recommença aussitôt après le séisme, sur une distance de cent kilomètres allant de la plaine du Gange jusqu'à près de deux mille mètres d'altitude sur les pentes himalayennes, et l'on s'aperçut que les Siwalik s'étaient soulevées de dix à treize centimètres, cependant que les basses pentes de l'Himalaya s'étaient affaissées d'autant.

Le tremblement de terre du 12 juin 1897, en Assam, dans le coin N.-E. de l'Inde, est l'un des plus puissants de l'époque historique. A près de neuf cents kilomètres de l'épicentre, l'hôtel de ville et la cathédrale de Calcutta furent endommagés et de nombreuses maisons s'effondrèrent. Tous les bâtiments de brique ou de pierre furent détruits sur une surface de vingt-cinq mille kilomètres carrés, soit celle de six départements français. Quatre cent mille kilomètres carrés, soit les trois quarts de la superficie de la France, furent secoués avec une intensité estimée à VII ou à VIII; et le choc fut ressenti par la population dans une région équivalant à la moitié de l'Europe. Des blocs de rochers de plusieurs tonnes furent lancés en l'air (à moins que ce ne fût le sol entier sur lequel ils se trouvaient qui se fût dérobé sous eux, les laissant suspendus une fraction de seconde avant qu'ils ne s'abattent sur leur nouvelle position).

Le géologue R.D. Oldham, qui fit une étude détaillée de ce séisme, a pu mesurer le déplacement horizontal que les objets avaient dû subir pendant la secousse : des maisons qui reposaient sur des poteaux enfoncés dans le sol, violemment ébranlées, s'étaient mises à glisser d'avant en arrière (ou plutôt, c'était le sol — et, solidaires, les pieux qui s'y trouvaient enfoncés — qui vibrait; et les maisons par inertie demeuraient relativement immobiles, comme l'est la vaisselle posée sur une nappe que l'on peut retirer d'un coup sec sans renverser ni verre ni carafe); quoi qu'il en soit, le mouvement relatif avait imprimé la trace des poteaux sur la surface intérieure du plancher, et c'est ainsi qu'Oldham put mesurer une amplitude totale, aller et retour, de trente centimètres. Il obtint une confirmation de la chose au cimetière de Cherrapunji, où deux tombes de lourde maçonnerie qui, primitivement adossées chacune à un talus vertical, se faisaient face, s'en étaient détachées et, se heurtant, se démolirent en partie; après le séisme, l'une se trouvait à quarante-cinq centimètres de son talus, l'autre à vingt-cinq, ce qui conduisit Oldham à estimer à trente-cinq centimètres le mouvement oscillatoire que ces masses avaient effectué.

Une faille de onze kilomètres s'était produite le long d'une vallée affluente du Brahmapoutre, avec des rejets verticaux variant de zéro à trente-cinq pieds. Oldham n'a pas trouvé trace de coulissage mais celle d'un soulèvement du compartiment situé à l'est de la fracture.

Le relief entier, dans la région épicentrale, avait subi des déformations permanentes telles qu'elles transformaient l'étendue et l'aspect du paysage visible; ce n'était pas là illusions ou racontars, car la preuve en fut faite en divers endroits, par exemple à partir d'un poste de télécommunication par signaux héliographiques, d'où l'on découvrait après le séisme des points invisibles jusqu'alors, cachés qu'ils étaient derrière des crêtes : des collines entières avaient été soulevées jusqu'à deux mètres au-dessus de leur niveau antérieur, et ripées dans le même temps de plus de trois mètres, la plupart vers l'ouest et deux d'entre elles vers le nord.

Un demi-siècle plus tard, le 15 août 1950, à cinq cents kilomètres à peine au nord-est du foyer de 1897, un nouveau paroxysme sismique vint dévaster l'Assam. Sa magnitude atteignit 8,6, et la surface secouée, en Inde, Birmanie, Pakistan, Tibet et Chine, fut de l'ordre de trois millions de kilomètres carrés, soit six fois celle de la France. Comme après le tremblement de terre de Lisbonne, des *seiches* se produisirent à de très grandes distances. Des glissements de terrain ensevelirent soixante-dix villages. Des éboulements dans les montagnes formèrent des barrages naturels en travers de gorges et de vallées étroites; et l'un de ces barrages, cédant au bout de huit jours sous la pression des eaux, provoqua en aval l'anéantissement de centaines de villages. Le choc majeur fut suivi de soixante-quatorze répliques violentes dans les vingt-quatre heures. Trois jours après, une réplique atteignait encore la magnitude 7...

Les géologues hindous pensent que ces secousses sont dues à la poursuite du soulèvement de la chaîne himalayenne. La chose est très possible, quoique pas encore prouvée.

Dans le monumental épanouissement de montagnes de la haute Asie Centrale, l'instabilité du sol est extrême. Du nœud de Pamir — auquel, venant de l'ouest, l'Hindu Kush et l'Altaï aboutissent — rayonne vers l'orient le plus formidable faisceau de chaînes montagneuses du globe. S'écartant les unes des autres à mesure que croissent les distances, se ramifiant en branches nouvelles pour enfin perdre aux approches des océans de leur altitude grandiose et de leur puissance massive, elles forment à travers Tibet, Turkestan, Sin Kiang, Mongolie, Sibérie orientale, Chine, Birmanie et Laos, la colossale ossature du plus vaste des continents.

En onze années, de 1949 à 1959, on a noté cent trente chocs importants dans ces chaînes d'Asie qui, à l'est du 70e méridien, irradient vers le Pacifique et l'océan Indien. Dix-huit de ces séismes de magnitude supérieure à 7, peuvent être qualifiés de désastres majeurs; un autre avait la magnitude 8, et deux ont égalé le maximum jamais dépassé, 8,6. Deux en l'espace de huit ans, et dans cette seule partie du monde, c'est d'autant plus extraordinaire que le calcul ne prévoit la probabilité d'un seul séisme de cette violence que seulement tous les cinquante ans, et pour la masse entière de la planète... Mais le calcul, ici, se trompe.

Il faut insister encore sur l'énorme énergie d'un séisme de magnitude 8, énergie de l'ordre de 10^{26} ergs, 10^{12} kW/h, mille milliards de kilowatts/heure libérés en quelques secondes; et sur leur relative rareté : des cinquante ou soixante millions de tremblements de terre qui se sont produits dans le monde entre 1904 et 1960, soixante à peine ont atteint ce chiffre fatidique. Autour de cette moyenne de 1,1 choc de magnitude 8 par an pour l'ensemble du globe, le nombre de ces secousses capitales oscille entre zéro les années de calme (il y en eut quinze : 1909, 13, 15, 16, 25, 26, 30, 35, 36, 37, 43, 47, 51, 55, 56), trois les années chargées (1905, 1920, 1938, 1939), et enfin six en cette exceptionnelle année 1906 qui fut témoin d'un choc 8 au Japon — heureusement à trois cent quarante kilomètres de profondeur —, d'un choc 8,6, donc maximal, à la frontière de la Colombie et de l'Equateur, du 8 1/4 de la catastrophe de San Francisco, d'un 8 aux Aléoutiennes, d'un autre cataclysme 8,4 au Chili et d'un 8,1 en Nouvelle-Guinée; sans

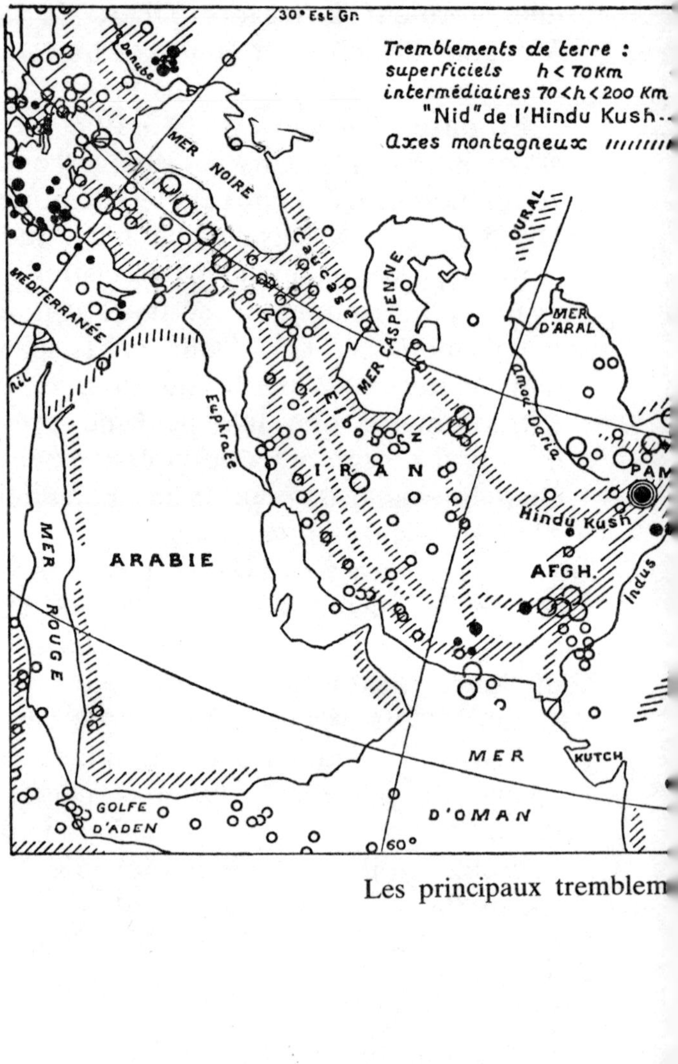

Les principaux tremblem

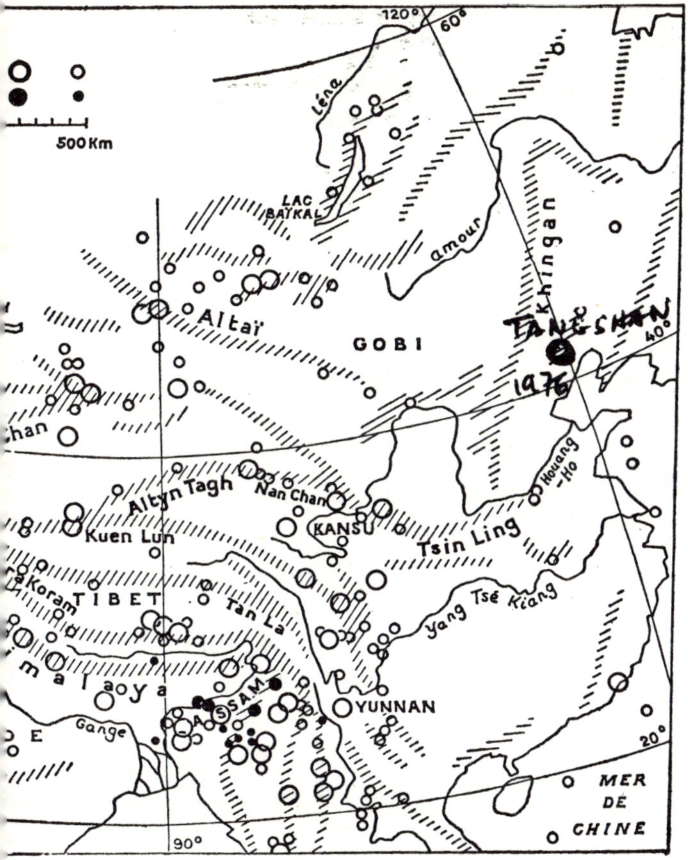

le terre en Asie centrale.

compter un cataclysme de magnitude 7,9 au Si-Kiang, province chinoise à l'est du Tibet.

L'on voit ainsi combien est grande la sismicité de l'Asie Centrale, éprouvée en un demi-siècle par une douzaine de séismes à magnitude 8, dont trois secousses maximales à 8,6 : Kansou 1920, Assam 1950 et Mongolie 1957. Cette dernière s'est produite le 4 décembre dans la chaîne de l'Altaï, en Mongolie-Extérieure. C'est une région semi-désertique, parcourue seulement par des bergers nomades, et c'est pourquoi la presse n'a pas parlé de ce séisme qui, quoiqu'il fasse partie des cinq plus grandes secousses du siècle, n'a provoqué qu'une cinquantaine de morts, moitié du bilan d'un week-end normal sur les routes de France ! Et pourtant, les effets sur le terrain furent tels que s'il se fût produit dans une région plus peuplée, il eût tué des dizaines de milliers de personnes : une faille large par endroits de vingt mètres s'est ouverte sur trois cents kilomètres de longueur, du massif de Bayan Zagan à celui de Bagda Bogdo; de part et d'autre de cette cassure, les compartiments de l'écorce terrestre se sont déplacés verticalement *et* horizontalement l'un par rapport à l'autre, décalant de *plusieurs mètres* les ravins, les rivières, les pistes qui traversaient la faille. La chaîne de montagne tout entière s'est retrouvée soulevée de deux à six mètres. Une mission de géologues et de sismologues partie d'Oulan-Bator arriva sur les lieux plusieurs semaines après le premier choc; l'impression de ces hommes de science fut de découvrir un enfer dantesque, le chaos originel... Déjà à soixante kilomètres de distance, ils apercevaient des nuages de poussière jaune flottant au-dessus des montagnes. Dans le massif d'Ikke-Bogda, des pics s'étaient effondrés et les éboulements se poursuivaient encore, dans un fracas de tonnerre.

Le séisme dit « du Kansou 1920 » fut l'un des plus violents et en même temps l'un des plus meurtriers que l'on ait connu dans le monde. Les modifications brutales qu'il provoqua dans la topographie, et l'échelle du cataclysme sont à mettre en parallèle avec celles du grand tremblement de terre chilien : « *Shan tsao-liao*, les montagnes marchaient », dirent les survivants (il y avait plus de 200 000 morts); d'épaisses couches de limon avaient coulé comme de la cire, se chevauchant l'une l'autre, formant des croupes, de formidables taupinières de trente mètres de haut, ensevelissant des villages entiers; des lacs s'étaient amassés à l'amont de collines nouvelles, des crevasses béantes s'étaient ouvertes, des villes avaient été anéanties jusqu'au dernier pan de mur, jusqu'à disparition de la trace même des rues.

La surface détruite, couvrant outre le Kansou, le Chen-Si, le Chan-Si, le Hu-pe, le Se-tchuan, le Tche-li et la Mongolie méridionale, avait 450 kilomètres sur 150 — une vingtaine de départements français — et comprenait dix grandes cités. Elle se trouvait au cœur du « pays du lœss », ce limon fertile que les vents du désert de Gobi et ceux des steppes sibériennes ont, depuis le quaternaire, amassé sur d'énormes épaisseurs dans l'est de la Chine.

Cette fertilité explique la densité relative de la population, et par conséquent le nombre des victimes. Le lœss fut d'ailleurs le principal agent de mort lors de cette épouvantable nuit d'hiver : non seulement il avait flué par collines entières, engloutissant sous leur masse des agglomérations humaines que l'on ne put jamais retrouver, mais il scella à jamais dans leurs habitations troglodytiques des dizaines de milliers d'êtres humains; dans cette région en effet, on se creuse souvent sa demeure dans le lœss tendre au flanc des collines. Ce fut dans une vaste cave de ce genre qu'un prophète musulman fameux, nommé Ma-Le-Bienfaisant, et trois cents de ses fidèles se trouvèrent retranchés du monde des vivants et succombèrent dans les affres d'une mort interminable à venir; durant des mois, coreligionnaires et parents des disparus creusèrent la nappe de lœss qui s'étendait désormais au-dessus du site de la caverne; on ne devait jamais rien en retrouver…

Cent vingt mille sur les deux cent mille personnes tuées par ce séisme étant des Chinois musulmans, les adeptes des autres religions — bouddhistes et chrétiens — dirent que cette calamité était envoyée par le Ciel contre les disciples du Prophète...

Le séisme se produisit malheureusement alors que la nuit et le froid avaient poussé la quasi-totalité de la population à se calfeutrer chez soi. Il était 7 h 30 du soir lorsqu'un bruit sourd venant du nord se mit à gronder, « comme de gros camions lourdement chargés placés au galop sur un mauvais pavé ». Un missionnaire, cité par Mme Y. Labrouste dans son étude sur le séisme du Kan-Su, raconte ainsi sa propre expérience : « Soupçonnant, à ce fracas, un tremblement de terre, je soufflai ma lampe et sautai à l'extérieur. Mais à peine au-dehors ce fut comme si je recevais une formidable poussée dans le dos (je courais vers le sud). Jambes écartées comme un ivrogne pour ne pas tomber, je sentais de forts mouvements tournoyants; et toutes les statues (rares) qui ne sont pas tombées de leur socle se trouvaient le lendemain la face contre le mur. Cette première, et la plus forte, des secousses a duré deux minutes et fut si rapidement suivie de cinq ou six autres qu'il n'y avait presque pas moyen de les distinguer, et il n'y a donc rien d'étonnant à ce que des confrères prétendent qu'il n'y a eu qu'une seule et même secousse d'une durée de six à huit minutes; non, rien d'étonnant, car ces secousses n'étaient interrompues que par quelques secondes et mêlées au bruit effroyable des effondrements de maisons, des cris des hommes, des hurlements des bêtes sous les décombres. Oh ! terrible à entendre, inoubliable !...

« Jusqu'à minuit, une fois la formidable secousse passée, toujours, à des intervalles de dix à quinze minutes, puis de quinze à vingt minutes, puis de vingt à vingt-cinq, des secousses et de forts grondements souterrains. Après minuit, nouvelles secousses, diminuant encore d'intensité et distantes de trente à quarante minutes. Vers 3 ou 4 heures du matin, un vent très violent se leva, et le lendemain, derrière un puant brouillard gris-bleu, on ne voyait plus les montagnes d'en face... »

Les glissements de terrain furent plus importants encore que devaient l'être ceux du Chili : le Kan-Su se trouvait dans la zone épicentrale, alors qu'en mai 1960 celle-ci, heureusement, était située au large de la côte; et le lœss est l'un des sols les plus détestables qui soient en pareille conjoncture. Dans ce que l'on a appelé la Vallée de la Mort, la pente des monts fut éventrée par sept énormes éboulements qui ensevelirent fermes et villages. Une maison, avec un homme et son fils, fut emportée sur le dos de la masse en mouvement et demeura miraculeusement sur la surface. Ils firent ainsi plus de 800 mètres vers l'aval jusqu'à ce que l'avalanche en rencontrât deux autres qui arrivaient en oblique et lui firent infléchir son cours; elle enfila alors une petite vallée affluente *et la remonta sur près d'un kilomètre*. Dans l'obscurité totale, dans le fracas, l'homme et l'enfant, plongés dans une terreur telle qu'on ne peut imaginer qu'il en puisse être, ne savaient pas ce qui arrivait, ne comprenaient rien à l'apocalypse où ils se trouvaient si soudainement plongés. A l'aube, ils découvrirent l'incroyable désastre : « les montagnes avaient marché », leur pays, ils ne le reconnaissaient plus. Non loin, une partie de route de 400 mètres de long, elle et les gros peupliers qui la bordaient, avait été transportée sur *quinze cents mètres* et s'était finalement immobilisée dans une position quasi normale, les grands arbres toujours dressés, paisibles le long du chemin. Ailleurs des collines avaient été remplacées par des lacs, et des vallées s'étaient transformées en monts...

Augmentées de l'horreur d'un colossal massacre nocturne, décuplées peut-être par la proximité immédiate de l'épicentre, nous retrouvons ici certaines des caractéristiques essentielles de la crise chilienne de 1960 : choc principal très long, suivi de répliques violentes et nombreuses, et glissements de terrains d'une ampleur extraordinaire.

En fait, ces glissements de terrain furent au Kan-Su bien supérieurs à ce qu'ils devaient être quarante ans plus tard dans la Cordillère des Andes; la nature même du sol, le lœss, et le fait de se trouver en pleine zone épicentrale en sont la raison essentielle. Mais l'on y retrouve, mieux marquées encore, ces particularités fondamentales qui m'ont poussé à attribuer à des tremblements de terre la faculté de produire des nappes de charriage tectonique : des masses de plusieurs millions de mètres cubes ont parcouru des distances de quinze cents à deux mille mètres, et ont même remonté des pentes. Et pour remonter des pentes sur plus d'un kilomètre, il fallait bien que le sol vibrât, avec violence et sans interruption, comme une gigantesque table à secousses : « On pouvait à peine se tenir debout. Il fallait écarter les jambes et se mettre parallèlement aux vagues sismiques, c'est-à-dire un pied vers le N.-O. et l'autre vers le S.-E. Ces vagues se succédaient à la vitesse d'à peu près deux par seconde, et le résultat de ce balancement extraordinaire était un fort malaise, un mal de mer sur terre », a raconté un autre témoin cité par Mme Labrouste. De quoi, vraiment, aider à cheminer les strates arrachées...

Le 27 juillet 1976, un séisme de magnitude 8.0 a frappé la région de Tangshan, à l'est de Pékin, tuant entre 800 000 et un million de personnes, chiffre proche de celui du séisme de Chen-Sian 1556, qui avait fait 830 000 victimes.

III

La ceinture du Pacifique

Quoique trois des cinq secousses maximales de ce siècle se soient produites en Asie Centrale, la zone la plus active du globe est cependant cette célèbre Ceinture de Feu du Pacifique qui, sauf dans les mers du Sud, encercle de façon presque continue le Grand Océan de volcans et de séismes. Soixante-quinze pour cent des chocs de forte magnitude de la première moitié de ce siècle se sont produits là, dont les deux séismes non asiatiques de magnitude 8,6, Chili 1960, et Colombie 1906[1].

A l'est comme à l'ouest du Pacifique, cette bande instable est faite d'une guirlande d'éléments tectoniques de forme arquée : du côté asiatique, arcs insulaires à courbure très marquée depuis les Aléoutiennes jusqu'à la Sonde; du côté américain, segments plus ou moins arqués, continentaux et montagneux. En Mélanésie et Polynésie par contre (sauf en Nouvelle-Bretagne), la zone active est constituée d'éléments rectilignes. Dans le désir très normal que l'on a de trouver aux choses l'unité la plus grande possible, certains géologues pensent voir dans ces derniers des arcs anciens fracturés en segments; mais pour satisfaisante qu'une telle optique

1. Les amateurs de fausse science, devins, radiesthésistes, astrologues, ésotéristes, magiciens, peuvent exercer leurs talents sur la coïncidence des chiffres de ces deux millésimes. Inutile de dire que l'on ne peut considérer les conclusions soi-disant causales de ces thaumaturges et métaphysiciens que comme des élucubrations dépourvues de toute valeur.

puisse être, rien ne permet d'assimiler à des courbes même de très grand rayon, les archipels des îles Salomon ou des Nouvelles-Hébrides, pas plus que ceux des Tonga et des Kermadec... Et quoique faisant partie de la même Ceinture du Pacifique, les archipels rectilignes des Mers du Sud ont vraisemblablement une signification tectonique différente de celle des festons magnifiques qui la caractérisent ailleurs et qui sont l'un des traits les plus déconcertants de la croûte terrestre : arc plus ou moins parfait, leur forme même intrigue, autant que ces phénomènes qui leur sont étroitement associés, le volcanisme le plus violent, les tremblements de terre les plus intenses, les plus fréquents et les plus profonds, et ces abysses sous-marins étroits qui les bordent, et qui sont eux aussi les plus profonds du globe...

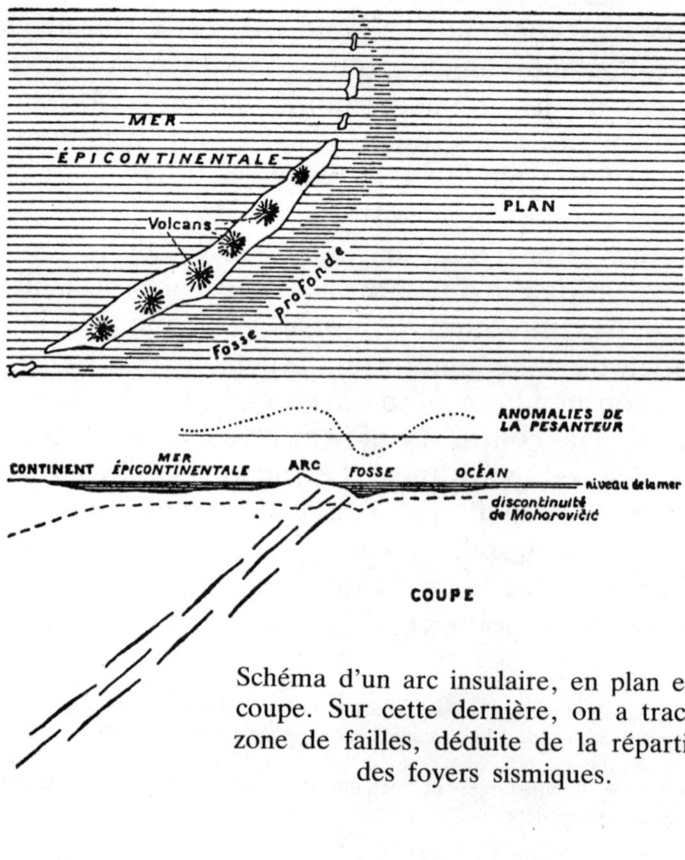

Schéma d'un arc insulaire, en plan et en coupe. Sur cette dernière, on a tracé la zone de failles, déduite de la répartition des foyers sismiques.

En 1923, le géophysicien hollandais Vening-Meinesz mit au point une méthode permettant de faire en mer des mesures de l'intensité de la pesanteur[1], et à la suite d'une longue et épuisante campagne au large de l'archipel de la Sonde, il découvrit le fait que la gravité montrait de fortes anomalies négatives à l'aplomb des grandes fosses qui longent le côté convexe de cet arc insulaire.

A la suite de Vening-Meinesz, nombre de chercheurs, géophysiciens, géologues, océanographes, sismologues, ont entrepris d'étudier les autres arcs insulaires. Et l'on s'aperçut que tous présentaient des traits fondamentaux communs.

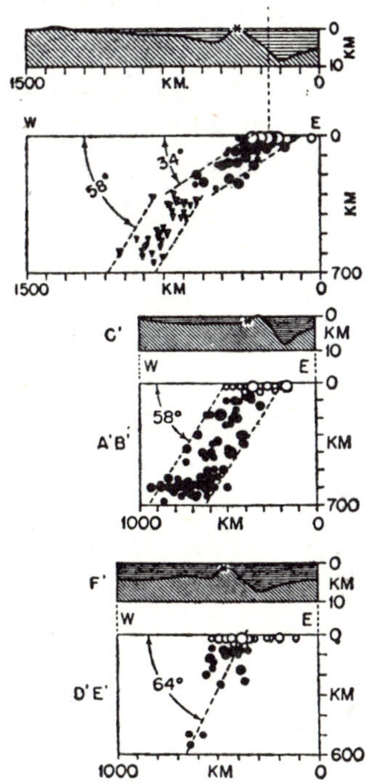

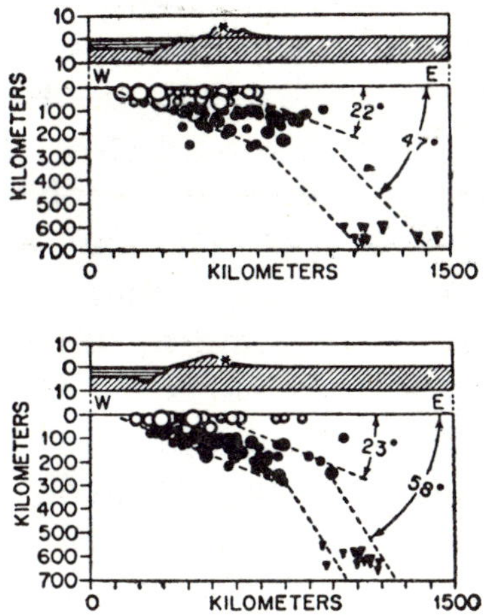

Profils tectoniques :

de l'arc Kamtchatka-Kurile (*en haut, à gauche*) ;

de l'arc Tonga-Kermadec (*en bas*) ;

de la côte de l'Amérique du Sud pacifique (*ci-dessus*).

Schématiquement cela commence, venant du large, par la fosse, étroite, très profonde, marquée par des séismes superficiels intenses et par des anomalies de la pesanteur — positives jusque-là sur les grands espaces

1. Voir appendice en fin de volume.

océaniques — voisines de zéro. Vient ensuite le talus interne de la fosse, où l'anomalie de la pesanteur atteint soudain des valeurs fortement négatives, et où, sous les foyers sismiques superficiels, apparaissent des foyers intermédiaires. A mesure alors que les fonds, rapidement, remontent jusqu'à émerger pour former l'arc insulaire proprement dit, jalonné de cratères, l'attraction de la pesanteur elle aussi remonte pour atteindre un maximum positif à l'aplomb des volcans; les séismes superficiels disparaissent, cependant que les foyers intermédiaires descendent progressivement jusqu'à trois cents kilomètres sous la surface. Au-delà de l'arc insulaire, une mer peu profonde s'étend jusqu'au continent; les anomalies positives s'y atténuent, et les chocs intermédiaires deviennent moins nombreux; enfin apparaissent les séismes profonds, dont les foyers, tout en se raréfiant, s'enfoncent de plus en plus à mesure que l'on s'éloigne de l'Océan pour atteindre, à une distance de quelque sept cents, huit cents ou mille kilomètres de l'abysse où la sismicité superficielle avait fait son apparition, six et sept cents kilomètres de profondeur.

Si l'on situe non plus sur une carte ou sur une coupe mais dans l'espace les foyers des séismes étroitement liés à la structure arquée insulaire (archipels de l'Est asiatique, Antilles, Sandwich du Sud) ou continentale (Andes, Mexique) l'on s'aperçoit qu'ils semblent se disposer dans une portion de volume conique, dont le sommet se trouve du côté du centre de courbure de l'arc. Plus exactement, il s'agirait d'un cône composé, tout d'abord incliné de 30° sur l'horizontale entre la surface du globe et soixante kilomètres de profondeur; c'est le domaine des séismes superficiels; puis à 60°, entre soixante et sept cents kilomètres, dans le royaume des foyers profonds.

L'on peut déjà par cet exemple se rendre compte combien la sismologie apporte de données à notre connaissance de la planète. Cette étonnante série de zones de fractures, chacune limitée vers le bas par une surface conique, chacune émergeant du globe en un arc nettement gravé dans le relief terrestre, semble bien l'un des éléments essentiels de l'orogenèse, car on la retrouve, moins pure que la guirlande insulaire du Pacifique occidental mais bien reconnaissable cependant, dans cette chaîne méditerranéenne-asiatique que nous avons rapidement parcourue au début de cette description géographique : arc des Alpes, arc des Dinarides, arcs de Turquie et d'Iran, de l'Himalaya, des montagnes birmanes, arc Nicobar-Andaman-Indonésie, enfin arcs raccordés en S des Moluques et des Célèbes à l'extrémité duquel, à angles droits, la guirlande méditerranéenne se soude à la Ceinture du Pacifique.

Les théories qui s'efforcent d'élucider la genèse des montagnes et des volcans, des grands fossés effondrés et des tremblements de terre, doivent évidemment tenir compte de ces structures, de ces larges écailles concaves alignées côte à côte, enfoncées jusqu'à sept cents kilomètres de profondeur parfois, et sur le plan desquelles, par saccades, les grandes masses continentales et océaniques semblent se mouvoir les unes par rapport aux autres.

Aucune des grandes hypothèses *orogéniques* ne parvient encore à donner une explication harmonieuse et satisfaisante des choses. Contraction du globe sous l'effet du refroidissement, dérive des continents flottant sur un magma visqueux, courants de convection brassant ce magma et exerçant ainsi sur l'écorce des efforts énormes, ou encore pulsations verticales, lentes et puissantes, chacune de ces théories présente à la fois des aspects séduisants et de graves lacunes. Nous y reviendrons au terme des deux grands périples qu'il nous faut faire autour du monde.

Japon.

De tous les arcs insulaires, le Japon est certainement

celui dont la sismicité est la mieux connue. D'une part à cause de sa redoutable importance dans un archipel surpeuplé, de l'autre grâce à la qualité et à la quantité des sismologues nippons. On peut dire d'ailleurs que c'est dans ce pays qu'est née réellement, dans la deuxième moitié du siècle dernier, la sismologie moderne. Cependant en Europe l'étude des tremblements de terre avait commencé par l'observation attentive de leurs effets et par des essais d'explication. La terrible secousse de Lisbonne, en 1755, avait donné l'impulsion, et John Michell, professeur de géologie à Cambridge, fut le premier à suggérer que le mouvement vibratoire d'un séisme était provoqué par le passage d'ondes élastiques à travers les roches. Il comprit également que la localisation de l'origine d'un choc pourrait se faire à partir des différences d'heure d'arrivée de ces ondes en divers endroits. Après les catastrophes qui ravagèrent la Calabre de 1783 à 1786, les savants italiens à leur tour s'attaquèrent aux problèmes que les tremblements de terre proposent. La première moitié du XIXe siècle fut marquée par quelques secousses désastreuses qui attirèrent davantage encore l'attention du monde savant sur les séismes : New Madrid (Mississippi) en 1811, Kutch aux Indes en 1819, Chili 1822 et 1835. On fit alors les premiers catalogues de tremblements de terre : ceux de von Hoff, du Français Alexis Perrey, de l'Irlandais Robert Mallet. Perrey, outre cette monumentale compilation, s'attacha à rechercher des lois régissant une éventuelle périodicité des tremblements de terre. Celle qu'il formule, prétendant que les séismes sont favorisés par certaines conjonctures lunaires — pleine lune, nouvelle lune, passage à distance minimale de la Terre et passage au méridien — n'a finalement pas été justifiée par les faits.

Robert Mallet développa les idées émises un siècle plus tôt par Michell sur la propagation des ondes élastiques dans les solides, et se rendit célèbre par sa description minutieuse du séisme de 1857 à Naples, dont il détermina l'épicentre et estima par la seule observation

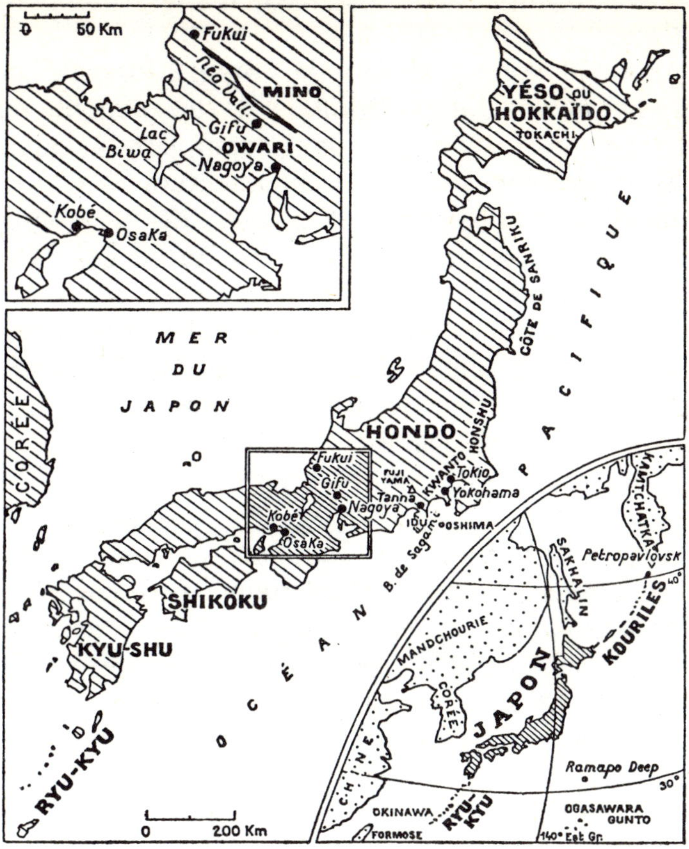

Japon.

des effets de terrain la profondeur du foyer, terré à dix kilomètres à peine. Mallet créa les termes techniques de *foyer, angle d'émergence, ligne isosismique* et *surface mésosismale.*

En 1855, Palmieri construisit en Italie un sismographe électromagnétique et l'installa dans l'observatoire du Vésuve. En 1874, De Rossi créa le *Bolletino del Volcanismo Italiano,* premier périodique au monde à traiter uniquement de volcanologie et de sismologie. Gino De Rossi, avec le Suisse Forel, établit une échelle d'intensité; Forel et le géologue Arnold Heim créèrent la Commission Séismologique Suisse, destinée avant tout à l'étude des tremblements de terre de la Confédération Helvétique.

En 1880 fut créée par l'Anglais John Milne la Société Séismologique du Japon. Milne mit sur pied un réseau d'observateurs à travers le pays, compila un catalogue des séismes survenus dans l'archipel, étudia leur répartition, mais surtout inventa et installa des sismographes précis. En 1891 le grand séisme des provinces Mino et Owari put ainsi être étudié comme aucun ne l'avait été auparavant. Dès l'année suivante le gouvernement créait le Comité Impérial d'Investigation des Tremblements de Terre, dont le travail, poursuivi depuis par l'Institut de Recherches sur les Tremblements de Terre de Tokyo, ne s'est jamais ralenti, même en pleine guerre.

Depuis l'Antiquité, les Japonais avaient l'habitude d'observer les effets des tremblements de terre qui, *plus de mille fois l'année* en moyenne, secouent leur archipel. Entre le ve siècle et la moitié du XIXe où l'Empire du Soleil Levant s'ouvrit à la civilisation européenne, il s'y est constitué une étonnante bibliothèque : un demi-millier de manuscrits, où se trouvent décrits plus de deux mille séismes importants dont deux cent vingt-trois furent des catastrophes. Il était logique qu'une telle tradition conduisît les savants japonais, dès qu'ils connurent les principes nouveaux et les nouvelles techniques nés en Italie et en Angleterre, à s'atteler au plus tôt et selon les méthodes les plus modernes à l'étude de ce fléau millénaire.

Les provinces de Mino et d'Owari se trouvent dans le centre de Hondo, la plus grande île de l'archipel nippon. C'est l'une des principales régions de la culture japonaise essentielle, le riz, et à la fin du siècle dernier on y dénombrait près de trois cents habitants par kilomètre carré (en France, la densité de la population est quatre fois moins forte). Le 28 octobre 1891, l'un des plus grands séismes de l'histoire nippone se produisit là, par la brutale remise en mouvement de la grande faille de

Neo qui prend l'île de Hondo en écharpe, du Pacifique à la mer du Japon. Sur une cinquantaine de kilomètres, de Fukui au nord-ouest jusqu'aux abords de la grande cité de Nagoya en passant par Gifu, capitale du Mino, qui fut entièrement détruite, la faille broya le sol à tel point que parfois rien n'était plus reconnaissable des cités qu'elle traversait, « ni habitations, ni rues, ni même le terrain »; l'amplitude horizontale des vibrations du sol dépassa 12 centimètres; l'accélération atteignit 4 300 mm par seconde; des lacs se formèrent dans la montagne et des marais dans la plaine; des éboulements énormes, des dénivellations de plusieurs mètres se produisirent; par endroits, à Itashu par exemple, les lèvres de la fracture s'étaient ouvertes jusqu'à engloutir littéralement des habitations entières; et de part et d'autre de la faille, les compartiments de l'écorce terrestre avaient coulissé de quatre mètres parfois l'un par rapport à l'autre. Plus de 200 000 maisons furent détruites entièrement, 80 0000 le furent à moitié. Malgré cela, malgré l'anéantissement de cités entières, le nombre des victimes fut faible, toutes proportions gardées : 7 300 morts, 17 000 blessés. Les jours qui suivirent le grand choc, le nombre quotidien des répliques fut effrayant, atteignant successivement 318, 173, 126, 99, 97 et 81; et durant les deux années suivantes, l'observatoire de Gifu en enregistra plus de trois mille encore...

Trente-cinq années plus tôt, l'une des dernières catastrophes d'avant le Japon moderne avait été celle de Simoda, où, le 22 décembre 1854, Osaka et plusieurs autres villes furent entièrement détruites. Le choc avait engendré un *tsunami* dont une description impressionnante fut donnée par l'officier de quart de la frégate *La Diane,* ancrée dans la baie de Simoda : « On éprouva la première secousse à 9 h 15; elle fut très violente et se prolongea de deux à trois minutes. A 10 heures, une grande vague s'élança dans la baie et dans l'intervalle de quelques minutes toute la ville fut recouverte d'eau; les nombreux navires qui se trouvaient à l'ancre furent jetés les uns contre les autres et éprouvèrent de grands dommages; on vit flotter aussitôt une masse de débris. Au bout de cinq minutes, les eaux de la baie se gonflèrent et se mirent à bouillonner, comme si des milliers de sources avaient jailli tout à coup; elles étaient mêlées de boue, de paille et d'autres débris de toute nature; elles s'élancèrent sur la ville et sur les terres avec une force épouvantable, et tous les bâtiments furent anéantis. A 11 h 15, la frégate chassa sur ses ancres et en perdit une; bientôt elle perdit la seconde et le bâtiment éprouva alors un mouvement giratoire et fut entraîné avec une violence qui s'accrut encore de la vitesse toujours croissante de l'eau. D'épais nuages de vapeurs couvrirent en même temps l'emplacement de la ville, et l'air fut rempli de vapeurs sulfureuses. L'élévation et la chute de l'eau furent si rapides dans cette baie étroite, qu'il s'y forma de nombreux tourbillons au milieu desquels la frégate tourna sur elle-même si fortement que tout à bord fut renversé. Cependant la frégate se maintint au milieu de ces mouvements giratoires; elle tourna quarante-trois fois sur elle-même, mais non sans éprouver de graves avaries. Jusqu'à midi l'ascension et la décroissance de l'eau ne cessèrent pas dans la baie : le niveau varia de 8 à 40 pieds de hauteur. Vers 2 heures le fond de la mer se souleva de nouveau, et d'une manière si violente, que la frégate fut plusieurs fois jetée sur le flanc et qu'on vit l'ancre à 4 pieds de profondeur seulement. Enfin la mer se calma. La frégate se trouvait dans un réseau inextricable de ses cordages et de ses chaînes entortillés. La baie n'était plus qu'un champ de ruines. »

Le 1er septembre 1923, se produisit le célèbre séisme du Kwanto Tokyo, Yokohama et toutes les villes de la région furent détruites. Il y eut près de 150 000 morts et plus de 100 000 blessés graves, dont les deux tiers furent victimes de l'incendie colossal qui éclata aussitôt après l'effondrement instantané de centaines de milliers de maisons. Mais le fait le plus étrange fut révélé lorsque, aussitôt que possible après la catastrophe, l'on eut fait un relevé topographique de précision et une série de sondages sous-marins : jusqu'à une cinquantaine de kilomètres de la rive septentrionale de la baie de Sagami, toute la région avait glissé vers l'est-sud-est; de quelques centimètres près de Kenasiyama ce déplacement avait, sur la côte, dépassé deux mètres cinquante; plus au sud, le volcan insulaire de Ooshima avait ripé de près de quatre mètres vers le nord; mais ces changements-là étaient encore insignifiants comparés à ceux que les sondages sous-marins mirent en évidence; le fond de la baie de Sagami avait subi des transformations à peine croyables : des soulèvements de plus de deux cent cinquante brasses et des affaissements de quatre cents brasses s'étaient produits côte à côte, soit une différence de niveau relative de plus d'un kilomètre... Nulle part dans le monde, ni avant ni depuis, l'on n'a jamais observé de dénivellations brutales de cet ordre : la plus grande connue étant celle de Yakutat Bay en Alaska, qui n'avait « que » quinze mètres. Et il faut certes toute la confiance que l'on accorde au sérieux des scientifiques nippons pour ne pas attribuer à des erreurs techniques ces chiffres extraordinaires...

Malgré les déplacements qu'il occasionna, ce séisme ne fit pas apparaître de faille visible. Le sol semblait avoir subi un mouvement de torsion autour d'un axe vertical situé dans la baie, et la valeur du déplacement décroissait avec la distance, aucune fracture ne séparant le district affecté du pays demeuré immobile.

Une faille qui joue dans un séisme violent peut n'avoir à la surface qu'un rejet imperceptible, et atteindre, en profondeur, plusieurs mètres. Lors du tremblement de terre d'Idu, en 1930, le déplacement mesuré en surface avait été de trois pieds environ, alors qu'il en atteignait huit dans le tunnel de Tanna, sur la ligne Tokyo-Kobe, à cent soixante mètres de profondeur sous la montagne. Le mouvement d'ailleurs n'est pas instantané; si la majeure partie en est achevée dans les secondes mêmes que dure le choc principal, il n'en continue pas moins bien longtemps encore : à Idu, dix mois après le séisme, on mesurait un jeu de faille de un micron (un millième de millimètre) par jour; et dans l'île de Faial, aux Açores, une semaine après le violent tremblement de terre d'origine volcanique de mai 1958, j'ai pu observer entre les lèvres de nombreuses fractures un élargissement quotidien de l'ordre de deux dixièmes de millimètre.

Ce même séisme d'Idu a été étudié avec une minutie extrême car il fut précédé pendant neuf mois de deux impressionnantes séries de chocs avant-coureurs (près de 5 000 au total, dont 690 dans la seule journée du 25 novembre, veille du séisme destructeur...); quelques jours après le début des secousses prémonitoires, deux importantes organisations scientifiques nationales, l'*Earthquake Research Institute* et le *Central Meteorological Agency,* dépêchèrent sur les lieux des équipes de géophysiciens et de topographes pour suivre et analyser le phénomène. Il est seulement dommage que ces deux institutions, au lieu de collaborer dans la poursuite d'un même but, aient cédé à l'esprit de compétition et aux jalousies professionnelles. Dans le monde savant, cela se passe malheureusement ainsi plus souvent qu'on ne l'imagine, et sous toutes les longitudes...

Ce fut lors du séisme d'Idu que les phénomènes lumineux si souvent décrits par les témoins de très grandes secousses, furent observés par des scientifiques. Jusqu'alors, malgré l'abondance des témoignages, on doutait de la réalité de ces éclairs longs, de ces boules de feu, de ces rais irradiés, de ces faisceaux, de ces draperies aux teintes et aux intensités diverses. Les témoignages sont d'habitude suspects, car en ce qui concerne ces phénomènes, d'autres explications bien souvent existent : éclairs d'orage, aurores boréales, arcs électriques entre câbles sous haute tension... et surtout émotion des témoins. A Idu, ces dernières purent être réfutées l'une après l'autre et les manifestations lumineuses attribuées au séisme. Il reste à en comprendre le mécanisme...

Le 28 juin 1948, cinquante-sept années après le cataclysme de Mino-Owari, la faille de Neo joua de nouveau. Le choc fut moins violent, mais Fukui fut entièrement détruite et plus de cinq mille personnes furent tuées. L'épicentre se trouvait à quarante kilomètres au nord-ouest de celui de 1891. Il est à remarquer qu'en cette seule année 1948, le Japon fut secoué par onze chocs violents, dont quatre de magnitude égale ou supérieure à 7.

Pour l'année 1949, près de 5 000 séismes ont été enregistrés au Japon, dont 850 ont été perçus par la population et 18 furent ressentis nettement dans un rayon de 300 kilomètres autour de l'épicentre. En 1950, une douzaine de chocs de magnitude supérieure à 6,5 dont un de 7,8; en 1951, sept chocs de 6,5 à 6,9; en 1952, onze grandes secousses dont le séisme de Tokaichi dans l'île de Hokkaïdo, avec la très haute magnitude 8,3; derniers chiffres enfin, au cours de ces dix derrières années : un millier de chocs furent ressentis, pour des totaux annuels de l'ordre de sept mille secousses enregistrées.

Le plus violent séisme nippon, Sanriku 1933, atteignit la magnitude maximale jamais enregistrée de 8,6. Il ne fut cependant guère ressenti parce que son épicentre se trouvait à une centaine de milles au large de la côte. Mais un *tsunami,* dont la hauteur atteignit par endroits soixante-quinze pieds, alla ravager des centaines de kilomètres de rivage. Il est vraisemblable que le séisme fut provoqué par le jeu du colossal système de failles plongeant depuis la fosse, profonde de plus de neuf mille mètres, qui longe à l'est l'arc insulaire japonais, car l'épicentre se situe, par deux mille brasses de fond, sur le roide talus menant aux abysses.

Les sismologues japonais ont montré les premiers comment il était possible, d'après les données des enregistrements sismographiques, de déterminer l'orientation du plan de la faille qui joue lors d'un séisme, et le sens du mouvement, et en se basant sur ces résultats Honda a pu conclure que le côté asiatique de l'archipel nippon était progressivement poussé par-dessus le rebord du Pacifique. Le profond sillon sous-marin serait engendré par ce chevauchement de deux vastes portions de la coquille superficielle du globe et marquerait à sa surface la séparation de deux domaines fondamentalement différents, celui des continents et celui des océans, affrontés dans une gigantesque poussée, poussée responsable de la sismicité extrême du Japon.

Ce schéma, pour autant qu'on l'admette, convient aussi point pour point à tous les autres arcs volcano-sismiques que borde vers le large une dépression marine étroite et profonde.

Kuriles, Kamtchatka, Aléoutiennes.

Au nord du Japon, le côté asiatique du Cercle de Feu s'achève par un arc très actif qui, par les Kuriles, va de Hokkaïdo au Kamtchatka; au-delà, la guirlande se rebrousse à angle aigu vers l'est pour se raccorder par l'arc des Aléoutiennes-péninsule d'Alaska au continent américain. D'étroites et profondes fosses sous-marines les longent, celle des Kuriles dépassant 10 300 mètres, celle des Aléoutes 7 600. Tout au long de ces arcs à la forme très pure les séismes abondent, superficiels, intermédiaires et profonds, et leur intensité est forte. Mais le caractère presque désertique de ces régions, l'absence de toute ville de quelque importance (Anchorage compte 30 000 habitants, Petropavlovsk 2 000 à peine) enlève à ces chocs beaucoup de leur importance, sur le plan humain sinon sur celui de la tectonique. Cependant, il arrive qu'une secousse de ces régions perdues provoque de temps à autre par *tsunami* interposé la mort de centaines de personnes, aux Hawaii ou à Hokkaïdo... La sismicité de ces deux arcs peut soutenir la comparaison avec celle du Japon; par exemple : entre 1904 et 1959, huit chocs de magnitude 7,9 et au-delà pour le Japon, pour neuf aux Kuriles-Kamtchatka et deux aux Aléoutes; de 1947 à 1959, quatre-vingts chocs violents au Japon, dont onze au-dessus de 7 et un de magnitude 8 1/4 (celui-ci suivi de plusieurs centaines de répliques, certaines de magnitude voisine de 7), contre quatre-vingt-huit dans les Aléoutiennes, dont vingt de magnitude égale ou supérieure à 7 et une à 8.

Il est à remarquer que le séisme 8 1/4 du 4 novembre 1952 au Kamtchatka s'est produit durant la même année que celui de magnitude 8,3, dit « séisme de Tokaichi » qui avait fait des centaines de victimes et de graves dégâts dans Hokkaïdo huit mois plus tôt.

L'année 1957 a été marquée dans les îles Aléoutiennes par une activité extraordinaire : 537 secousses figurent dans les bulletins mensuels du Bureau Central International de Strasbourg. Vingt-deux chocs de magnitude supérieure à 6 3/4, dont deux de 7 1/2 et un de 8, ont été enregistrés par les sismographes du monde entier. Un *tsunami* provoqué par la secousse principale a fait des ravages aux îles Hawaii et à Hokkaïdo. Mais l'intérêt essentiel de cette crise sismique est la répartition des épicentres tout au long de l'archipel, depuis le talus de la fosse sous-marine jusque dans l'*arrière-pays* constitué par la mer peu profonde de Behring. De janvier à novembre entre les méridiens 180° et 163° O., soit sur 1 200 kilomètres de longueur et sur 200 de largeur, des centaines de secousses se sont produites, montrant que toute la moitié de cet arc était en proie à une véritable convulsion tectonique.

Sud-Est asiatique.

Après cette pointe vers le nord, revenons en arrière pour suivre au sud du Japon le cercle de feu du Pacifique. D'ici, vers le 35° parallèle, deux branches divergent qui ne se rejoindront qu'à deux degrés au nord de l'équateur, à une cinquantaine de lieues à peine de la pointe N.-E. de la Nouvelle-Guinée.

Le rameau principal, le plus sismiquement actif des deux, se trouve à l'ouest; il est formé par l'arc des Ryukyu (dont l'île principale est Okinawa) que l'arc Formose-Philippines relaie pour l'amener jusqu'aux Moluques. La fosse de Nansei-Shoto, profonde de 7 000 à 7 500 mètres, longe les Ryukyu, cependant que les Philippines sont bordées par l'abîme célèbre qui porte leur nom, où les profondeurs de 9 000 mètres sont courantes et celle de 10 500 mètres atteinte.

L'autre branche, formant la guirlande interne, se sépare de l'arc nippon au sud du Fuji-Yama, à hauteur de la baie de Sagami, épicentre de la catastrophe de Tokyo-Yokohama 1923. D'un très grand rayon de courbure, le premier arc n'est marqué que par des volcans sous-marins (le Myojin par exemple, dont une explosion pulvérisa en 1952 l'un des navires océanographiques venus en observer l'éruption) ou des îlots minuscules, les Bonin ou Ogasawara Gunto; une fosse de 8 000 à 9 000 mètres les longe, qui atteint 10 500 mètres au Ramapo Deep. Un deuxième arc les relaie, celui des Mariannes, avec des fonds associés de 9 000 mètres (Flemming Deep au large d'Iwo Jima, Nero Deep au large de Guam) qui atteignent 10 863 mètres au Challenger Deep. Enfin, les deux petits arcs de Yap (avec une fosse de 8 600 mètres) et de Palau (fosse de plus de 8 000 mètres) font parvenir cette guirlande aberrante au rendez-vous des Moluques, celui où aboutissent non seulement l'arc frère venu de Formose et des Philippines, mais encore la ceinture méditerranéenne elle-même qui, comme nous l'avons vu, s'achève ici au bout extrême de la vaste boucle de la Sonde.

La sismicité de ces deux zones est très grande; pour en donner l'idée, il faudra, une fois de plus, citer quelques chiffres. Entre 1904 et 1959 il y eut deux chocs de magnitude supérieure à 8 dans l'arc oriental : aux Mariannes en 1914 et à Yap en 1918; et sept dans l'arc principal : 1911 aux Riu-Kiu, 1920 à Formose, 1924, 1943, 1948 aux Philippines. Celles-ci sont fort secouées et souvent ravagées par les séismes; de 1947 à 1959, il s'y est produit près de soixante grands séismes, dont neuf de magnitude supérieure à 7. Le choc du 24 janvier 1948, magnitude 8,2, était le plus violent qui se fût produit de deux ans dans le monde. Il ne fit heureusement qu'une vingtaine de morts, ce qui souligne une fois de plus le rôle que jouent dans la « gravité » d'un séisme des facteurs tels que la profondeur du foyer, la localisaiton de l'épicentre, la densité de la population, la nature du sol, la qualité — solidité, souplesse, légèreté — des constructions, et les impondérables que l'on baptise « la chance ». Dans ces mêmes Philippines où cette secousse 8,2 fit à peine vingt victimes, le tremblement de terre de Lanao, de magnitude 7,6, ravagea le 1er avril 1955 la grande île de Mindanao; bilan : 450 tués, un millier de blessés, importants glissements de terrain et seiches dans les lacs, écroulement de ponts, de quais, d'édifices publics, conduites d'eau crevées, pour cinq millions de dollars de récoltes anéanties...

Ce district du lac Lanao avait déjà subi plusieurs séismes destructeurs : 1637, 1871, 1889, 1902, 1931. La présence évidente d'un foyer violemment actif sous cette partie de Mindanao lui réserve la triste certitude de catastrophes futures.

Durant la même période 1947-1959, l'arc Riu-Kiu-Formose avait ressenti plus de trente chocs importants, dont douze de magnitude égale ou supérieure à 7. Ce qui fait un total, avec les Philippines, de quatre-vingt-dix séismes dont une vingtaine à plus de 7 et un de magnitude 8,2.

L'arc oriental des Bonin-Mariannes avait connu dans le même temps cinquante-trois chocs importants, dont quatorze supérieurs à 7.

Sud-Ouest du Pacifique.

Des Moluques, la guirlande prend une orientation

sud-est et passe par le bord de la Nouvelle-Guinée, très grande île et même petit continent, sans fosse sous-marine associée; elle s'incurve ensuite en l'arc bien marqué encore de la Nouvelle-Bretagne, qu'une fosse de 9 000 mètres avoisine, puis, par segments quasi rectilignes, se poursuit à travers le Pacifique jusqu'à la lointaine île Macquarie, à cinq cents milles dans le sud de la Nouvelle-Zélande : les archipels qui la composent, les Salomon (fosse de 6 000 mètres), les Nouvelles-Hébrides (fosse de 7 000 mètres), les îles Loyauté, les Fidji, les Samoa, les Tonga et les Kermadec (que longe un immense sillon atteignant jusqu'à 10 630 mètres de profondeur) constituent l'une des zones les plus sismiques du monde (rien qu'aux Kermadec par exemple, deux chocs de magnitude 8,3 et un de magnitude 8 entre 1910 et 1950); heureusement, la plupart des épicentres se trouvent au large des côtes, les foyers sont souvent assez profonds, et les archipels à peine peuplés. La densité trop faible des observatoires sismologiques dans cette partie du monde empêche d'autre part de tirer de la sismicité extrême de la Mélanésie tous les enseignements qui, autrement, pourraient l'être.

Alors que des Aléoutiennes aux Moluques, la guirlande circumpacifique est composée d'arcs insulaires souvent admirables de perfection, on remarquera qu'à l'est de Célèbes, hormis la courbure de la Nouvelle-Bretagne, elle est faite d'éléments quasi rectilignes. Et quoique l'on y retrouve parfois (aux Tonga et aux Kermadec notamment) l'essentiel de la structure des arcs classiques — fosse profonde, chaîne parallèle de volcans et surtout disposition plongeante des foyers sismiques — il semble que la signification tectonique de ces éléments-ci de la Ceinture de Feu soit à certains égards différente. Et la disposition des foyers sismiques le confirme : au Japon, aux Kuriles, au Kamtchatka, au Chili, au Pérou, le plan des foyers recoupe la surface sous un angle modéré alors qu'en Mélanésie et en Polynésie, cet angle est au contraire élevé. Au Japon les foyers se disposent au-dessus d'un plan incliné d'environ 30° sur l'horizontale; sous les Kuriles ce plan plonge à 34° d'abord (pour les foyers superficiels et intermédiaires) et ensuite seulement à 58° (séismes profonds); sous les Andes également la pente est faible au départ (22° jusqu'à 300 kilomètres sous la surface, 47° à 58° pour les séismes profonds dont les épicentres se trouvent dans les plaines transandines). Sous les archipels rectilignes du Sud-Ouest Pacifique, par contre, la zone faillée plonge de façon abrupte et sans ressaut jusqu'à 600 et 700 kilomètres de profondeur, *faisant avec la surface un angle de* 58° *pour les Tonga et de* 64° *pour les Kermadec.*

D'autre part, d'après ce que l'on sait de la géologie de la Nouvelle-Guinée et de la Nouvelle-Zélande, seules grandes terres de cette partie du cercle instable du Pacifique, il y existerait de grandes failles de coulissage horizontal. Or cette observation géologique concorde avec les déductions tirées de l'analyse des sismographes : de part et d'autre d'une faille de cette région jouant lors d'un tremblement de terre, le bloc océanique se déplacerait vers le sud-est en Nouvelle-Guinée, aux Salomon et aux Nouvelles-Hébrides, vers le sud le long de la faille Tonga-Nouvelle-Zélande.

Dans l'état actuel de nos connaissances, il semble qu'il y ait donc deux catégories de cassures de première grandeur dans cette partie du globe : d'immenses failles inverses, modérément inclinées, sur lesquelles le bloc asiatique d'une part, celui de l'Amérique du Sud de l'autre glissent par-dessus les fonds de l'Océan (à moins que ce ne soit celui-ci qui soit entraîné sous le continent, ou encore qu'il s'agisse d'une combinaison de ces deux mouvements); et des failles de décrochement horizontal, à pendage fort, voire vertical, de part et d'autre desquelles coulissent de grands compartiments de l'écorce terrestre. Nous allons retrouver ces failles de coulissage, étonnamment visibles, en Californie.

Amérique latine.

La ceinture, avec sa grande activité sismique et volcanique, s'interrompt au sud de la Nouvelle-Zélande et ne reprend qu'à l'arc fortement courbé qui va de la terre de Graham à la Terre de Feu en passant par les archipels des Shetland, Orkney, Sandwich et Georgie du Sud, et par les îles Falkland. Inutile de dire que la sismicité de ces régions, perdues loin de tout observatoire, est mal connue.

De la Terre de Feu, la bande sismique remonte jusqu'à l'Alaska en une alternance de festons arqués et de segments rectilignes; ce ne sont plus des archipels désormais, mais le bord même du continent qui constitue la partie orientale, américaine, de la Ceinture de Feu. Sauf à y rattacher, tourné vers l'Atlantique comme celui des îles australes, l'arc insulaire des Antilles. A l'exclusion des côtes des États-Unis et du Canada, des fosses sous-marines étroites jalonnent toujours cette bande, dont l'activité volcanique ne le cède qu'à l'instabilité sismique. Mais la profondeur de ces fosses est moindre que dans l'ouest de l'Océan : au large du Chili 7 600 mètres, au large du Pérou 6 200, une courte fosse de 5 000 mètres au droit de la frontière colombo-équatorienne, 6 600 mètres pour la fosse guatémaltèque, 5 300 pour celle d'Acapulco. Mais les segments ici, il faut le rappeler, sont continentaux : l'arc insulaire des Antilles à nouveau est bordé par des fosses très profondes.

Nous voici donc revenus au Chili. Passons sur son histoire où les cataclysmes sismiques abondent. Valdivia, Conceptión, Santiago, Valparaiso, Copiapó, Arica, furent détruites chacune à plusieurs reprises, depuis les temps d'Almagro et de Saavedra jusqu'aujourd'hui même. Rappelons que *cinq* séismes de magnitude au moins égale à 8 ont secoué entre 1904 et 1960 ce pays étiré sur quarante degrés de latitude : Valparaiso 1906, magnitude 8,4, destruction complète de la ville et d'une grande partie de Santiago, la capitale; choc de 8,3 en 1922, de 8 en 1928, un autre en 1950; enfin « notre » 8,6 de 1960. Mais les secousses de magnitude supérieure à 7 ou même 6,5, qui provoquent toujours des désastres pour peu qu'elles affectent des régions peuplées, sont terriblement nombreuses : on en a compté plus de quatre-vingt-dix entre 1947 et 1961, soit *sept par an* en moyenne. Juste avant la Deuxième Guerre mondiale, le 25 janvier 1939, le séisme de Chillan détruisit plusieurs cités et causa la mort de 25 000 personnes. En 1751 et en 1835, le même foyer avait provoqué des catastrophes pareilles.

Ainsi que sur le bord asiatique de l'Océan, en Amérique du Sud les foyers se disposent en nappes coniques inversées dont la base se situe du côté de l'étroite fosse sous-marine courant le long de la côte et dont le sommet, à treize ou quatorze cents kilomètres dans l'est, est enfoui vers 700 kilomètres de profondeur sous les plaines transandines. Comme partout ailleurs, les séismes se font plus rares à mesure que leur profondeur augmente.

Ce fut probablement un choc assez profond et de très grande magnitude qui, le 20 mars 1861, anéantit en quelques secondes la ville argentine de Mendoza, au pied de la Cordillère, celle de San Juan, quarante lieues plus au nord, et celle de Cordoba, à cinq cents kilomètres dans l'est, tuant 18 000 personnes parmi lesquelles le géologue français Bravard, arrivé là quelques jours plus tôt dans le but précis d'étudier les tremblements de terre... Le 30 mars 1885, un nouveau séisme jeta la panique à Mendoza; le récit qu'en fit un habitant de la ville donne une excellente idée de l'impression qu'un choc assez violent produit sur un homme intelligent et de grand sang-froid :

« Je venais de rentrer et je lisais, en fumant ma pipe avant de m'aller coucher. J'étais en train de lire un compte rendu de l'Académie sur les satellites de Mars, lorsqu'une des fenêtres s'ouvrit brusquement et se ferma tout de suite avec fracas. C'était la première secousse. Je crus qu'un chien était entré par la fenêtre. Je me penchai vers ma gauche pour voir au bas de mon bu-

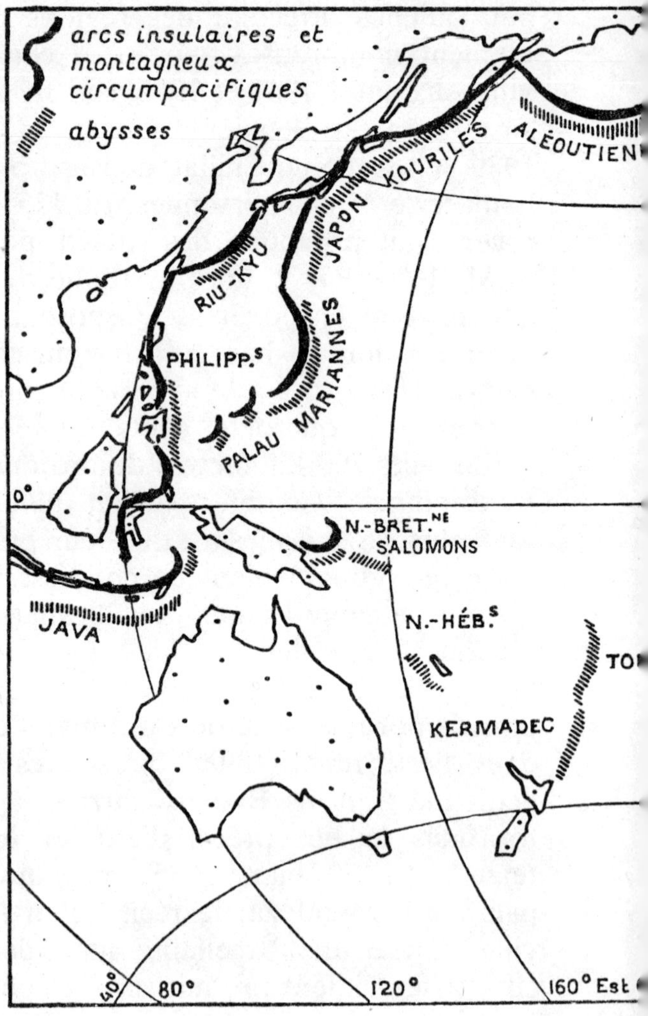
arcs insulaires et
montagneux
circumpacifiques
abysses
ALÉOUTIEN
KOURILES
JAPON
RIU-KYU
PHILIPP.S
MARIANNES
PALAU
0°
N.-BRET.NE
SALOMONS
JAVA
N.-HÉB.S
KERMADEC
40°
80°
120°
160° Est

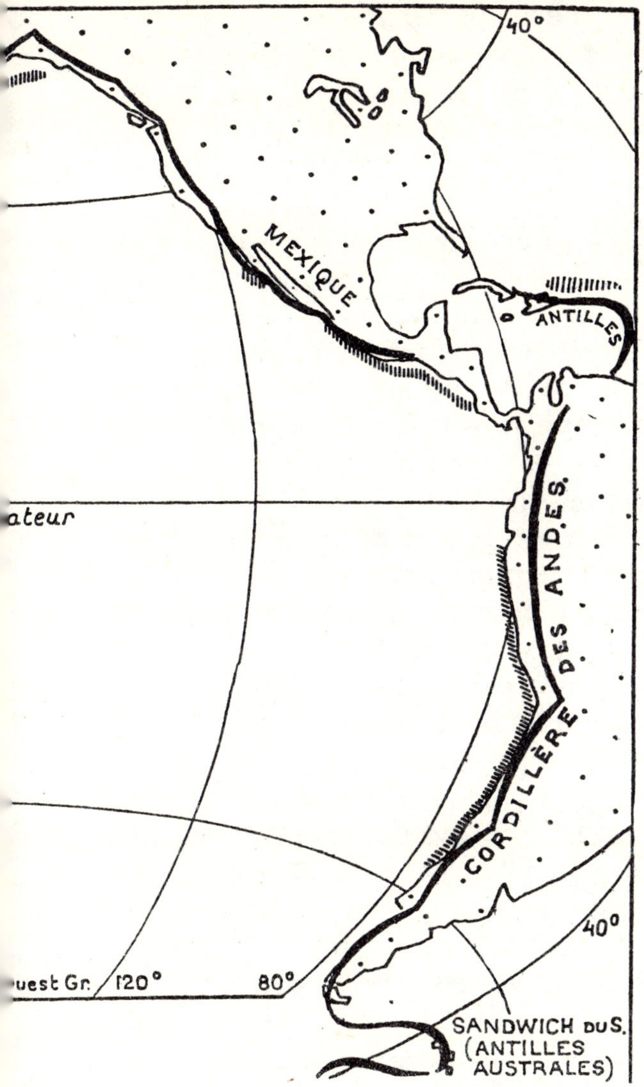
40°
MEXIQUE
ANTILLES
ateur
CORDILLÈRE DES ANDES
40°
uest Gr.
120°
80°
SANDWICH DU S.
(ANTILLES
AUSTRALES)

reau. La fenêtre s'ouvrit de nouveau et je fus forcé de me retenir au bureau, ma chaise venant avec moi; tout surpris je me redressai vivement et au même moment je fus jeté sur la droite. J'eus un serrement brusque et inconscient des mâchoires, car je coupai avec les dents le tuyau de ma pipe qui se brisa par terre; au même moment j'eus une douleur au creux de l'estomac, en tous points comparable au début du mal de mer. Je me retrouve assis. Je prends vivement ma montre, lâche l'aiguille à secondes, regarde l'heure, fixe l'angle du plafond situé en face de moi. Six secondes après j'entendis le bruit lointain d'une locomotive d'où s'échappe la vapeur quand on purge ses tuyaux; puis le hurlement des chiens; puis le vent dans les platanes du boulevard où est construite ma maison; enfin je vis l'angle de la muraille s'incliner lentement vers ma gauche pendant une seconde, puis revenir brusquement en place; seulement ce retour fut si brusque que je pris peur à la fin et me précipitai vers la porte pour fuir. Impossible d'ouvrir la porte. Les chiens hurlaient de plus en plus fort. J'enfonçai ma porte, je gagnai le vestibule, puis le boulevard, où je me trouvai avec toute la population; la plupart des habitants étaient en chemise. Le ciel était couvert, et il ne tarda pas à tomber une petite pluie fine. Les chiens hurlèrent toute la nuit, et la moitié des habitants passèrent la nuit dans les rues... Il y avait eu trois secousses; s'il y en avait eu une quatrième, je crois bien que c'en était fait de Mendoza. »

Le 15 janvier 1944, un violent séisme à foyer superficiel, fait rare à l'est de la Cordillère des Andes, détruisit une nouvelle fois la ville de San Juan. Il y eut 5 000 morts et 10 000 blessés. Tous les hôpitaux de cette ville de 80 000 habitants ayant été détruits, les conduites d'eau ayant été brisées, les câbles électriques ayant été rompus, il fallut ordonner l'évacuation totale des survivants. Plusieurs petites cités de la province de San Juan furent détruites par ce même choc.

Comme le Chili, comme toute la côte Pacifique de

l'Amérique latine, le Pérou possède une longue chronique de catastrophes. Pisco, Lima, Callao, Cumana, Arequipa, Trujillo et combien d'agglomérations de moindre importance ont été à diverses reprises détruites de fond en comble dans le bref espace de quatre cents ans qui nous sépare de leur fondation...

Lorsque le 8 août 1868 se produisit la catastrophe qui anéantit — pour la troisième fois en trois siècles — la ville d'Arica, cette cité aujourd'hui chilienne appartenait encore (pour quinze ans à peine) au Pérou. Un navire de la marine des États-Unis, le *Wateree,* se trouvait à l'ancre dans le port, en même temps qu'un cuirassé péruvien moderne et divers autres bateaux. L'un des officiers du *Wateree,* le lieutenant L.G. Billings, nous a laissé un récit dont voici l'essentiel : « Je me trouvais assis dans la cabine avec le commandant, vers 4 heures de l'après-midi, quand nous sursautâmes : le bateau vibrait comme lorsqu'on laisse tomber l'ancre et que la chaîne gronde dans les écubiers. Sachant qu'il ne pouvait s'agir de cela nous courûmes sur le pont. Notre attention fut aussitôt attirée par un grand nuage de poussière qui, sur terre, arrivait du sud-est, cependant que croissait l'intensité du terrible grondement. Devant nos yeux stupéfaits, les collines semblaient chavirer, et le sol s'agitait comme les courtes vagues hachées d'une mer démontée.

« Le nuage enveloppa Arica. Dans l'instant même s'élevaient, au travers de son voile impénétrable, les cris au secours, le fracas des maisons qui s'effondraient, et les mille clameurs mêlées d'une grande calamité. Notre bateau cependant était secoué comme par une poigne gigantesque. Puis le nuage passa outre.

« A mesure que la poussière se dissipait, nous nous frottions les yeux et regardions, sans arriver à leur faire confiance : là où quelques instants plus tôt se trouvait une cité heureuse et prospère, diligente d'activité et de vie, nous ne voyions que des ruines dans lesquelles se débattaient les moins gravement blessés des malheureux emprisonnés sous les débris de ce qui avait été leur maison; cris, hurlements de douleur et appels au secours déchiraient l'air, sous un soleil sans pitié qui brûlait dans le ciel serein.

« Anxieux de l'arrivée d'un *tsunami*, nous nous retournâmes vers le large; mais la mer était calme et sereine, et l'on pouvait croire que les quatre ou cinq minutes que nous venions de vivre, et le désolant spectacle auquel nous tournions momentanément le dos, appartenaient à un cauchemar. Par prudence, le commandant fit cependant mouiller des ancres supplémentaires, fermer les écoutilles, amarrer les canons, tendre des garde-fous.

« Sur terre, les rescapés traversaient entre-temps la plage et s'amassaient sur la petite jetée, appelant les équipages des navires au secours pour les aider à dégager leurs parents des ruines inextricables et à les transporter dans l'apparente sécurité des vaisseaux à l'ancre. Ceci était plus que nous ne pouvions supporter, et la yole, avec treize homme à bord, déborda aussitôt. Elle atteignit le rivage et son équipage débarqua, ne laissant qu'un matelot de garde dans l'embarcation. A bord, nous étions à organiser une équipe de quarante hommes à envoyer à terre armés de pelles, de haches et de pics, lorsque notre attention fut soudain distraite par un rauque murmure; tournant les yeux vers la terre, nous ne vîmes, à notre horreur, que le vide là où un moment auparavant se trouvait la jetée noire d'êtres humains : tout avait été avalé en un instant par la montée soudaine de la mer — que le navire, flottant à sa surface, n'avait pas perçue. En même temps nous voyions la yole et son matelot, emportés par le flot irrésistible vers la haute falaise verticale du Morro où ils disparurent dans l'écume de la lame se brisant sur le roc.

« A ce moment même, une nouvelle secousse sismique se produisit, accompagnée sur le rivage d'un terrible rugissement prolongé durant plusieurs minutes. De nouveau nous vîmes la terre onduler, aller de gauche à droite, et cette fois la mer se retira jusqu'à nous échouer et à découvrir le fond de l'Océan, exposant à nos regards ce que jamais l'on n'avait vu, des poissons se débattant sur le roc et des monstres marins échoués. Les bateaux à coque ronde roulèrent sur le côté, alors que notre *Wateree* se posa sur un fond plat, et lorsque la mer revint, non comme une vague mais plutôt comme une énorme marée, elle roula nos infortunés compagnons quille par-dessus mâts, cependant que le *Wateree,* indemne, s'élevait sur les eaux agitées.

« A partir de ce moment, la mer sembla défier les lois de la nature. Des courants se ruaient dans des directions opposées et nous entraînaient à une vitesse que nous n'aurions jamais atteinte, eussions-nous marché à vapeur forcée. A intervalles irréguliers la terre tremblait toujours, moins violemment néanmoins et moins longtemps à chaque fois.

« Le cuirassé péruvien *America,* considéré comme l'un des navires les plus rapides du monde à cette époque, était toujours à flot, ainsi que le navire américain *Fredonia.* L'*America,* qui avait fait donner ses machines à fond pour essayer de gagner le large avant le retrait de la mer, avait cependant été partiellement mise au sec et sa coque avait été défoncée. Le flot à présent l'emmenait à grande vitesse vers le rivage, et avec ses cheminées vomissant une épaisse fumée noire, elle semblait courir au secours du *Fredonia* qui, désemparé, était entraîné vers les falaises du Morro. Croyant cela, le commandant Dyer, du *Fredonia,* courut à l'arrière de son navire et héla le cuirassé qui n'était plus qu'à quelques yards de distance : « Ohé ! vous ne pouvez rien pour nous, notre « coque est crevée. Sauvez-vous ! Au revoir ! » Un moment plus tard, le *Fredonia* s'écrasa contre la falaise, et pas un homme ne fut sauvé; cependant qu'un contre-courant saisissait miraculeusement le navire péruvien et l'emportait dans une autre direction.

« Les derniers rayons du soleil éclairaient les Andes lorsque nous vîmes avec horreur que les tombes où les anciens avaient enseveli leurs morts, sur la pente de la montagne, s'étaient ouvertes et, en rangées concentriques comme dans un amphithéâtre, les momies d'aborigènes morts et oubliés depuis des siècles apparaissaient à la surface... Elles avaient été enterrées en position assise, face à la mer. Le sol imprégné de nitre les avait étonnamment conservées, et les violentes secousses qui avaient désagrégé cette sèche terre de désert découvraient à présent une effrayante cité de morts depuis longtemps ensevelis.

« Les mots ne peuvent rendre l'aspect effroyable de la scène. Nos imaginations agitées par ce que nous venions d'éprouver déjà, en arrivaient à croire que le jour du Jugement dernier était arrivé et que la terre allait disparaître; l'amertume d'une mort si terrifiante dépassait ce que nous pouvions concevoir.

« Il faisait nuit depuis quelque temps lorsque la vigie héla le pont et annonça l'approche d'une vague déferlante. Scrutant l'obscurité nous aperçûmes d'abord une mince ligne phosphorescente qui, tel un mirage étrange, semblait monter de plus en plus haut vers le ciel; sa crête, couronnée par la lumière lugubre de cet éclat phosphorescent, révélait par-dessous de sinistres masses d'eau noire. Annoncée par le fracas de tonnerre de brisants rugissant à l'unisson par milliers, le raz de marée que nous redoutions depuis des heures était finalement sur nous.

« De toutes les horreurs, celle-ci semblait la pire. Enchaînés au fond, incapables de nous échapper, ayant pris toutes les précautions humainement possibles, nous ne pouvions rien que regarder la lame monstrueuse arriver, sans même le soutien moral de l'action ni l'espoir que le navire puisse passer au travers des masses d'eau accourant pour nous écraser. Nous ne pouvions que nous agripper aux mains-courantes et attendre la catastrophe.

« Dans un fracas effrayant, notre bateau fut englouti, enseveli sous une masse mi-liquide, mi-solide de sable et d'eau. Nous demeurâmes submergés durant une éternité de manque d'air; puis, gémissant de toutes ses membrures, notre solide vieux *Wateree* se fraya un chemin jusqu'à la surface, avec son équipage haletant toujours accroché aux rambardes. Quelques hommes étaient sérieusement blessés; aucun n'avait été tué, personne ne manquait. Un miracle auquel même le recul du temps ne me permet pas de vraiment croire encore...

« Certainement notre survie était due au profil et aux aménagements du bateau, qui permirent à l'eau de s'écouler du pont à peu près aussi vite que s'il s'était agi d'un radeau.

« Le navire avait été emporté avec une très grande vitesse, mais très rapidement il s'immobilisa. Après une courte attente, nous finîmes par descendre une lanterne par-dessus bord et découvrîmes que nous étions échoués. Où, nous ne le savions. Quelques lames moins violentes vinrent nous frapper encore, puis elles cessèrent. Pendant un certain temps nous restâmes à nos postes, mais comme le bateau demeurait immobile et que rien ne se produisait plus, l'ordre fut donné à l'équipage épuisé de descendre dormir dans les hamacs.

« Le soleil se leva sur une scène de désolation rarement contemplée. Nous nous trouvions au sec, à trois milles de notre ancrage, à *deux milles à l'intérieur des terres*. La lame nous avait portés à une vitesse incroyable par-dessus les dunes de sable qui bordent l'Océan, au travers d'une vallée, et par-delà la ligne du chemin de fer qui va en Bolivie, pour nous abandonner au pied de la chaîne côtière de la cordillère des Andes : sur la falaise quasi verticale nous découvrîmes la trace laissée par l'onde du raz de marée; elle se trouvait à 47 pieds d'altitude... Si la vague nous avait transportés soixante mètres plus loin, elle nous aurait écrasés contre le mur perpendiculaire de la montagne.

« Près de nous gisait l'épave d'un grand trois-mâts anglais, la *Channacelia;* une de ses chaînes d'ancre était enroulée autour d'elle autant de fois que sa longueur l'avait permis, montrant ainsi comment le navire avait été roulé et roulé, cul par-dessus tête... Un peu plus loin vers la mer, le cuirassé *America* était couché sur le flanc, crevé.

« Les tremblements de terre continuèrent durant les journées suivantes, mais aucun n'atteignit plus la violence ni la durée du premier; certains cependant étaient suffisamment sévères pour secouer le *Wateree* jusqu'à le faire vibrer comme une vieille bouilloire, et nous dûmes abandonner le navire pour aller camper sur le plateau, deux cents pieds plus haut. De là nous pûmes contempler les effets désastreux que les secousses avaient eus sur la topographie. En certains endroits, nous trouvâmes des fissures immenses, dont certaines avaient plus de cents pieds de large et des profondeurs inconnues; d'autres n'étaient que de simples craquelures. Dans l'une ou dans l'autre nous découvrions la preuve de l'affolement des gens pendant leur fuite : je me souviens, par exemple, du cadavre d'une dame à cheval sur le cadavre de sa monture, toutes deux avalées par une crevasse alors qu'elles fuyaient pour leur vie...

« La ville elle-même avait disparu : à sa place s'étendait une plaine de sable unie. Excepté dans les faubourgs accrochés à la montagne, nulle maison ne marquait l'endroit où avait été Arica. Toutes les constructions, faites en briques creuses appelées *adobes,* avaient été détruites par les secousses, puis les débris avaient été emportés par la mer. Dans les faubourgs situés au-dessus du niveau atteint par la mer, nous marchions dans un hideux amoncellement où tout se mêlait, y compris les cadavres, sur vingt ou trente pieds de hauteur.

« Sur les dix ou quinze mille habitants que comptait Arica, quelques centaines de malheureux à peine avaient survécu. Et pendant les trois longues semaines où nous attendîmes l'arrivée des premiers secours, nous avons partagé avec eux les provisions et l'eau potable du *Wateree.* Je renonce à décrire notre émotion lorsque, enfin, la vieille frégate *Powhatan,* de la marine des

États-Unis, apparut dans la rade, les cales et le pont surchagés de tous les approvisionnements, de tous les vivres possibles. »

Aujourd'hui, moins d'un siècle plus tard, dans les rues de soleil et d'ombre de l'industrieuse Arica reconstruite, on n'imagine pas cet anéantissement; malgré les innombrables secousses mineures qui très souvent les alarment, les habitants semblent inconscients du danger mortel tapi sous leurs pieds; bâtie elle aussi en dépit du bon sens, cette cité est promise à de trop certaines catastrophes.

Le choc le plus violent que le Pérou ait connu en ces dernières années a atteint, le 24 mai 1940, la magnitude 8. L'épicentre, heureusement, se trouvait au large; malgré cela il y eut des dégâts importants à Callao et à Lima, plusieurs centaines de tués et des milliers de blessés. En 1945 et en 1946, trois séismes meurtriers ont de nouveau secoué le pays; les deux premiers détruisirent Moyobamba et Pisco, et le troisième, le 19 novembre 1946, fut la catastrophe sismique la plus importante de cette année-là dans le monde. S'il n'y eut que quinze cents à deux mille morts, c'est que l'épicentre se trouvait dans une région montagneuse où ne vit, assez éparse, qu'une population campagnarde. S'il s'était trouvé des villes dans ce district du département d'Ancash, elles eussent été rasées comme le furent les villages de Quiches, de Sihuar, de Concuchos, de Pampas...

D'autre part les suites du séisme furent désastreuses à cause de l'altitude de la zone dévastée, deux ou trois mille mètres, car les pluies et le froid provoquèrent des épidémies de broncho-pneumonie et la mortalité infantile fut effroyable.

Le choc du 10 novembre avait une magnitude de 7,3. Durant des semaines, de violentes répliques entretinrent l'angoisse parmi les rescapés, et le 10 décembre, l'une d'entre elles, atteignant une intensité presque aussi forte que celle de la secousse principale, détruisit ce qui ne l'avait pas été encore.

Le district dévasté de Quiches se trouve dans les contreforts septentrionaux de la splendide chaîne de la Cordillera Blanca, à moins de cent lieues au nord de Lima. Le tremblement de terre fut provoqué par le jeu d'une faille que l'on put suivre sur des kilomètres, courant de façon rectiligne, indifférente au relief montagneux qu'elle recoupait imperturbablement. Son rejet vertical était, selon les endroits, de 2,50 mètres à 3 mètres. Le choc, qui fut ressenti sur une superficie de 620 000 kilomètres carrés (pour 551 000 à la France...), provoqua d'importants éboulements dans la Cordillère, et toute la partie basse de la bourgade de Quiches fut écrasée sous cinq millions de mètres cubes de roches.

Cette région avait été ravagée en 1619, lorsque la ville de Trujillo, sur la côte, fut anéantie au cours d'une effroyable crise sismique longue de quinze jours; puis en 1725, lors d'une catastrophe qui détruisit toutes les villes du Nord au Pérou. Dans le courant du XIXe siècle, cinq tremblements de terre destructeurs se produisirent encore, en 1814, 1857, 1858, 1868 et 1877. Et dans le moment actuel, les chiffres montrent que l'instabilité demeure, toujours aussi inquiétante : de 1947 à 1957, le Pérou a subi 36 séismes violents dont une dizaine furent meurtriers.

Le 10 janvier 1962, une colossale avalanche de glace et de roc s'abattit du haut du Cerro Huascaran, dans cette malheureuse province d'Ancash, et engloutit en quelques instants une demi-douzaine de bourgades avec leurs quatre mille habitants. Les causes n'en seront connues qu'au terme d'une sérieuse enquête géologique, mais elle pourrait être une séquelle du séisme majeur de novembre 1946.

L'Équateur, la Colombie et à un degré moindre le Venezuela ont, de même que le Chili et le Pérou, une longue histoire de cataclysmes. Rio-Bamba, Quito, Caracas ont connu le sort de Lima ou de Valparaiso. C'est le long du rivage Pacifique et sous la Cordillère que se logent les foyers superficiels qu'à magnitude égale, leur proximité rend les plus dangereux. Les séismes profonds ne le deviennent qu'aux hautes magnitudes, c'est pourquoi dans l'arrière-pays — Basse-Colombie, Brésil, pampas argentines — sous lequel, à mille kilomètres de la côte, se localisent les épicentres des secousses profondes, les catastrophes sismiques sont rares. Il est intéressant de noter l'existence, dans le Nord-Ouest du Brésil, vers les sources du Juruà, d'une zone profonde fort active, entre 550 kilomètres et 660 kilomètres sous la surface terrestre et dont le jeu répété, à des magnitudes de l'ordre de 6 et de 7, n'est pas sans rappeler l'extraordinaire nid de séismes intermédiaires de l'Hindu-Kush et d'un autre foyer, beaucoup moins violent certes, mais très persistant aussi, qui se manifeste en Roumanie dans l'arc des Carpates.

Chaque année ou presque, des gens sont tués par les tremblements de terre en Équateur, en Colombie, un peu moins souvent en Bolivie et au Venezuela. Le 5 août 1949, un choc très superficiel (le foyer se trouvait à 7 ou 8 kilomètres seulement de la surface) fit des milliers de victimes, dont les mille six cents habitants de deux bourgades anéanties dans le glissement des pentes sur lesquelles elles étaient construites. Seul un bébé fut retrouvé vivant, dans les paumes de sa mère, dont les bras émergeaient de la terre qui s'était refermée sur elle. Le plus violent séisme de cette région se produisit en 1906; il avait atteint la magnitude maximale connue, 8,6; 1906 c'était cette même année exceptionnelle, au cours de laquelle six chocs de magnitude supérieure à 8 ébranlèrent le monde, et où furent détruites plusieurs grandes villes, dont Valparaiso, Santiago du Chili et San Francisco en Californie.

L'archipel des Antilles a subi de graves catastrophes sismiques et la fréquence des secousses moyennes est considérable tout au long de cet arc, de Grenada à la Jamaïque. Granda, Saint-Vincent, Sainte-Lucie, la

Martinique, la Dominique, la Guadeloupe, Montserrat, Antigua, Saint-Christophe, Saint-Thomas, Puerto-Rico, Hispaniola, la Jamaïque, Cuba, autant d'îles, autant de désastres... Aux Grandes Antilles et aux îles Vierges, la sismicité semble être en relation étroite avec les énormes dénivellations qui les limitent, tels les 9 300 mètres d'un seul jet depuis la Sierra Maestra cubaine jusqu'au fond de la fosse du Caïman, les 10 000 mètres entre les côtes septentrionales de Saint-Domingue et le fond du Milwaukee Deep, les 9 000 entre Puerto-Rico et l'abysse qui la borde.

De 1947 à 1959 on a noté une quarantaine de chocs de magnitude supérieure à 6 (dont deux 7 et deux 7,3); quatre d'entre eux furent meurtriers.

Par les îles du Caïman, l'étroite zone de forte sismicité des Antilles rejoint la Ceinture du Pacifique qui prend en écharpe l'Amérique Centrale. Quoique nettement moins violents que dans les Andes, les tremblements de terre, tout au long de la côte occidentale de l'Amérique du Nord, sont néanmoins nombreux et trop souvent encore destructeurs.

De Panama à la frontière des États-Unis, soit approximativement entre les 10° et 30° parallèles, on a dénombré cent vingt chocs importants, de 1947 à 1959, dont 18 eurent une magnitude supérieure à 6,9. Les plus dévastateurs furent celui du 6 mai 1951 au Salvador, de magnitude 6 1/2, qui fut, avec quatre cents victimes, le plus meurtrier du monde cette année-là, et celui du 28 juillet 1957 au Mexique, de magnitude 7 1/4. Le foyer de ce dernier choc se trouvait sur le talus de la fosse sous-marine d'Acapulco; à *360 kilomètres* de là, Mexico, la capitale fédérale, fut gravement endommagée et une cinquantaine de personnes furent tuées. On a pu calculer, à l'occasion de ce séisme, que l'accélération imprimée au sol par les secousses a été cinq fois plus forte dans les épaisses alluvions du lac Texcoco sur lesquelles est bâtie la cité que dans les roches dures des collines voisines, preuve supplémentaire de l'importance qu'il faut accorder, en régions instables, au choix géologique du site où bâtir.

Californie.

Par une coïncidence curieuse, les deux régions sismiquement les mieux connues au monde se trouvent placées de façon symétrique de part et d'autre du Pacifique, entre les mêmes parallèles, 32° et 45° nord : le Japon et la côte occidentale des États-Unis. Cette dernière, l'une des seules de la Ceinture de Feu à n'être pas longée par une fosse sous-marine profonde, n'est cependant pas soumise à un régime de secousses comparable à celui du Japon; mais, malgré une sismicité moins intense que dans la plupart des autres tronçons de la guirlande circumpacifique, le standard de vie élevé de cette région prospère rend extrêmement coûteux les effets des tremblements de terre : ils anéantissent là, bon an mal an, des millions de dollars d'investissement. Et dans l'intervalle d'une dizaine d'années, plusieurs chocs meurtriers s'y produisent. De même qu'au Japon, de très grandes cités se trouvent menacées : San Francisco, Los Angeles, Seattle, et comme au Japon encore, d'excellentes universités ont donné aux chercheurs scientifiques les moyens d'étudier sous tous leurs aspects les problèmes que pose la redoutable instabilité régionale d'abord, et ceux de la sismologie en général ensuite.

Ce ne fut qu'après la Ruée vers l'or de 1848 que l'on commença à se préoccuper des tremblements de terre qui, à raison d'une dizaine de chocs inquiétants chaque année, secouaient la Californie, le Nevada, l'Oregon et l'État de Washington, à peine peuplés jusqu'alors. Plusieurs chocs graves se sont produits depuis, mais aucun n'a plus vivement frappé l'imagination que celui qui détruisit San Francisco en 1906. Pourtant cette catastrophe ne peut guère être comparée à celles qui s'abattent si souvent sur le Japon et la Chine, l'Iran et la Turquie, l'Italie et la Grèce, le Pérou et le Chili : ce séisme, l'un des plus célèbres qui soient, a fait seulement 390 victimes. Mais ces victimes étaient citoyens des États-Unis, ce qui, du point de vue des organes de presse, et par conséquent de la renommée, a une importance certaine; les dégâts d'autre part ont dépassé quatre cents millions de dollars, et cela frappe certaines imaginations plus que le nombre de morts; enfin, il permit de faire des études sismologiques fort fécondes et de formuler une théorie intéressante sur le mécanisme des tremblements de terre. Mais ce n'est évidemment pas ce dernier point qui a valu sa réputation au séisme de San Francisco !

Ce tremblement de terre dont la magnitude atteignit 8,2 avait été provoqué par le jeu, essentiellement horizontal, d'une immense fracture, la faille de San Andreas. Cet accident de la croûte terrestre daterait, selon certains géologues, du début des temps miocènes, au milieu de l'ère tertiaire, c'est-à-dire d'il y a vingt ou vingt-cinq millions d'années; des dizaines, voire des centaines de milliers de grands séismes ont donc secoué la Californie au cours des âges géologiques récents, mais durant la très brève période historique des États-Unis, la San Andreas Fault, comme on la nomme là-bas, a joué avec violence une demi-douzaine de fois déjà, dont deux chocs extrêmement forts : 1857 et 1906. Lors du premier, dit tremblement de terre de Tejon, le coulissage avait dépassé plusieurs douzaines de pieds sans doute, puisqu'un enclos à moutons au travers duquel passait la cassure, de circulaire s'était retrouvé en forme de S... La fracture était apparente sur 360 kilomètres de longueur. Des arbres énormes, ayant jusqu'à six pieds de diamètre, avaient été déracinés et brisés. Mais une seule personne fut tuée, tellement la population en cette époque-là était encore éparse.

En 1906, une grande ville, San Francisco, avait poussé là entre-temps, malheureusement construite juste sur le passage de la faille, et de plus, le quartier des affaires en était bâti sur alluvions meubles et remblais artificiels. Le résultat en fut sa destruction instantanée. Puis éclata un incendie énorme qui se propagea à travers le reste de la cité. Comme les canalisations d'eau avaient été rompues par la violence extrême du choc il fut très difficile de combattre le feu, qui se poursuivit durant trois jours entiers.

De même qu'après d'autres séismes énormes, on a dit que dans la campagne des fissures s'étaient ouvertes et refermées et avaient englouti les animaux (on a souvent raconté, à d'autres occasions, que la terre avait de la sorte avalé des êtres humains). Howell rapporte que près de San Francisco une vache fut ainsi capturée par une crevasse qui, se refermant, ne laissa dépasser que la queue de l'animal. Lorsque, quelques jours plus tard, un membre de la commission officielle d'enquête alla se rendre compte de ce remarquable phénomène, des chiens — du moins c'est ce qui fut suggéré — avaient malheureusement mangé cette queue, et le corps de la vache ne put être retrouvé...

La magnitude du séisme avait atteint 8,2; on peut se faire une idée de son importance par sa rareté même : sur un demi-siècle, de 1904 à 1953, il y eut trente années où, dans le monde entier, cette magnitude ne fut pas atteinte. On l'a vu déjà, 1906 fut d'ailleurs un millésime tout à fait exceptionnel par l'énorme quantité d'énergie libérée par les tremblements de terre; ce « record » n'a jamais été approché depuis, même de moitié, même en 1920 où se sont produits, outre le grand séisme 8,6 du Kansou, deux chocs de magnitude 8. La période 1905-1907 fut la plus agitée des temps modernes, marquée par onze secousses de magnitude 8 ou plus, et en l'an 1906 seul, le monde a subi successivement : Honshu, Japon, M = 8 (foyer intermédiaire heureusement, vers 350 kilomètres de profondeur); frontière Colombie-Équateur, M = 8,6; San Francisco, M = 8,2; Aléoutiennes, M = 8,0: Valparaiso, Chili, M = 8,4; Nouvelle-

Guinée, M = 8,1; Si-Kiang, Chine, M = 8. D'après Gutenberg et Richter, l'énergie libérée par les tremblements de terre fut en 1906 plus de cinq fois supérieure à la moyenne du XXᵉ siècle, calculée sur les années de 1904 à 1952. Vient ensuite 1950, avec une énergie trois fois supérieure à cette moyenne, puis 1920, qui la valait deux fois. 1925 et 1930 par contre furent extrêmement calmes, les énergies libérées valant environ le huitième et le cinquième de la moyenne annuelle.

On peut imaginer l'énormité de l'énergie libérée par le séisme de San Francisco si l'on songe à la masse des roches déplacées par la faille, qui a joué sur près de 450 kilomètres de longueur, et dont le coulissage moyen fut de l'ordre de quatre mètres (le déplacement maximal en atteignit sept). H.F. Reid, l'un des membres de la brillante équipe de géologues et de géophysiciens qui étudia ce séisme en détail, a fait d'après ces données l'estimation suivante : si la cassure a joué sur une vingtaine de kilomètres de profondeur et si l'on considère qu'il faut une force de cisaillement d'un kilo par millimètre carré pour briser le granit, le travail développé valait $1{,}75 \times 10^{24}$ ergs. Et Gutenberg d'autre part, appliquant sa formule empirique basée sur la magnitude, c'est-à-dire sur l'amplitude des ondes enregistrées, arrive à une énergie du même ordre, $3{,}3 \times 10^{24}$ ergs.

D'après cette formule, l'énergie maximale correspondant à la magnitude 8,6 serait de 2×10^{25} ergs. Comme point de comparaison, on peut prendre l'énergie d'une bombe atomique équivalant à une charge de vingt mille tonnes de TNT, et qui est de 10^{21} ergs, soit vingt mille fois plus faible que celle d'un tremblement de terre de magnitude 8,6. La magnitude de l'explosion d'une telle bombe atomique est environ de 5.

Durant la seconde moitié du XIXᵉ siècle, on avait procédé en Californie à deux levés géodésiques de précision. On en fit un nouveau aussitôt après le séisme, et cela permit de se rendre compte que jusqu'à 53 kilomètres à l'est de la faille, le compartiment situé du côté continental s'était déplacé vers le sud, cependant que le compartiment occidental, maritime, avait tout entier ripé vers le nord. Le volume mis en mouvement aurait donc été de l'ordre du million de kilomètres cubes, cinq cent mille kilomètres cubes bondissant de plusieurs mètres de chaque bord de la fracture... !

Entre le segment qui, en 1857, avait joué sur quatre cents kilomètres de longueur et celui qui fit mouvement en 1906, une portion de faille d'une centaine de milles est demeurée immobile. Mais les traces de l'accident géologique sont si parfaitement visibles sur le terrain qu'elles constituent un avertissement évident : ce repos n'est que provisoire.

Toute la topographie de la Californie est d'ailleurs conditionnée par le système de San Andreas. Car il s'agit bien d'un système et non d'une simple cassure. De même que pour les autres grandes failles du globe, on a affaire en Californie à une série de fractures parallèles, qui tantôt hachent l'écorce terrestre sur une largeur d'une demi-lieue à peine, tantôt bifurquent, se ramifient, s'anastomosent, jusqu'à affecter une bande de cent ou de deux cents kilomètres. Sur le terrain la faille de San Andreas et ses sœurs peuvent être aisément suivies sur plus de mille kilomètres de long. Courant sud-est nord-ouest elle va se perdre dans l'Océan : à hauteur de la pointe Arena, au nord, après avoir depuis San Francisco longé la côte, dans le golfe de la Basse-Californie au sud. Long et étroit entre ses rives parallèles, ce bras de mer semble bien être le résultat de l'affaissement d'un bloc terrestre de cent mille kilomètres carrés de superficie entre deux branches de la famille San Andreas. D'ailleurs celle-ci se manifeste par toute une série d'épicentres sous-marins, tant dans ce golfe de la Californie mexicaine qu'au-delà de l'endroit où elle disparaît vers le nord et où les chocs qu'elle engendre se poursuivent jusqu'au 44e parallèle. Avec ces prolongements sous le Pacifique, cet accident affecte donc une longueur de près de trois mille kilomètres et une largeur qui varie entre trois et cent ou cent cinquante kilomètres. C'est là l'ordre de grandeur de l'effondrement de la mer Rouge et des grands *rifts* de l'Afrique orientale, autres traits majeurs de la face de la Terre.

Depuis la catastrophe de San Francisco, la faille de San Andreas a joué avec violence à diverses reprises (quant aux secousses mineures, elles abondent) tantôt dans les parties désertiques du pays, tantôt dans la région des grandes villes populeuses où les paniques ne sont pas rares, non plus que les dégâts. Sans mentionner les nombreux chocs d'intensité VI, VII, ou VIII, il faut signaler le violent tremblement de terre d'Imperial Valley le 19 mai 1940, où l'intensité X fut atteinte et où, quoique cette vallée de la zone basse qui prolonge le golfe soit très peu peuplée, une dizaine de personnes furent tuées. Un coulissage semblable à ceux de 1857 et de 1906 se produisit jusqu'à la surface du globe, comme si le Pacifique tournait par saccades dans le sens inverse des aiguilles d'une montre et le continent dans le sens direct… Le déplacement relatif des deux blocs fut du même ordre qu'en 1906. On put le mesurer avec précision à l'endroit où la fracture traversait le chantier d'un canal en construction : en rangée rectiligne avant le séisme, un alignement de jalons dessinaient un zigzag après. Le déplacement y avait atteint quatre mètres cinquante.

En moins d'un siècle donc, trois grands séismes ont déterminé sur presque toute la longueur visible de la faille de San Andreas des coulissages de plusieurs mètres, toujours dans le même sens. Si l'on veut bien admettre que cette faille fonctionne depuis une vingtaine de millions d'années et que son mouvement n'a pas changé de direction, on pourra en conclure que les terrains qui furent fracturés lors de la naissance de cette étonnante cassure se trouvent aujourd'hui *à huit cents kilomètres* l'un de l'autre…

Chaque année, la faille de San Andreas joue plusieurs fois, tantôt ici, tantôt là. En 1947 et en 1948, les chocs atteignirent les magnitudes respectables de 6,8 et 6,7; les épicentres étaient localisés dans le Mohave Desert, à cent kilomètres à peine au nord de Los Angeles. Le 21 juillet 1952, quasi un siècle après le grand séisme de Tejon, le même foyer déclencha le tremblement de terre le plus violent qui se fût produit en Californie depuis la catastrophe de San Francisco. Cet épicentre se trouvait dans des montagnes que les Espagnols qui occupèrent jadis ce pays avaient baptisées Sierra Temblor, aujourd'hui Temblor Range : chaîne des Tremblements, ce qui en dit long. Avec une magnitude élevée, 7,7, le séisme de 1952 ne fit qu'une douzaine de morts et cinquante millions de dollars de dégâts; l'une des répliques, qui se comptèrent par centaines et dont trois furent de magnitude 6, tua encore deux personnes et coûta quelques millions de dollars supplémentaires.

C'est en étudiant les effets sur le sol du grand séisme de 1906 et en comparant entre eux les trois levés géodésiques de 1866, 1892 et 1907 que Reid arriva à sa théorie du rebond élastique pour expliquer le mécanisme des tremblements de terre de cette espèce. Selon cette hypothèse, la partie côtière de la Californie avait lentement dérivé vers le nord, et la partie continentale vers le sud : cela avait provoqué une lente accumulation de tensions horizontales. Celles-ci devinrent finalement assez élevées pour vaincre la résistance des roches et faire rejouer la faille. Les levés topographiques indiquaient que les tensions les plus fortes se trouvaient à proximité de la cassure; elles diminuaient rapidement dès que l'on s'en écartait, pour s'atténuer à une dizaine de milles de part et d'autre. Une ligne droite tracée perpendiculairement à la faille avant que les tensions horizontales n'eussent agi s'était progressivement muée en courbe en S jusqu'au moment du séisme, après lequel elle se trouva brusquement réduite à deux segments rectilignes séparés par la longueur du coulissage.

Cette théorie n'a pas été admise par tous les sismologues et certains d'entre eux considèrent le jeu des failles comme étant l'effet des secousses et non comme leur

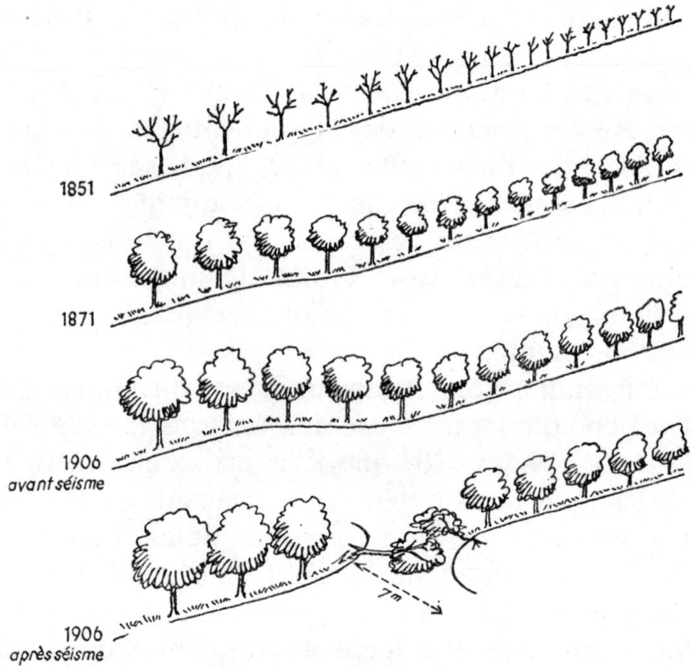

Rebondissement élastique.

cause. Beaucoup de savants japonais ont proposé comme cause des séismes un mouvement impulsif du magma en profondeur. Mais, comme le remarque Byerly, professeur de sismologie à l'université de Berkeley en Californie, la raison pour laquelle de tels mouvements se produiraient en profondeur n'est pas claire du tout...

Des théories assez contradictoires s'affrontent d'ailleurs pour essayer d'expliquer non seulement l'origine des séismes mais aussi celle de tous les grands traits de la surface terrestre, chaînes de montagnes, fosses sous-marines, volcanisme, répartition des continents et des océans. Que des tensions énormes s'accumulent au sein des roches est certain, et le jeu même de faille colossales, comme celle de San Andreas, en est une démonstration. Que ces tensions naissent de la dérive d'un bloc par rapport à un autre, cela semble dans ce cas-ci assez évident. Mais quel est le « moteur » qui permet cette dérive, quelle est la genèse des tensions qui déclenchent les séismes de type californien ? C'est ici le domaine des hypothèses.

Après avoir étudié un grand nombre de failles de tremblements de terre, Scheidegger s'est aperçu que dans les trois quarts d'entre elles le mouvement produit se rapprochait bien davantage du décrochement horizontal que du rejet vertical. Or les failles qui ont marqué la structure de l'écorce terrestre au cours des temps géologiques, et que l'on retrouve partout dans le monde, avaient une nette prédominance au rejet vertical. Et Byerly en vient à se demander si les mouvements horizontaux n'étaient pas jadis beaucoup plus rares qu'à présent... Si cette hypothèse se vérifiait, il faudrait que les théories orogéniques puissent, outre tout ce qu'elles s'efforcent d'englober déjà, expliquer un changement aussi étonnant dans le dynamisme du globe.

Quoi qu'il en soit de leurs causes hypothétiques, les failles existent, on en perçoit le mouvement de façon hélas ! trop souvent catastrophique, et parfois même, on les voit en action, que le mouvement soit horizontal comme celle de San Andreas, ou vertical comme celle de Quiches au Pérou. Il est probable, quelle que soit la direction dans laquelle le rejet se produit, que dans tout séisme important il démarre en un endroit très localisé, point de moindre résistance régionale, et qu'ensuite le mouvement se propage le long du plan de faille comme le fait la fêlure d'une vitre, à des vitesses qui ne dépassent pas celles des ondes élastiques. Il arrive qu'une cassure préliminaire se produise quelques secondes ou quelques minutes avant que la grande — sans doute amorcée par celle-là — ne se déclenche; c'est cela qui constitue le ou les chocs prémonitoires. D'autre part, lorsque la quantité d'énergie stockée est très importante, elle ne peut guère être libérée dans le bref laps de temps de la secousse principale; de plus le mouvement rapide d'un bloc ou de deux blocs de l'écorce terrestre, s'il soulage l'excès des tensions accumulées en un endroit, est de nature à en produire d'autres dans les terrains adjacents, et de provoquer ainsi des secousses ultérieures, évidemment moins violentes; ce sont là les répliques.

L'on considérait jusqu'à présent, dans les problèmes de forages et d'exploitation minière que la pression, en profondeur, correspondait au poids des terrains surincombants. Une technique nouvelle pour mesurer, au fond d'un trou de sondage, les pressions réellement exercées sur la roche a été inventée en Suède et mise en pratique depuis 1951. Au terme de dix années d'expériences, on s'est rendu compte que, même dans une région aussi peu sismique, aussi exceptionnellement stable que la Suède, des tensions horizontales non seulement existaient mais qu'elles valaient de une fois et demie à trois fois et demie la pression hydrostatique.

Cette méthode, appliquée dans les zones dangereusement sismiques du globe, devrait permettre, avec un peu d'expérience, de prévoir l'imminence d'un choc important.

Alaska.

Par-delà la Californie, le Nevada et l'Oregon, la Ceinture de Feu du Pacifique se prolonge par l'Alaska, ultime chaînon avant de retrouver l'arc des Aléoutiennes.

L'Alaska est une zone exceptionnellement instable, mais comme ce pays est en grande partie inhabité, les séismes qui l'éprouvent n'ont, en général, d'importance, que pour les sismologues et les tectoniciens :

l'insuffisance de cadavres les rend peu intéressants aux yeux de la grande presse.

De 1899 à 1965, l'Alaska a été secouée par sept séismes de magnitude 8 au moins, et par plus de soixante de magnitude 7 à 7,9...

Il aura fallu la catastrophe du 27 mars 1964, qui détruisit partiellement Anchorage et une demi-douzaine de petites villes sur le golfe de l'Alaska, pour non seulement attirer sur ce pays la curiosité générale mais même pour enfin déterminer le gouvernement du pays le plus riche du monde à entreprendre des études très poussées et sur une échelle suffisante pour essayer de prévoir les tremblements de terre cataclysmaux : un programme vaste et coûteux est en cours d'élaboration, dont la première partie consistera à équiper le territoire nord-américain d'un réseau serré de sismographes perfectionnés, dont les données seront étudiées par des équipes nombreuses de spécialistes outillés de calculatrices électroniques.

Ce séisme d'Anchorage — ou, plus exactement du Prince Williams Sound, 125 kilomètres à l'est de cette ville — fut l'un des plus importants qui aient jamais secoué l'Amérique du Nord. Sa magnitude atteignit 8,5 pour une profondeur d'une vingtaine de kilomètres seulement, et en dix jours, plus de 90 répliques de magnitude comprise entre 4,5 et 6 3/4 lui succédèrent. (Le plus violent de ces contre-coups — lui-même 30 à 40 fois plus puissant que le séisme d'Agadir — ne représentait cependant que 1/300 de l'énergie libérée par la secousse principale.)

La distribution des foyers de cette crise, longue de près de deux semaines, montre une propagation du mouvement du N.-E. vers le S.-O. sur près de 800 kilomètres, des environs de Valdez, à l'est de l'épicentre du choc principal, jusqu'au-delà de la grande île de Kodiak. Le mouvement de la faille semble avoir été vertical, le côté S.-E. s'étant soulevé, le côté N.-O. s'étant effondré. Des mesures, faites dans le Prince Williams Sound par deux navires océanographiques, montrent des dénivellations de l'ordre de 1 à 2 mètres. Il est compréhensible que ce mouvement brutal ait engendré les tsunamis, dont les lames allèrent ravager les ports de Valdez, Whittier, Cordava, Seward, Kodiak...

Si ce séisme est le plus meurtrier et le plus destructeur qu'ait connu cette partie du monde, il n'est, malgré sa magnitude de 8,5, pas exceptionnel pour l'Alaska, puisque, en moins de trois quarts de siècle, ce pays a été secoué à trois reprises par des séismes de cette envergure : nous avons vu que celui de Yakutat Bay, en 1899, avait atteint la magnitude de 8,6 (un soulèvement brusque de *14 m* !), et celui de Lituya Bay, en 1958, avec une magnitude de 8, déclencha la lame d'eau la plus colossale connue; et s'il ne provoqua la mort que de onze personnes, il le fit d'une façon qui illustre de manière saisissante l'énergie qu'il avait libérée.

Trois d'entre elles, en effet (le père, la mère et leur fillette), qui s'en étaient allées cueillir des myrtilles sur une île basse dans la baie de Yakutat, à plus de 100 kilomètres de là, périrent noyées lorsque les vibrations du séisme désagrégèrent cette île argileuse jusqu'à la faire disparaître... Quatre autres (le père, la mère, les deux enfants), qui étaient allées passer le week-end au bord de la mer, du côté de Portland en Oregon, et s'étaient endormies paisiblement sur la plage, furent englouties par une lame du modeste tsunami né à près de 2 000 kilomètres plus au nord. Quant aux quatres autres... elles étaient six, dont deux ont survécu pour raconter leur incroyable aventure.

Tout, d'ailleurs, paraît incroyable dans cette histoire ! Et tout d'abord, cette vague, haute de six cents mètres. Lorsque j'en lus la nouvelle, dans la presse quotidienne d'abord, dans une revue scientifique plus tard, je n'en crus rien : des tsunamis de trente ou quarante mètres de haut, oui; de plus d'un demi-kilomètre, non, c'est impossible ! Aussi sautai-je sur la première occasion qui me fut donnée, quelques années plus tard, d'aller dans cette partie du monde. A Juneau, la minuscule capitale de l'Alaska, je louai un petit avion et, côte à côte avec le pilote, nous mîmes le cap sur Lituya Bay.

Le géologue qui survole l'Alaska Panhandle, cette « queue de poêle » qui, entre Rocheuses et Océan, prolonge vers le sud les vastes territoires septentrionaux de l'Alaska, ne peut être que saisi d'enthousiasme à voir, de façon aussi flagrante, que la terre sur laquelle nous vivons est bien, comme on le lui a appris à l'école, toujours sujette à convulsions, soubresauts et cassures : nulle part au monde je n'ai vu pays aussi littéralement haché de failles, compartimenté par elles en longs blocs allongés parallèles à la côte, elle-même limitée par une faille majeure. On *voit* là de ses yeux combien est fragile l'écorce du globe.

J'eus une grande surprise lorsque, après avoir survolé d'immenses glaciers et longé de splendides montagnes, Lituya Bay apparut tout à coup, indentation profonde en forme de T dans la côte rectiligne du Pacifique : je reconnus instantanément une baie dont l'histoire m'était familière, surtout depuis qu'en 1959, reprenant les explorations de mon ami Anthonioz, j'avais longuement plongé, pendant des semaines, sur le récif de corail qui entoure, dans le Sud-Ouest du Pacifique, l'île de Vanikoro où, en 1789, s'étaient perdues *La Boussole* et *L'Astrolabe,* les frégates de La Pérouse. Cette Lituya Bay, elle n'était autre que la baie des Français ainsi nommée par La Pérouse qui l'avait découverte et longuement explorée en 1786, un an après son départ de Brest pour cet ultime périple dont il ne devait pas revenir. Ce fut dans cette baie des Français que la première catastrophe de ce voyage de la mauvaise chance était survenue, inexplicable, inexpliquée : deux grandes chaloupes, portant une vingtaine d'hommes, officiers, géodésiens et naturalistes occupés à cartographier et étudier les lieux, avaient chaviré, noyant tout leur monde.

Du haut des airs, je la reconnus dans l'instant, sa forme curieuse, la langue de terre qui en ferme presque complètement l'entrée, l'îlot qui se trouve à l'intérieur, îlot sur lequel un cénotaphe à la mémoire des marins et des savants tragiquement noyés avait été érigé avant que les frégates ne remissent à la voile.

Et du haut des airs également, je pus tout de suite voir qu'il était parfaitement vrai qu'une lame colossale, haute de centaines de mètres, avait bien balayé la baie : depuis le fond de celle-ci jusqu'à son entrée, huit kilomètres plus loin, l'épaisse forêt de splendides sapins de Sitka avait disparu, et même la terre sur laquelle ils avaient poussé avait été nettoyée; il ne restait que le roc nu. Des troncs jonchaient la rive, comme des allumettes jetées là, sur le rebord de cette roche décapée jusqu'à l'os. Et la taille de ces fétus, dont le moindre avait trente mètres de long, me donnait l'échelle du désastre : partant du fond de la baie, au pied de la vertigineuse paroi du mont Crillon, qui s'élève depuis la mer dans laquelle plonge son pied jusqu'à plus de 4 000 mètres d'altitude, la lame avait jailli jusqu'à 600 mètres de hauteur… J'étais à présent convaincu par les faits, et malgré cela je ne parvenais pas à y croire : six cents mètres, deux tours Eiffel l'une sur l'autre; une vague, une masse d'eau aussi colossale dépassait mon entendement.

Pourtant le phénomène était simple. Sous la violence extrême de la secousse imprimée par ce tremblement de terre de forte magnitude, une dalle gigantesque, réellement gigantesque, dont la cicatrice était parfaitement visible sur la muraille, s'était abattue dans la baie, juste au nord de la jonction de la barre horizontale du T que cette baie dessine. Elle avait défoncé, disloqué la langue du glacier qui remplit cette branche et, plongeant dans les eaux profondes du fjord, avait soulevé cette vague dont la taille et la masse dépassent l'imagination. Exactement comme vous ou moi lorsque, insoucieux, nous nous laissons glisser trop brusquement dans notre baignoire bien remplie. Toutes proportions gardées…

Cette lame cyclopéenne, six hommes la virent surgir

et foncer vers eux, les prendre, les soulever, eux et les trois barques dans lesquelles ils étaient, à l'ancre dans les eaux paisibles entre l'île du Cénotaphe et la langue de terre qui l'isole presque de l'océan, les transporter à une vitesse prodigieuse par-dessus la langue de terre et les sapins, qu'ils aperçurent en dessous d'eux, et les entraîner vers le large.

On retrouva, en mer, l'une des barques, vide. Une autre fut perdue corps et biens. La troisième fut ramenée dans la baie, presque à son point de départ, par le reflux qui suivit cette vague monstrueuse. Et par miracle, les deux hommes qui la montaient, le père et le fils, s'y trouvaient toujours, indemnes.

Par l'Alaska et les Aléoutiennes, le Cercle du Pacifique va se refermer sur lui-même, nous amenant au terme de notre périple tout au long de cet immense serpent, Ceinture méditerranéenne, Asie Centrale, Ceinture de Feu, qu'une instabilité extrême de l'écorce terrestre caractérise.

Du point de vue de la genèse et du mécanisme des tremblements de terre, on retiendra de ce voyage que ceux-ci sont, dans ces régions, liés à l'un ou l'autre des deux types de fracturation : celui des grandes failles inverses qui tranchent en oblique dans le globe et au-dessus desquelles les continents semblent progresser par-dessus le domaine océanique, et celui des décrochements horizontaux, de part et d'autre desquels coulissent en sens inverses d'énormes compartiments du globe. Failles inverses et décrochements alternent autour du Pacifique, les derniers étant le mieux marqués en Californie, en Nouvelle-Zélande, aux Philippines, et même au Japon et au Pérou, où ils se superposent aux importantes zones de fractures qui, depuis la fosse océanique où elles affleurent, plongent jusqu'à sept cents kilomètres de profondeur. Les Himalayas, les chaînes alpines (où un choc de magnitude 7 s'est produit à six cent quarante kilomètres sous la surface, le 29 mars 1954 dans le sud de l'Espagne, et un autre de 5,5 à quatre cent soixante-dix kilomètres de profondeur l'année suivante au nord de la Sicile), les Carpates, sont le siège d'une sismicité d'arc, mais ce sont probablement des décrochements entre blocs, de part et d'autre de failles verticales, qui provoquent les secousses de l'Asie Centrale, depuis le Pamir jusqu'au Baïkal.

IV

La chaîne de montagnes la plus longue du monde

Tout à fait indépendant de ce sillon sismique fondamental à l'activité extrême, il en existe un autre, plus long et plus sinueux encore, qui contribue à découper la surface du globe en une marqueterie de larges aires stables que d'étroites sutures agitées séparent[1]. Mais, contrastant avec les zones de haute sismicité, l'activité de cette deuxième bande est strictement superficielle et les secousses y dépassent rarement la magnitude 6, et quasi jamais celle de 7.

Tout au long de ses soixante mille kilomètres, cet immense serpent sismique se superpose avec exactitude à l'un des traits les plus étonnants de la Terre, cette interminable chaîne montagneuse courant, ininterrompue, sous les océans et dont on vient à peine de découvrir l'existence. C'est la sismologie d'ailleurs qui, par la localisation précise des épicentres, a mis en évidence cette longue bande instable, et orienté ainsi avec précision les navires océanographiques dont les sondages ont, au cours de ces dernières années, révélé que ces épicentres jalonnaient un relief montagneux comme il n'en existe pas à l'air libre.

Si l'énergie relativement moindre de ces tremblements de terre et le fait que ceux-ci se produisent loin des régions habitées ôtent à ces secousses tout caractère

1. Voir carte pages 210-211.

catastrophique, leur signification tectonique par contre est aussi fondamentalement importante que celle des chocs des zones à sismicité extrême.

Le premier tronçon, le mieux et le plus anciennement connu de tous ceux qui forment l'immense Dorsale océane, est celui qui sépare l'Atlantique en deux bassins parfaitement distincts. Caché sous l'épaisseur des sédiments de l'océan Glacial arctique, il prend naissance aux bouches de la Lena, mais les épicentres qui s'alignent depuis la Sibérie jusqu'à Jan Mayen et à l'Islande le dénoncent et en marquent la trace. Une fois dégagée des hauts-fonds de l'Arctique, la crête apparaît avec netteté, dominant de deux et de trois mille mètres les larges plaines immergées de l'Atlantique. Pointant ici ou là, Açores, rocs Saint-Paul, Ascension, la chaîne sous-marine dessine, jusqu'à l'île Bouvet dans les mers australes, une immense courbe parallèle aux côtes des continents, Europe et Afrique d'un bord, Amériques de l'autre.

Bordée de chaque côté par des plaines abyssales, la chaîne, du moins dans sa partie la moins mal connue, entre les 45ᵉ et 50ᵉ parallèles nord, est constituée de crêtes parallèles aux parois redressées, que de larges terrasses horizontales séparent. Et dans le bloc central, le plus élevé, une vallée profonde de quinze cents mètres, étroite comme une rainure puisqu'elle n'a qu'une quinzaine de kilomètres de large alors que la chaîne en a mille, court tout le long de l'axe.

De Bouvet, l'île la plus isolée du monde, perdue à deux mille kilomètres du continent le plus proche — et c'est l'Antarctique ! — à trois mille kilomètres du cap de Bonne Espérance, la Dorsale s'oriente vers l'est; passant à mi-chemin entre l'Antarctique et l'Afrique comme elle l'avait fait entre celle-ci et l'Amérique, elle contourne le continent noir et pénètre dans l'océan Indien.

Au contraire de ce que toutes les cartes jusqu'à présent indiquaient, elle ne s'interrompt pas mais se poursuit sans lacune vers les îles Prince Edward et Crozet, d'où, s'incurvant toujours davantage vers le nord, elle vient, à la hauteur de l'île Rodriguez dans l'est de Madagascar, se souder au tronc, deux branches remontent vers l'hémisphère nord, la moins importante, celle des Laccadives, va rejoindre la côte occidentale des Indes et l'autre, par les îles Chagos et Socotra, pénètre résolument sous le continent afro-asiatique et, le soulevant, peut-être est-elle même à l'origine du clivage qui sépare désormais l'Asie de l'Afrique.

L'idée est neuve et peut sembler révolutionnaire, mais les faits paraissent déterminants. Les épicentres qui depuis l'Arctique jalonnent l'immmense chaîne sous-marine et en soulignent avec précision la crête, se poursuivent en effet dans le golfe d'Aden, puis dans la mer Rouge d'une part, et tout au long des fossés effondrés de l'Afrique orientale de l'autre. En mer Rouge et sous les rifts africains, comme dans la Dorsale subocéanique, les séismes ont les mêmes caractères, les mêmes profondeurs, les mêmes magnitudes. Il est très probable qu'ils ont les mêmes causes et soulignent de mêmes structures. L'interminable chaîne sous-marine, se glissant ici par-dessous la croûte continentale, l'aura d'abord soulevée en une colossale taupinière. Ensuite, la partie médiane de celle-ci, comme pour les chaînes immergées que des rifts longitudinaux presque tout au long affectent, se sera effondrée entre des failles verticales. Ainsi auront été engendrées les fosses allongées de la mer Rouge et de l'Est africain. Dans celles-ci sont aujourd'hui nichés les célèbres Grands Lacs — Rudolf, Natron, Manyara, Albert, Edward, Kivu, Tanganyika, Rukawa, Nyassa —; dans celles-là qui, à angle droit, limitent les pans sud et ouest de l'Arabie, se sont engouffrées les eaux marines, engendrant le golfe d'Aden et la mer Rouge, qui désormais séparent l'Afrique de l'Asie.

Ces grands fossés d'effondrements d'Afrique orientale sont le siège de secousses assez fréquentes mais dont l'intensité ni, surtout, la magnitude n'atteignent celles des grandes ceintures instables de la planète. De temps à autre cependant des tremblements de terre destructeurs s'y produisent, surtout dans la partie de la branche occidentale du système des Rifts à cheval sur l'Uganda et le Congo, où les magnitudes supérieures à 6 ont été enregistrées à cinq reprises : 6,4 en 1912 dans le Rift à 100 kilomètres au N.-E du lac Albert, 6 en 1945 près de Kampala, capitale de l'Uganda sur le lac Victoria, 6,3 en 1955 sous le lac Albert, 6,4 en 1961 sous le bord congolais du fossé d'effondrement et, le plus important de tous, de magnitude voisine de 7, le 20 mars 1966, sous le puissant massif montagneux du Ruwenzori (5 120 m d'alt.) qui est, en fait, un puissant bloc surélevé (ce que les géologues appellent un « horst ») au milieu du fossé effondré.

Cette région du Ruwenzori d'ailleurs semble bien être la plus instable de l'Afrique entière, Maghreb exclu : une douzaine de tremblements de terre violents y ont été ressentis entre 1921 et celui du 20 mars 1966. Celui-ci, après avoir fait 160 morts et 1300 blessés, fut suivi pendant deux mois de répliques de magnitudes comprises entre 4,4 et 6,3; ce dernier, le 18 mai 1966, tua encore 90 personnes à Beni (Congo). Cette crise avait été précédée, les 18 et 19 mars, de plusieurs chocs prémonitoires. La profondeur du foyer principal était de 36 kilomètres, et les répliques se sont étagées entre 11 et 81 kilomètres de profondeur, la majeure partie d'entre elles se situant à 33 kilomètres. Ce qui, par parenthèse, pourrait être la profondeur de la discontinuité de Mohorovicié, à la base de l'écorce terrestre.

Le tracé des isoséistes, déterminé par I.S. Loupekhin, montre que la zone ébranlée s'étend du S.-S.O. au N.-N.E., exactement dans l'axe du Rift, et des failles, au rejet atteignant 1 m à 1,80 m par endroits, se sont ouvertes sur plusieurs kilomètres parfois, selon la même direction générale. Des glissements de terrain et des éboulements ont été observés dans la montagne, des arbres ont été déracinés et des colonnes de boue, eau et terre mélangées, furent lancées dans les airs à la Semliki, la puissante rivière qui va du lac Edouard au lac Albert le long du pied occidental du Ruwenzori. Tous les tués et blessés ont été victimes, une fois de plus, de la destruction des bâtiments et des huttes.

Il paraît évident que cette crise sismique résulte d'un mouvement du horst du Ruwenzori, et il est certain que cela se reproduira dans l'avenir jusqu'à la fin des temps (à l'échelle humaine s'entend). Là comme dans toutes les zones instables du globe, il n'y a qu'une seule parade pour réduire les risques, c'est de construire selon les normes, bien codifiées désormais, de l'architecture asismique.

Il y a une douzaine d'années qu'au cours d'une croisière océanographique j'eus l'idée de relever à l'écho-sondeur une série de profils du fond de la mer Rouge tracés perpendiculairement à son allongement. A cette époque, on discutait encore assez de la genèse des *graben* et des *rifts* : étaient-ils nés d'efforts de compression ou de distension ? Comme tous les fossés connus sont en grande partie remblayés par d'énormes épaisseurs de sédiments, on ne peut guère en observer la coupe que sur les bordures, et l'on ignorait donc tout de la structure de leurs parties centrales. C'est pourquoi l'on ne représentait jamais un *graben* que comme un fossé de faible profondeur au fond plat et très large.

Bordée de part et d'autre par les déserts les plus arides du monde, la mer Rouge elle aussi est un *rift*, mais dans lequel aucun fleuve ne vient déverser de sables ni d'argiles. Je supposais donc que le fond de fossé immergé pouvait avoir conservé son allure tectonique congénitale, puisque la sédimentation devait être ici insignifiante et l'érosion atmosphérique nulle.

Dès le premier sondage, le fait était dévoilé que le profil d'un *rift* ne ressemblait pas du tout à son schéma classique : à mesure que le bateau traversait la largeur de la mer, le graphique continu qui s'inscrivait sous nos yeux révélait non un fond plat mais une succession de larges gradins qui descendaient un escalier monumental jusqu'à l'axe de la mer Rouge où, limitée de part et d'autre par de hautes falaises, courait une étroite fosse longitudinale. De l'autre côté, les gradins remontaient quasi symétriques, jusqu'à émerger dans le désert opposé.

Un deuxième sondage, parallèle au premier, donna un profil identique, confirmant l'existence du fossé central, large à peine d'un kilomètre ou deux, allongé dans l'axe de la zone effondrée. Cette allure réglait la querelle : jamais des efforts convergents n'auraient pu engendrer, au bas de ces deux volées de gradins gigantesques, une rigole centrale aussi étroite.

Il eût été passionnant de poursuivre l'enquête, de préciser les structures, de découvrir peut-être d'autres aspects de cette tectonique immergée. Malheureusement, maître à son bord, le commandant du bateau n'avait pour la géologie et la géophysique pures qu'un intérêt infime, et il nous fallut, dès le troisième sondage transversal, abandonner cet espoir.

Déjà cependant ce premier résultat est intéressant qui prouve que les grands *rifts* ne sont pas dus au rapprochement de deux masses continentales affrontées. Au contraire, nés d'efforts divergents, ils peuvent avoir pour cause ou bien l'écartement de deux blocs de l'écorce terrestre, ou bien l'affaissement de la clef de voûte d'un large bombement.

Il semble qu'ici il y ait bien eu voussure, où tout au long de ce formidable système de fossés effondrés, de part et d'autre de la mer Rouge, de part et d'autre des grands rifts d'Afrique orientale, sur des milliers de kilomètres de long, les rifts sont doublés de hauts plateaux allongés parallèlement à elles : bordure occidentale de l'Arabie Séoudite, Egypte entre Nil et mer Rouge, Soudan oriental, Ethiopie, Kenya, Uganda, Kivu, Tanganyika. Nyassaland... Un tel bombement, large de cent à trois cents lieues, ordre de largeur des crêtes subocéaniques, étiré sur quarante degrés de latitude, situé dans le prolongement exact, et géographique et sismique, de la branche Chagos-Socotra de la Grande Dorsale, comment ne pas l'assimiler à cette Dorsale elle-même ?

Revenons à ce tronc Chagos-Rodriguez d'où divergent vers le nord les deux branches afro-asiatiques et où aboutissait la crête venue de l'Atlantique. Vers le sud-est, une quatrième chaîne se détache qui, s'incurvant toujours davantage vers le levant, passé le vaste plateau sous-marin et les îles Amsterdam et Saint-Paul, s'en va par les mers du Sud à mi-distance de l'Australie et de l'Antarctique jusqu'aux lointaines îles Balleny. C'est là, au cercle polaire, que la longue Dorsale atteint sa latitude la plus australe. Des Balleny, une branche mineure remonte droit vers Macquarie et la Nouvelle-Zélande, cependant que la crête majeure repart vers l'est-nord-est au travers des immensités désertes de l'extrême sud du Pacifique. A hauteur du 50e parallèle, au moment où elle s'élargit pour former le large plateau d'où émergent les îles de Pâques et Juan Fernandez, la chaîne s'incurve et remonte droit vers l'hémisphère nord. Tout du long, des rifts alternent avec des fractures allongées selon l'axe de la chaîne, tout du long des épicentres toujours la jalonnent.

Enfin, au terme d'un voyage de vingt mille lieues sous les sept mers, venue des lointains rivages de la Sibérie septentrionale, l'immense et sinueuse échine finit par atteindre le continent d'Amérique; et là, par le Mexique et le golfe de Basse-Californie, elle s'enfonce sous le continent, ainsi qu'elle l'avait fait entre Arabie et Abyssinie. Mais ici, abordant l'Amérique plus tangentiellement, seule sa partie orientale et centrale disparaît sous la terre, alors que sa marge occidentale longe la côte jusqu'en Alaska. Les hauts plateaux du Mexique, de l'Arizona, du Nevada, piquetés d'épicentres de séismes superficiels, aussi « anormaux » que ceux de l'Est africain, marqueraient le passage de la crête sous l'Amérique septentrionale.

Les océanographes de la *Scripps Institution* poursuivent l'exploiration de la terminaison pacifique de cette chaîne de montagnes de soixante mille kilomètres de long. Et déjà des résultats étonnants apparaissent, qui ouvrent de nouvelles perspectives sur les grands problèmes de la constitution profonde du globe et sur les mécanismes qui déterminent l'architecture de la surface.

Il faut se rappeler, avant d'aller plus loin, que les roches sont un isolant thermique excellent : à quelques dizaines de mètres de profondeur déjà les variations de la température atmosphérique ne se font plus sentir. La chaleur produite par radioactivité ou qui, du magma, monte à travers l'écorce terrestre, ne peut traverser cette dernière qu'avec une extrême lenteur et atteindre la surface qu'en quantités infimes. Celles-ci cependant sont mesurables, et la moyenne des mesures faites jusqu'ici sur les continents montre que le flux de chaleur est relativement constant et vaut un peu plus d'une microcalorie par centimètre carré chaque seconde (une microcalorie, c'est un millionième de calorie, autrement dit la quantité de chaleur qu'il faut pour élever d'un millionième de degré un gramme d'eau); c'est dire que le flux de chaleur rayonné par notre planète n'est pas grand, et qu'il se passera encore bien des milliards d'années avant que la masse interne du globe, excellemment isolée par son enveloppe de pierre, ne finisse par se refroidir. Pour autant d'ailleurs qu'elle se refroidisse... Car la radioactivité des roches pourrait bien engendrer plus de chaleur que la surface de la Terre n'en rayonne.

Or les plus radioactives des roches sont les granites, qui forment la majeure partie des masses continentales, alors que les basaltes qui constituent l'essentiel du fond des océans sont très pauvres en minéraux fissiles. Aussi fut-il très surpris, le premier géophysicien qui mesura le flux de chaleur sur les fonds océaniques, Sir E.C. Bullard : la quantité de chaleur y était du même ordre que sur les continents.

L'explication tient peut-être dans le fait que la coquille superficielle du globe étant quatre ou cinq fois plus mince sous les océans qu'ailleurs, la chaleur du magma qui se trouve par-dessous la traverse beaucoup plus aisément. L'origine de la chaleur qui émane du globe serait donc partiellement différente à terre et sur les grands fonds : plus radioactive d'un côté, plus magmatique de l'autre.

Sur la chaîne immergée du Pacifique oriental, Menard, von Herzen et leurs collaborateurs de la *Scripps* ont fait une série de mesures de flux dont les résultats sont aussi très étonnants. Sur la partie médiane, celle précisément qui se montre sismiquement la plus active, celle que soulignent les vallées effondrées et les failles longitudinales, le flux de chaleur est très anormalement élevé, alors que sur les flancs du long bombement sous-marin ce flux est exceptionnellement bas. Menard en tire la conclusion que le magma est plus chaud sous l'axe de la crête que sur ses bas-côtés; et si l'on veut bien admettre que l'origine de la longue chaîne sous-marine elle-même se trouve dans une expansion du magma sous-jacent cette répartition du flux de chaleur s'expliquera de ce fait même. Cette expansion résulterait de l'ascension, depuis les grandes profondeurs du globe, de matière plus chaude que celle qui se trouve sous l'écorce; plus chaude, donc plus légère. Cette différence de densité serait le moteur même des mouvements supposés, ces mouvements de convection qui se produisent à toute échelle et dans tout l'univers pour rétablir un équilibre momentanément compromis au sein d'une matière fluide : dans un poêlon d'eau mis à chauffer, dans les mers, dans l'atmosphère, lorsque des masses d'eau ou d'air plus légères se trouvent surmontées de couches qui le sont moins, dans l'énormité des étoiles, et en particulier de la nôtre, le Soleil, dont les *granules* juxtaposés sont très vraisemblablement de gigantesques cellules de convection de la chromosphère.

Ainsi au sein du magma terrestre, à l'échelle de l'effort

bref et violent d'un séisme, ce magma est rigide. A l'échelle du siècle ou du millénaire, il réagit comme un fluide visqueux, fluant lentement dans un sens ou un autre sous l'effet de forces longuement appliquées : la tendance à l'isostasie en est une preuve excellente, qui, par exemple, soulève la Scandinavie entière d'un centimètre chaque année en moyenne, cela depuis la fonte des énormes glaciers du Quaternaire qui pesaient sur elle; ou qui enfonce d'un millimètre par an les Pays-Bas; qui soulève les Ardennes mais enfonce les bouches du Pô, du Rhône ou du Mississippi... Or, dans ce magma visqueux les températures croissent — comme dans l'écorce terrestre d'ailleurs — avec la profondeur. Selon les théoriciens qui ont tenté de les calculer, ces températures pourraient être de l'ordre de mille degrés à cent kilomètres de profondeur et de deux à cinq mille degrés à la partie inférieure du manteau magmatique, à cette discontinuité, située à 2 900 kilomètres sous la surface qui délimite le noyau terrestre.

Dans la mesure où la composition chimique du magma demeure constante et où la pression hydrostatique ne transforme pas les minéraux qui le constituent, ce gradient de température signifie qu'il existe aussi un gradient de densité. Et les parties moins chaudes, plus lourdes donc, du haut auront tendance à descendre pour être remplacées par du magma plus chaud et relativement léger monté des profondeurs.

L'expérience montre que les colonnes ascendantes s'étalent en surface et que la matière plus dense redescend en nappes périphériques.

La Grande Dorsale subocéanique serait due, d'après Menard, à la montée de magma frais dont l'expansion provoquerait les voussures de l'écorce. Le flux excessif de chaleur qui caractérise la partie médiane en serait une preuve, cependant que l'émission anormalement basse de calories sur les bas-côtés de la chaîne serait la confirmation que ces bas-côtés se trouvent à l'aplomb des nappes divergentes, de magma relativement refroidi.

Le bombement de l'écorce terrestre, une fois dépassé un certain seuil, engendre des fissures, parallèles à son axe. Puis, après un maximum de soulèvement, des affaissements vont suivre provoquant la formation de *rifts*, genèse accompagnée de séismes dus aux jeux de failles — failles normales — le long desquelles glissent par a-coups vers le bas des blocs allongés, parallèles à la grande voussure. Selon l'âge du tronçon de chaîne, le fossé central y sera plus ou moins marqué, et le flux de chaleur ainsi que la sismicité, faibles ou intenses.

Un autre argument en faveur de cette théorie de la convection profonde est avancé par Menard : le Pacifique oriental est affecté, du Canada à la Terre de Feu, par une série d'impressionnantes cassures rectilignes orientées est-ouest : certaines d'entre elles se marquent par des dénivellations brutales de deux ou trois mille mètres; et leur longueur va de deux mille à plus de cinq mille kilomètres. L'étude du magnétisme des fonds marins montre que les blocs que ces accidents limitent ont *dérivé les uns par rapport aux autres sur des distances de l'ordre de plusieurs centaines de milles parfois.*

Il est fort tentant, il faut bien le dire, d'expliquer ces étonnantes structures par l'action de ces mêmes courants de convection, dont les branches provoqueraient le bris et l'entraînement latéral de gigantesques dalles de croûte terrestre.

Cette explication a un avantage certain, c'est de pouvoir intégrer dans un même mécanisme la genèse des deux grands types de strutures fondamentales dont nous avons longuement suivi tout autour du globe les arabesques : les grandes dorsales sous-marines et les fossés d'effondrement d'une part, et de l'autre les guirlandes d'arcs tectoniques.

Car s'il existe de nombreuses théories pour rendre compte des traits principaux de la surface terrestre, il n'en est guère — dérives continentales, contraction du globe, expansion du globe ou courants de convection dans le magma — qui arrivent à les expliquer tous à la fois d'une façon harmonieuse. De toute façon, les hypothèses que l'on échafaude sont fragiles, d'abord parce que l'intérieur de la Terre nous est toujours caché, ensuite parce que les méthodes et les techniques nouvelles de la géophysique sont bien jeunes encore et très loin d'avoir donné tous les renseignements que l'on peut en attendre. Une autre difficulté qu'il sera sans doute toujours impossible de vaincre réside dans les problèmes d'échelle : comment réagissent les roches soumises à des pressions de l'ordre de mille à quinze cents tonnes par centimètre carré, et cela durant des millions d'années ?...

Dans l'état actuel de nos connaissances, il me semble que l'hypothèse des courants de convection soit celle qui puisse le mieux englober dans une même théorie la genèse des divers éléments de l'architecture terrestre et de la sismicité qui leur est associée : les tronçons de la Grande Dorsale, les fossés sous-marins et continentaux qui lui sont associés et la sismicité que ces affaissements de clef de voûte déclenchent; les grandes failles de décrochement horizontal, de part et d'autre desquelles des blocs de l'écorce sont peu à peu déplacés sur des centaines de kilomètres de distance, et leurs séismes également superficiels; enfin les arcs tectoniques, sous-marins d'abord, puis insulaires, enfin montagneux et continentaux, nés soit de l'affrontement de compartiments terrestres entraînés l'un vers l'autre par les branches convergentes de deux cellules de convection voisines, soit du charriage d'un bloc continental par-dessus le domaine océanique, tout cela avec la formation d'énormes failles inverses dans une vaste zone conique tranchant le globe jusqu'à plus de sept cents kilomètres de profondeur, zone dans laquelle se logent les millions d'épicentres des grandes ceintures de haute instabilité.

V

Zones « stables »

Après avoir ainsi longuement parcouru les deux longues et sinueuses bandes courant à travers toutes les longitudes et quasi toute les latitudes dans lesquelles se concentrent les quatre-vingt-dix-neuf pour cent des épicentres, l'on pourrait avoir l'impression que la majeure partie du globe est secouée de tremblements de terre violents. Il n'en est rien heureusement, et il suffit de jeter un coup d'œil sur une mappemonde de la sismicité pour voir que ces zones n'y tracent que de minces lignes, comme sutures sur un crâne. Entre ces fêlures, la presque totalité de la planète est stable.

A proprement parler ne le sont vraiment que les « boucliers » continentaux et les grandes plaines abyssales. Les boucliers, noyaux de montagnes extrêmement anciennes, plissées et replissées depuis les temps précambriens, arasées par l'érosion, ce sont : la Scandinavie (sauf la Norvège, calédonienne, qui n'est que métastable), la Russie et le nord-ouest de la Sibérie, le Canada oriental, le Groenland, l'Afrique (sauf le Maghreb et quelques zones bordières récemment plissées), l'Arabie, la péninsule indienne, celle de l'Indochine, l'ouest de Bornéo, la majeure partie de l'Australie, toute l'Amérique du Sud hors de la zone andine, et le continent Antarctique.

De même que la Norvège, l'est du continent asiatique, l'ouest du Canada et les États-Unis, l'est de l'Australie, l'Europe occidentale et le sud de la Russie n'ont qu'une stabilité relative.

Certes, il n'y a pas de commune mesure entre les tremblements de terre des zones à forte sismicité et ceux qui parfois se produisent dans nos pays paisibles. Mais cela ne signifie pas que nous soyons totalement à l'abri de secousses violentes, voire de catastrophes. Aux Etats-Unis, du 16 décembre 1811 au 8 février 1812, une série de chocs très violents se produisit dont l'épicentre se trouvait à New Madrid, entre Memphis et Saint-Louis, sur le Mississippi.

La superficie où la terre s'ouvrit, où du sable et des eaux furent lancés en l'air, où de vastes glissements de terrain se produisirent atteignait cent mille kilomètres carrés. Là, tout fut ruiné pour des années; sept ans après, le géographe T. Flint, traversant le pays, décrivit la tristesse de ces étendues zébrées de crevasses, ces terres recouvertes de sables stériles, d'arbres déracinés ou brisés par le milieu...

Mais le plus extraordinaire fut d'une part le soulèvement de dômes longs de plusieurs milles et hauts de vingt pieds, et de l'autre l'affaissement de larges secteurs, depuis lors transformés en marais, en étangs ou en lacs, dont celui de Saint-Francis, long de soixante kilomètres et large d'un seul, bordé à l'ouest par une bande marécageuse, également affaissée, de quatre à cinq kilomètres de large. L'affaissement, comme les soulèvements, atteignit lui aussi quinze à vingt pieds par endroits.

A cette époque, la contrée était à peine peuplée, et il n'y eut qu'un seul tué. Mais l'on frémit à penser ce qu'un tel choc signifierait aujourd'hui dans cette même région...

L'Europe occidentale, sereinement installée dans une apparente tranquillité tellurique, a cependant connu depuis le haut Moyen Age des douzaines de chocs destructeurs, dont certains provoquèrent d'affreuses catastrophes. Le XIVe siècle particulièrement fut fort éprouvé : le 25 janvier 1348, le séisme de Villach, en

Carinthie, et le 18 octobre 1356 le grand tremblement de terre de Bâle.

Villach fut anéantie. Le mont Dobratsch s'écroula. Des vallées furent barrées par les éboulements de roc. Des lacs se formèrent à l'amont de ces embâcles, noyant fermes et villages; et les débâcles qui suivirent ravagèrent les vallées en aval. La famine s'établit, puis la peste.

Elie Bertrand, en 1776, rapporte ces faits :

« Il y eut trente-six villes ou châteaux qui en furent renversés dans la Hongrie, la Styrie, la Carinthie, la Bavière et la Souabe. La Terre s'entrouvrit en divers lieux.

« On crut que les exhalaisons puantes que ce tremblement produisit, furent cause de cette peste, qui se répandit par toute la Terre, qui dura trois ans, et qui, à ce qu'on estimait, fit périr le tiers du genre humain. »

L'Europe fut secouée de l'Italie méridionale à la Bosnie, de la Hongrie à l'Alsace. Pétrarque à ce moment-là se trouvait à Vérone, dans la république de Venise. Il avait alors quarante-quatre ans, et était au sommet de sa gloire. La brève relation que l'initiateur de la Renaissance humaniste a laissée des impressions qu'il ressentit lors de ce séisme montre que ce poète avait, comme tout grand poète, un don aigu de l'observation et un sens de l'exactitude égal à celui d'un chercheur scientifique :

Epistolae de rebus senilibus (1368)

« Jusqu'à présent, le mot *terremoto*, à la vérité, ne nous était connu que par lecture ou par ouï-dire. L'on cherchait à s'expliquer le phénomène par lui-même à travers les historiens, et sa cause à travers les philosophes. Quelques esprits curieux s'étaient imaginé avoir ressenti pendant la nuit — rarement dois-je dire — des mouvements ressemblant à des rêves; mais personne à notre époque n'avait éprouvé un véritable tremblement de terre... Nos Alpes — peu habituées à se mouvoir, dit Virgile — commencèrent à trembler le soir du 25 janvier. Une grande partie de l'Italie et de l'Allemagne fut en ce même moment si violemment secouée, que des person-

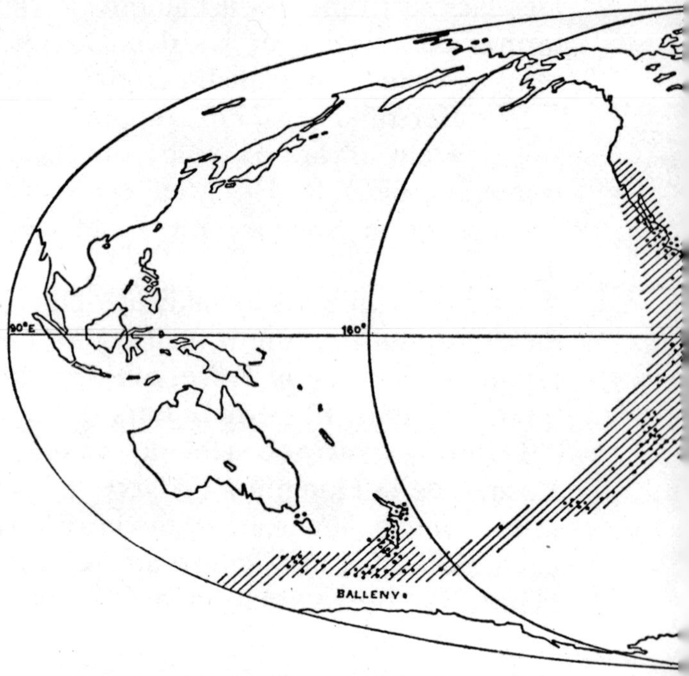

La grande dorsale subocéanique mondiale *(en gris*

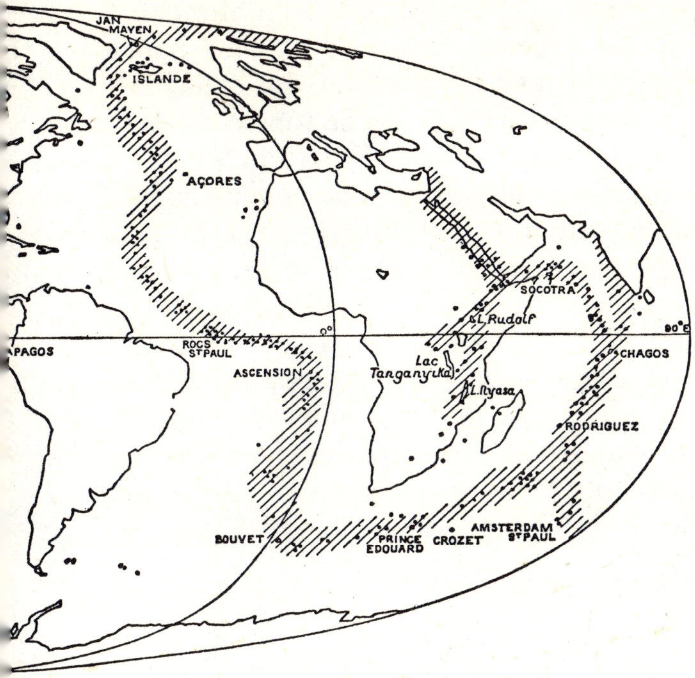

et ses principaux épicentres connus (points).

nes non prévenues et pour lesquelles la chose était entièrement nouvelle et inouïe, crurent que la fin du monde était arrivée.

« J'étais alors assis seul dans ma bibliothèque, à Vérone, et bien que je ne fusse pas tout à fait ignorant de tels phénomènes, je fus cependant surpris au plus haut point par cet événement étrange et soudain. Le plancher tremblait sous mes pieds, et quand je vis de tous côtés les livres s'entrechoquer et tomber à terre je me précipitai, effrayé, hors de la chambre. Je vis alors les domestiques, et bientôt après la population, qui couraient çà et là, remplis d'épouvante. Tous les visages étaient d'une pâleur mortelle. »

L'effroyable peste qui, à la suite de ce séisme, décima l'Europe, devait, le 6 avril de la même année, emporter Laure, objet même de l'amour et des poèmes de Pétrarque... Et aussi la plupart de ses amis les plus chers, Francesco delle Albizzi, Mainardo Accursio, Roberto de Bardi, Senuccio Bene, Giovanni Colonna, Luchino Visconti.

Le 18 octobre 1356, à 10 heures de la nuit, la ville de Bâle et, dans un rayon de sept lieues, les bourgades environnantes furent détruites par un formidable séisme, dont les répliques se prolongèrent plus d'une année durant, Maisons, églises ni forteresses ne purent résister au choc; cependant, quelques centaines de personnes seulement furent écrasées sous les décombres; le reste de la population s'enfuit dans les campagnes, d'où elle vit naître et s'enfler l'incendie qui fit rage pendant plusieurs jours et anéantit ce qui avait pu survivre aux secousses. Un troisième fléau survint alors : l'inondation...

Quatre-vingts châteaux forts — et les bourgs et villages qui en dépendaient — furent détruits, dans un rayon de trente à quarante kilomètres, tels Delémont dans le Jura, Morimont en Alsace ou Neuenburg sur le Rhin.

« Il y eut bien peu d'endroits de la Suisse où ce

tremblement n'ait fait quelque dommage, écrit Bertrand. Les voûtes de l'église cathédrale de Berne furent enfoncées, tombèrent; la tour des cloches fut aussi renversée en partie... » Ceci permet d'attribuer le degré VIII et même IX de l'échelle internationale des intensités pour la région de Berne, alors que celui de XI était atteint à Bâle; XI, c'est-à-dire le même qu'à San Francisco en 1906 ou à Tokyo en 1923... Cependant qu'à Reims et à Paris l'ébranlement a, semble-t-il, atteint le degré IV ou le degré V.

Parmi les pays situés au nord de l'arc des Alpes, et que l'on considère à tort comme stables, la Suisse est la région le plus souvent et le plus fortement secouée. Depuis le haut Moyen Age, on y a dénombré environ 4 000 séismes, contre 33 000 à l'Italie et 3 000 à la France. La violence des chocs est nettement plus élevée dans la Confédération helvétique que chez nous, mais dans les deux pays les secousses ont les mêmes origines : contrecoups des plissements alpins (ou pyrénéens) d'une part, et de l'effondrement du *graben* du Rhin de l'autre. En Suisse, l'énergie libérée par les séismes est cependant tellement plus grande qu'en France, qu'il faut toujours s'attendre, même jusqu'en Bourgogne ou en Franche-Comté, à de grands dégâts pour un épicentre situé dans le canton de Bâle ou celui d'Yverdon, voire dans le Valais, en Uri ou en Unterwald. Le 25 janvier 1946 encore, un jeune mécanicien fut tué à Aix-les-Bains, écrasé sous l'automobile à laquelle il travaillait lors du tremblement de terre de Sierre, Valais : à cent cinquante kilomètres de l'épicentre, la secousse avait fait basculer le cric sur lequel reposait la voiture. Dans la zone épicentrale, l'intensité atteignit le degré IX, de nombreux édifices furent lézardés, des centaines de cheminées s'abattirent dans les rues, des maisons furent rendues inhabitables. Tout au long du Rhône, depuis Brigue jusqu'au lac de Genève, le degré VIII (chutes de cheminées, lézardes dans les murs) fut atteint. Un excellent témoignage est rapporté par Frédéric Montandon : « A 18 h 35 j'étais assis à la table, écrit Denis Fournier, quand le tremblement a commencé avec un bruit et un choc. Voici les faits : *a)* un grondement et une secousse violente venant du sud-est; *b)* une force irrésistible de translation au nord-ouest; *c)* un choc plus faible que le premier; *d)* retour en arrière, soit au sud-est, avec balancement à droite et à gauche, un peu plus fort qu'à l'aller; *e)* un dernier choc, de nouveau inférieur au premier.

« Il m'a semblé que le tout a duré plus de dix secondes; mais si j'admets huit secondes, elles se répartissaient comme suit : une seconde pour le premier choc, puis quatre secondes de translation au nord-ouest, et enfin trois secondes pour le second choc, le retour au sud-est et le troisième choc. Donc le retour n'aurait été que le tiers de la translation vers le nord-ouest.

« Mon fils, le dos tourné au sud, faisait entrer une vis dans du bois, au nord. Tout à coup la paroi s'est éloignée de lui et il est tombé au sud; puis le dernier choc l'a bousculé au nord.

« Comme le bruit se faisait entendre à l'extérieur et que les lueurs d'éclairs arrivaient par les fenêtres, j'ouvris la porte et je constatai que les lignes de transport électriques s'entrechoquaient, ce qui provoquait des flammes. » (Il y eut des courts-circuits et des étincelles de six mètres de long crépitant durant une demi-minute, jusqu'à Sallanches, en Haute-Savoie.)

« A part cela, continue Fournier, je vis encore deux éclairs verdâtres derrière les Dents de Morcles.

« Ma fille (dix-huit ans) descendait l'avenue de la Gare, à Saint-Maurice; elle n'a pas été très secouée, mais elle a vu les maisons vaciller et a surtout remarqué les éclairs luire dans le ciel, derrière les Dents de Morcles.

« Je puis vous dire que ces éclairs ne sont pas des hallucinations, mais qu'ils ont réellement existé... »

Ce séisme, vieux de vingt ans à peine, avait atteint le degré IX (destruction partielle ou totale de quelques édifices). Entre 856, date du premier tremblement de terre d'intensité similaire rapporté par les chroniques, et 1946, seize foyers situés en Suisse ont joué, douze chocs atteignirent le degré IX, trois le degré X (des bâtiments très solides sont détruits; il se produit des fentes dans le sol; l'eau des lacs et des rivières est projetée...) et un le degré XI, celui qui détruisit Bâle en 1356. Des trois séismes en degré X, celui de 1295 fit plus de sept cents morts à Colmar, en Alsace. Et l'autre ne date que d'un siècle.

Viège, ou Visp, est une jolie bourgade du Valais, située sur le Rhône à six lieues à peine en amont de Sierre, au confluent de la vallée descendant de Zermatt. Le 25 juillet 1855, peu avant une heure de l'après-midi, une commotion d'une extrême violence se produisit. D'effrayantes détonations, souterraines, accompagnaient le choc. Terrorisés, les habitants fuyaient dans toutes les directions, mais partout la terre semblait ivre : les murs basculaient, s'effondraient avec fracas dans la poussière soulevée, les clochers s'abattaient, les toits s'écrasaient au sol toutes solives éclatant, cependant qu'autour de la cité les hautes montagnes balançaient et des avalanches de roc, effroyables, dégringolaient dans la vallée, anéantissant tout sur leur passage... Du front des glaciers, d'énormes blocs se détachèrent pour rouler en grondant vers la verte plaine valaisanne.

Viège, Saint-Nicolas et Stalden furent touchées si durement, degré X, qu'il fallut ensuite les reconstruire entièrement. Le lendemain vers 10 heures un deuxième choc presque aussi violent se produisit, dont l'épicentre semble s'être situé à une lieue à l'ouest du premier. Partout roulèrent à nouveau les avalanches de roches, le sol de nouveau s'ouvrit, laissant échapper des flots d'eaux boueuses; à Törbel, les ondulations du sol obligèrent les gens, pris de vertige, à se jeter à terre. Quatre heures plus tard une troisième secousse sema une nouvelle fois la panique, libéra une nouvelle fois les avalanches de rocs, fit s'écrouler d'autres bâtiments... Pendant une dizaine de jours, les répliques se succédèrent, terrifiantes. Et seize années durant la terre continua de trembler, parfois avec violence, parfois légèrement, dans toute cette partie du Valais.

La force de ce séisme fut telle que jusqu'à Lausanne, Genève, Bâle, La Chaux-de-Fonds, Pontarlier, des murs furent crevassés, que des cheminées s'abattirent, des rocs s'éboulèrent et la panique s'empara des populations; du Brévent, des rochers et des avalanches de pierres s'abattirent sur Chamonix; à Chambéry, Vesoul, Lons-le-Saulnier, Baume-les-Dames, Belfort, Mulhouse, des murs se sont lézardés, des cheminées se sont écroulées, des plafonds se sont crevés...

D'après les très nombreuses données que l'on possède sur les tremblements de terre suisses depuis le IXe siècle, F. Montandon a pu calculer qu'il s'y est produit en moyenne : un séisme d'intensité XI (dans la zone pléistoséiste) par millénaire, un séisme X tous les trois siècles, un séisme IX tous les soixante-dix à quatre-vingts ans, un séisme VIII tous les cinq ans, un séisme VII (ce qui correspond encore à « Renversement d'objets mobiles; chutes de plâtras des plafonds et des murs; tintements des cloches d'église; épouvante générale ») tous les trois ou quatre ans à peine; soit pour l'ensemble des séismes égaux ou supérieurs à VII, ceux qui jettent la population dans l'effroi, *un tous les deux ans*... en moyenne, bien entendu.

Au moment où j'achève ce livre, une catastrophe — dont la cause n'a pas été précisée encore, mais qui est certainement en rapport avec les séismes — vient de ravager une fois de plus la vallée de Quiches, au Pérou, où une avalanche prodigieuse de roc, de glace et de neige a enseveli en quelques instants plusieurs villages et plusieurs milliers de personnes au pied du Huascaran.

Nos vallées alpines, toutes proportions gardées, ne sont hélas ! pas à l'abri de pareils cataclysmes. Le 2 septembre 1806, dans le canton de Schwyz, entre Arth et la pointe sud du lac de Zug, les villages de Büssingen et de Goldau furent pareillement engloutis avec un millier d'habitants sous une masse d'une quinzaine de millions de mètres cubes de rocs et de terres. Le géographe suisse Zchokke a décrit ce cataclysme auquel il avait lui-même échappé par miracle. Il faisait partie d'une troupe de voyageurs qui allaient à pied par la vallée de Goldau.

« Après d'incessantes et fortes pluies la compagnie se mettait en route et, par un ciel nuageux et une atmosphère calme, cheminait gaiement par Arth vers Schwyz le long de la riante vallée. Par hasard quelques-uns étaient restés en arrière et voyaient encore à quelques centaines de pas devant eux leurs camarades et leurs compagnes entrer dans le village de Goldau. Mais un instant après leur attention fut assez excitée pour arrêter leur marche; ils voyaient, sur leur gauche, des blocs de rochers descendre des hauteurs, quelques-uns couronnés de grands sapins. Un sourd tonnerre résonnait. La distance de la montagne était trop grande pour avoir rien à craindre. Ils s'arrêtèrent. Le grandiose et merveilleux spectacle remplit leur esprit d'admiration et d'étonnement. Ils poussaient des cris et applaudissaient à chaque répétition du spectacle de la puissante nature. Ils battaient joyeusement des mains. Mais soudain la masse entière de l'immense montagne se mit à se mouvoir vers eux d'effrayante façon. D'abord son énorme muraille commença par s'élever et s'abaisser avec un bruit de tonnerre sur une extension de plusieurs lieues, avec les forêts, les chalets, les troupeaux de bestiaux et les hameaux. Puis tout se brisa avec la rapidité de l'éclair, au milieu de roulements sourds et d'une obscurité semblable à la nuit; tout s'entoura de vapeurs et de poussières asphyxiantes. Le sol frémit. C'était un coup, un clin d'œil. Puis le bruit s'éteignit en longs roulements et après quelques minutes le plus épais du nuage de poussière tomba. Les quelques témoins qui étaient restés dans la prairie, en avant de Goldau, se regardaient les uns les autres terrifiés, pâles et privés de la parole. Bientôt, quand les nuages de poussière se furent éclaircis, ils virent aux environs immédiats des amoncellements de rochers et plus loin toute l'horreur de la dévastation produite. Mais ils n'aperçurent plus Goldau devant eux, et pas davantage leurs compagnons de route qui étaient sur le point d'y entrer. Tout était anéanti, tout était enseveli : la verte et riante vallée n'était plus qu'un désert sans vie, horrible et fumant. Il était 5 heures de l'après-midi. Un espace plat d'environ 4 milles carrés (10 km^2) se voyait recouvert d'une couche de boue et de rochers, par places hautes de 100 pieds (30 mètres) et plus. Au-dessous de Gnyppen, les couches de la montagne rongée par les eaux s'étaient renversées par-dessus le tout. La gigantesque chute avait lancé d'énormes blocs de roches de l'autre côté de la vallée sur les pentes opposées du Righi et tué les oiseaux dans l'air pendant leur fuite. »

On voit par ce bref rappel des quelques secousses les plus graves combien est précaire la « stabilité » de notre si proche voisine — par les distances, la langue, les coutumes — la Suisse... Mais si la France a le bonheur de compter quinze ou vingt fois moins d'épicentres qu'elle, elle ne se trouve pas pour autant à l'abri.

Des catastrophes, il s'en est produit plusieurs depuis le haut Moyen Age. Au cours de l'hiver 1227, la Provence fut ravagée par un grand séisme et cinq mille personnes furent écrasées sous des avalanches de roc détachées des montagnes. En 1248, cinq villages de Maurienne furent ensevelis avec leurs neuf mille habitants. En Catalogne, les années 1421, 1427 et 1428 furent désastreuses, des secousses « affreuses » détruisirent Olot, Puigcerda, Prats-de-Mollo. Gap fut gravement endommagée en 1282 et en 1644. En 1564, on compta cinq cents morts à Bollène. Et l'Alsace, en même temps que Bâle, fut cruellement ravagée durant les XIIIe et XIVe siècles.

Des séismes très violents, sinon catastrophiques, peuvent se produire à n'importe quel instant dans certaines régions françaises. L'histoire garde le souvenir de bien des secousses effrayantes dans la vallée du Rhin, en

Savoie, dans le Dauphiné, les Alpes-Maritimes, la Provence, et aussi les Pyrénées et le Massif Central; mais les autres régions, pas plus le Poitou que la Bretagne, l'Ile-de-France que la Bourgogne, ne sont tout à fait à l'abri des séismes. Avignon, Manosque, Nice, Menton, Strasbourg ont chacune connu des périodes de forte instabilité, avec ruines accumulées et victimes. Avignon, par exemple, souffrit beaucoup durant la deuxième moitié du XVIIIe siècle, et fut encore durement secouée en 1840 et en 1924. Nice et Menton furent gravement atteintes par le séisme de 1887, qui fit plusieurs centaines de tués dans la région de Vintimille. Strasbourg, outre les catastrophes moyenâgeuses, a été ébranlée jusqu'à la terreur, en 1669, 1725, 1802, 1851. Avant le grand choc de 1887, la Côte d'Azur avait été éprouvée en 1818 et 1854 par des chocs d'intensité IX (maisons écroulées). La Provence avait ressenti des chocs de même force en 1812 (Beaumont), 1855 (Castellane), 1873 (Tricastin). Le 5 avril 1959, l'Ubaye connut un moment l'angoisse lorsque la terre trembla si fort qu'une cinquantaine de maisons furent gravement endommagées.

Outre leurs épicentres propres, les régions frontières de l'Est de la France, Alsace, Jura, Savoie, Dauphiné, Alpes-Maritimes ont à subir parfois des contrecoups de séismes allemands, suisses ou italiens. Dans les Alpes, il peut arriver que des secousses d'intensité moyenne produisent des effets catastrophiques par le déclenchement d'avalanches, de rocs, de neige ou de séracs. Et le voyageur qui s'étonne de rencontrer des blocs de rochers grands comme des cathédrales, paradoxalement échoués dans la paix agreste et horizontale de la vallée, saura que l'explication en est souvent de quelque frisson de l'épiderme terrestre.

A Chamonix, d'importantes destructions furent provoquées par des avalanches déclenchées de la sorte le 11 mars 1817. Quatre personnes seulement furent tuées. A Briançon, les maisons furent lézardées, et des blocs énormes dévalèrent des montagnes environnantes le 5 janvier 1885, au terme d'une crise sismique qui avait commencé le 23 septembre dans le massif du Mont-Blanc le 13 août 1905, c'est qu'à cette époque les alpinistes s'y comptaient sur les doigts de la main; aujourd'hui, un tel choc survenant par un beau jour d'été serait effroyablement meurtrier.

Voici la brève description qu'en fit un Monsieur Lecarme, qui procédait ce matin-là à des observations au phototachéomètre sur une aiguille au nord du col du Tour : « Un très fort craquement de rochers se fit entendre tout à coup, en même temps que l'aiguille tout entière se soulevait verticalement de dix centimètres environ, et très lentement. En même temps nous avons observé un glissement très net des lames de granit sur lesquelles nous étions accrochés et qui ne se sont soulevées que l'une après l'autre. Puis une forte oscillation vers l'ouest, beaucoup plus brutale que le soulèvement vertical, donnant lieu à un déplacement d'air assez fort sur la paroi abrupte du côté du glacier du Tour, nous fit perdre l'équilibre. La durée totale de la secousse fut de quatre à cinq secondes... Cette secousse fut suivie d'abord d'un calme absolu de quelques secondes, puis un bruit de tonnerre se fit entendre dans toutes les directions : en même temps d'énormes rochers faisaient des bonds immenses sur les parois des aiguilles voisines et les avalanches de séracs et de neige couvraient entièrement les faces visibles des aiguilles du Chardonnet et d'Argentière. »

Un alpiniste qui faisait au même moment l'escalade de la Dent du Géant dut s'agripper pour n'être pas arraché et put observer plusieurs avalanches énormes glissant sur le glacier du Géant parmi des nuages de neige pulvérisée, tandis que de tous les sommets, Drus, Charmoz, Blaitière, tombaient de petites avalanches et des masses de roc.

Quoique ce séisme eût été d'intensité très moyenne, les chutes de blocs et de séracs, les glissements de neige et de boue se pousuivirent *douze heures durant* après le choc. C'est que la chaîne des Alpes est jeune et son relief hardi, partant peu stable. L'érosion, le gel, les secousses sismiques mineures débitent peu à peu les roches des pics et des aiguilles; des dalles énormes demeurent longtemps en équilibre précaire, n'attendant qu'un choc assez violent pour basculer. Il en est de même des glaciers accrochés aux parois, collés sur des pentes abruptes. Il en est de même de certains névés, de moraines... Qu'une secousse suffisamment forte ou suffisamment longue se produise, et la pesanteur reprend tous ses droits sur ces millions de tonnes. Cependant que les avalanches ainsi déclenchées, par leur violence même, par les nouveaux déséquilibres qu'elles créent, en engendrent d'autres, en chaîne.

Le séisme le plus violent que la France ait connu au cours du xxe siècle est celui qui, le 11 juin 1909, provoqua la destruction d'une dizaine de localités et la mort de quarante personnes. Le tremblement de terre de Provence se produisit dans une région comprise entre Aix, l'étang de Berre et la Durance. Mais il fut ressenti jusqu'à Montpellier et au-delà. *Mutatis mutandis* et toutes proportions gardées, on peut dire que le séisme de Provence a ressemblé — en tout petit — au grand choc chilien de mai 1960 : en deux endroits, autour de Roynes et autour de Pélissanne, le sol, sur quelques kilomètres carrés, s'est trouvé soulevé de quatre centimètres environ. C'est dérisoire, comparé aux millions d'hectares affaissés de plus d'une toise de long de la côte chilienne. Mais si les chiffres sont hors de proportion, les causes tectoniques profondes pourraient être fort semblables. Un autre point où la similitude est frappante est la répartition des maisons détruites : celles qui se trouvaient sur la roche dure, ici calcaire ou basalte, ont résisté; au contraire, se sont effondrées celles que l'on avait bâties sur les marnes ou les argiles.

A Paris, plusieurs personnes auraient été effrayées et d'autres auraient eu des nausées lors du séisme qui se produisit le 11 juin 1938 à midi en Belgique. L'épicentre, situé entre Bruxelles, Gand et Mons, était cependant à 300 kilomètres de Paris. Ce fut le choc le plus violent ressenti en Belgique, du moins depuis son indépendance, acquise en 1830. La profondeur du foyer, calculée par le sismologue belge Somville, était relativement grande : une cinquantaine de kilomètres; ce qui explique que le choc fut perçu dans un rayon de plusieurs centaines de kilomètres. Il y eut trois tués et des dégâts pour plusieurs millions de francs (d'avant-guerre). Je me souviens fort bien de ce tremblement de terre, car je le pris pour un express... Je me trouvais en effet dans la gare de la petite ville de Gembloux, en dehors de la zone pléistoséiste, à attendre le train de Bruxelles, qui devait arriver dix minutes plus tard. La période des examens était proche, j'étais assis à bûcher un cours dans la salle d'attente lorsque j'entendis le grondement puissant d'un rapide brûlant la gare à grande vitesse... Très étonné, et que le train fût tellement en avance sur l'horaire, et qu'il ne s'arrêtât pas, je me levai et allai au quai. Il n'y avait pas plus de train que de beurre en broche, mais deux cheminots à l'air tellement ahuri, qu'ils me firent éclater de rire au moment même où je comprenais ce qui venait de se passer.

Il est certain que la sismicité de l'Europe extra-alpine est insignifiante, comparée à celle des terribles sillons instables. Il n'en demeure pas moins que même dans nos régions si exceptionnellement épargnées par la nature, où il ne se produit ni cataclysmes telluriques, ni éruptions, ni typhons, ni déluges, ni tsunamis, ni sécheresses, même chez nous l'on peut s'attendre à sentir le sol vibrer sous les pieds, assez fort parfois pour jeter bas cheminées, clochers, voire plus encore.

TROISIÈME PARTIE

Les instruments et ce qu'ils enseignent

I

Les sismographes

DEPUIS l'Antiquité les esprits curieux des phénomènes de la nature avaient cherché comment enregistrer et le moment précis où se déclenche une secousse sismique et la trace des mouvements du sol qu'elle provoque. L'appareil le plus ancien qui nous soit connu vient de la Chine des Han, où il était en usage dès le premier siècle de notre ère. C'est une curieuse cloche à huit dragons qui regardent dans huit azimuts avec, chacun, une boule dans la gueule; tout choc d'une certaine force faisait tomber la boule d'entre les crocs du dragon qui faisait face à la direction d'origine.

L'on ne trouva rien de plus précis jusqu'au début du XVIIIe siècle, lorsque Jean de Hautefeuille améliora quelque peu le système; il introduisit un élément quantitatif en remplaçant la cloche à dragons par un bol de mercure muni tout autour de becs verseurs : le volume de mercure extravasé permettait d'évaluer l'intensité du choc. De tels instruments s'appellent des *sismoscopes* : grâce à eux l'on *voit* qu'une secousse s'est produite, et l'on en estime grossièrement la direction et la force.

Ce ne fut qu'en 1853 que Luigi Palmieri, directeur de l'Observatoire volcanologique du Vésuve, réalisa le premier *sismographe*, au sens étroit du terme. C'était un instrument qui notait l'heure exacte du déclenchement et la durée d'une secousse : le choc stoppait une horloge et provoquait la mise en route d'un tambour enregistreur.

Enfin le premier *sismomètre*, appareil *mesurant* les

divers mouvements du sol (sismographe au sens large), qui ouvrit l'ère de la sismologie moderne, fut inventé au Japon en 1880 par l'Anglais John Milne.

Le problème à résoudre est délicat. Un mouvement en effet ne peut guère se percevoir que par rapport à quelque chose d'immobile, ou d'animé d'un mouvement différent. C'est pourquoi, emporté avec douceur dans un avion à réaction, le passager qui ne regarde pas par le hublot peut aisément oublier qu'il se déplace (de même que, privés de toute référence si ce ne sont les astres, nous ne nous rendons pas compte que, passagers de notre planète, nous fonçons à travers les espaces cosmiques).

C'est dans ce caractère de relativité que gît la difficulté première à enregistrer un séisme : à quel système de référence en effet rapporter la vibration soudaine et brève du sol, où nous mettre, liés à ce sol par la pesanteur, pour en observer objectivement les mouvements ? Si la pesanteur n'existait pas, la chose serait simple : un instrument inscripteur se maintiendrait en suspension, parfaitement immobile au-dessus de la terre dont il enregistrerait les va-et-vient.

Cet idéal étant irréalisable, et nous étant solidaires du globe comme les passagers le sont du véhicule, le problème n'a pu être résolu que partiellement, grâce à la force d'inertie, celle-là même qui nous colle au dossier du siège d'une voiture qui démarre. Le principe du sismomètre est basé sur l'inertie du système mécanique le moins rigidement lié à son support et donc à la planète : le pendule. Imaginez ce qui se passe lorsque ce support auquel, au bout d'un fil assez long, est accroché un poids, se trouve soudain déplacé latéralement : pendant une fraction de seconde, le poids, par inertie, demeure immobile, pour ne s'ébranler qu'avec un certain retard. Si l'on invente un moyen d'inscrire ce retard, qui en fait est proportionnel au mouvement du support — et donc du sol dont il est solidaire — on aura réalisé un sismomètre.

Malheureusement l'inertie, qui permet cela, complique également les choses. Car tout serait encore assez simple si le mouvement du sol se réduisait en un déplacement unique. Mais un séisme, si même il n'est pas compliqué, comporte toujours une certaine durée au cours de laquelle sont engendrées des vibrations diverses, plus ou moins prolongées et plus ou moins espacées entre elles à mesure que l'on se trouve plus loin de l'épicentre. Or le pendule, une fois mis en branle, se mettra à aller et venir bien plus longtemps que la pulsation qui l'avait lancé, et ces balancements, interférant avec les impulsions successives du séisme, rendront l'enregistrement incompréhensible. Il se pose donc un deuxième problème, celui d'amortir les va-et-vient du balancier, les amortir assez pour qu'ils ne viennent pas obscurcir la trace des vibrations du sol, pas trop cependant pour ne pas insensibiliser le sismographe.

Il est nécessaire d'autre part d'ajuster la période du pendule à celle des ondes sismiques. Chacun sait qu'un pendule possède une période — c'est-à-dire le temps d'un aller et retour — proportionnée à sa longueur. Or un séisme engendre des ondes de périodes diverses. Pour qu'un enregistrement compréhensible puisse s'effectuer, *la période propre* du pendule doit se trouver dans un certain rapport avec celle de ces ondes. Cela semble compliqué mais, comme l'écrit le sismologue néo-zélandais Eiby, le lecteur comprendra beaucoup plus facilement et le principe du sismographe et les problèmes qu'il pose par une très simple expérience personnelle : prenons donc un mètre de ficelle, attachons un poids d'une centaine de grammes à une extrémité et tenons l'autre entre le pouce et l'index de façon que le poids se trouve suspendu au-dessus du sol; faisons mouvoir la main d'avant en arrière avec lenteur; le poids suivra sans retard ni balancement : il n'y a donc dans ce cas aucun mouvement différentiel entre la main et le poids. Augmentons la vitesse de va-et-vient; aussitôt l'inertie joue, et le poids ne se met à se balancer qu'avec un bref retard; si nous imprimons à la main une période de l'ordre d'une ou deux secondes, le balancement va s'amplifier jusqu'à devenir très grand, même si le va-et-vient de la main reste minuscule. Cette amplification résulte de ce que la période propre de notre pendule et celle du mouvement qui provoque son balancement sont du même ordre : il y a résonance et le pendule magnifie la vibration qui le met en branle; c'est là une qualité pour un sismographe puisque, hors la zone épicentrale d'un grand séisme, les vibrations du sol que l'on enregistre dans un observatoire sont microscopiques. Par contre, cette coïncidence de périodes présente des inconvénients très graves : d'une part l'amplitude des oscillations devient telle qu'elle empêche de déceler la suite des mouvements du sol; de l'autre, ces oscillations se poursuivent longtemps encore après la fin des vibrations sismiques.

Troisième expérience, enfin; pendule stoppé au départ, imprimons à la main un mouvement d'aller et retour, sur quinze ou vingt centimètres, aussi rapide que possible : le poids cette fois demeure presque immobile. Remplaçons dans notre imagination la main par un support rigidement solidaire du sol et nous aurons dans l'esprit le principe même du sismographe (sauf qu'il y faut encore adjoindre un procédé d'inscription et de mesure précise du temps) : une masse immobile et la terre en vibration. Comme cette expérience l'a montré, l'immobilité relative du pendule est réalisée lorsque la période de vibration est beaucoup plus courte que la période propre de l'instrument, et le grave inconvénient du cas précédent est donc supprimé; par contre les mouvements du sol ne sont pas assez agrandis, et pour lire le sismogramme il faut introduire un système d'amplification. De plus, pour enregistrer les ondes sismiques de longue période, les pendules devraient avoir une période propre telle que leur construction conduirait à des difficultés peu surmontables à cause de la longueur démesurée du balancier.

Dans la pratique on s'efforce de combiner le grandissement que permet un pendule de période voisine de celle des ondes sismiques, avec la fidélité d'enregistrement d'un pendule à période propre beaucoup plus longue. On remédie aux insuffisances de ce dernier par un système d'amplification, qui peut être mécanique, optique, électromagnétique ou électronique, et au défaut majeur du premier, c'est-à-dire un enthousiasme exagéré, par un système d'amortissement, bain d'huile ou frein électro-magnétique.

Lors d'un tremblement de terre, le mouvement, évidemment, se fait dans une direction quelconque. Or un pendule ne peut réagir qu'aux impulsions transmises dans son propre plan d'oscillation : seule une partie du mouvement total agira donc sur le balancier et sera inscrite par l'enregistreur. Pour reconstituer l'ensemble, il faut disposer des trois composantes géométriques; on les obtient en plaçant trois sismographes à angles droits, l'un pour la composante verticale, les deux autres pour les composantes nord-sud et est-ouest (ou tous autres azimuts orthogonaux).

Pour qu'un sismomètre réagisse à la seule composante verticale, on n'a pas trouvé d'autre moyen que de contrecarrer par un ressort l'effet de la pesanteur; cela présente certains inconvénients, tels que les variations d'élasticité selon la température et le vieillissement du métal, inconvénients auxquels on remédie à force d'ingéniosité technique.

Quant aux composantes nord-sud et est-ouest, plutôt que le pendule ordinaire, on utilise pour les enregistrer des sismomètres à pendule horizontal, à pendule inversé ou à pendule de torsion. Tous en effet ont sur le pendule normal le très grand avantage de réduire considérablement l'action de la pesanteur sur le balancier. Un pendule horizontal oscille autour d'un axe *presque* vertical; comme une porte — la comparaison est classique — dont l'axe de rotation n'est plus tout à fait vertical. Dans le pendule inversé la masse, retenue de gauche et de droite par des ressorts à boudin, repose et oscille sur une arête horizontale orientée perpendiculairement à la direction des mouvements. Le pendule à torsion enfin est constitué par un mince fil tendu verticalement, fil auquel un léger cylindre métallique est fixé le long d'une de ses génératrices, cylindre qui, par inertie, oscille autour du fil lorsque le bâti subit des trépidations.

Pendule horizontal. Pendule inversé. Pendule de torsion. (*D'après Charles F. Rishter, « Elementary Seismology »*.

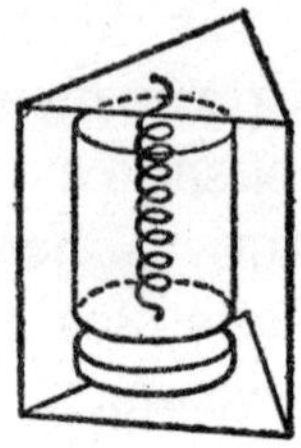

Le premier sismomètre horizontal fut donc inventé en 1880 par John Milne; le premier appareil à pendule inversé fut construit par E. Wiechert en 1900, le premier sismographe électromagnétique le fut en 1906 par Boris Galitzine et le premier sismomètre à torsion en 1922, par Wood et Anderson. Depuis lors, modifications et améliorations n'ont cessé d'être apportées aux instruments originaux. Des sismographes électromagnétiques excellents ont été inventés, en France notamment par Grenet et Jean Coulomb.

En 1932, Hugo Benioff mit au point un type de sismographe tout différent, que Milne avait déjà tenté de réaliser dès la fin du XIXe siècle. Son principe n'est plus celui de l'inertie d'un pendule, mais du déplacement relatif, aussi ténu soit-il, de deux points du sol se rapprochant ou s'écartant au passage des ondes élastiques d'un tremblement de terre. L'instrument de Benioff, qu'il

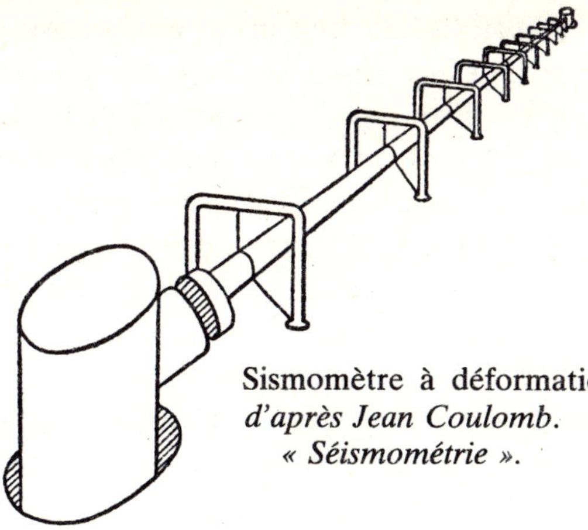

Sismomètre à déformation de Benioff, *d'après Jean Coulomb.* *« Séismométrie ».*

appelle « strain seismometer » c'est-à-dire sismographe mesureur de tensions ou de déformations du sol, se compose de deux piliers enfoncés dans le sol à vingt mètres l'un de l'autre dans son premier modèle, à cinquante dans celui construit à l'observatoire de Palomar. Un tube de fer horizontal, de dix mètres de long, est fixé à chacun d'eux et porte à son extrémité libre, l'une l'aimant d'un enregistreur électromagnétique, l'autre un fer doux en forme de U autour de chacune des branches duquel se trouve enroulé un bobinage. L'instrument est réglé de façon que la moitié du flux magnétique passe par chacun des bobinages lorsque le sismomètre est au repos. Mais le moindre changement dans la distance qui sépare les deux poteaux rapproche l'aimant de l'une ou de l'autre branches de l'U, ce qui provoque dans la bobine correspondante la naissance d'un courant électrique proportionné que le galvanomètre inscrit. Le sismologue japonais Sassa a remplacé le tube de fer par un fil d'invar tendu par un ressort à boudin et déplaçant une bobine dans le champ d'un aimant fixe.

A la suite du sismomètre proprement dit, ou géophone, la plupart des instruments modernes sont équipés d'un amplificateur électromagnétique. La transmission de « signaux » du géophone se fait par un petit miroir qui, remplaçant l'aiguille normale du galvanomètre, renvoie sur une feuille de papier photographique se déroulant régulièrement le pinceau de lumière d'une lampe électrique. Si l'on veut pouvoir surveiller le sismogramme au fur et à mesure de son enregistrement, on remplace l'impression photographique par un système d'inscription à trace directe, soit que le galvanomètre actionne un stylet écrivant à l'encre sur papier ordinaire, soit qu'il grave un trait sur une feuille enduite de noir de fumée, soit par d'autres agencements encore, tels que le brûlage électrique de la trace ou son inscription par un mince jet d'encre lancé sur le papier. Et le système le plus récent, qui permet en outre de reproduire à volonté avec filtrages éventuels, amplifications plus ou moins grandes, etc., consiste à enregistrer sur bande magnétique avec restitution ultérieure sur papier.

II

Langage des sismographes

QUEL que soit le type de sismographe, ce qu'il inscrit est une interminable ligne, tantôt presque droite, tantôt zigzagante. Ce sont ces zigzags qui mesurent les mouvements du sol. Ils peuvent, selon le type de sismographe, représenter son déplacement, ou son accélération, ou encore la vitesse qu'il acquiert lors de la secousse. La mesure de l'une de ces données permet d'ailleurs de calculer aisément les deux autres.

Si le sismographe est assez sensible, la ligne qu'il tracera sera un trait de scie qu'aucun segment rectiligne correspondant à une période de calme total ne viendra jamais interrompre, car la terre vibre de façon continuelle. Non seulement plus d'un million de séismes se produisent chaque année — ce qui représente une moyenne de deux tremblements de terre chaque minute, mais bien d'autres causes encore engendrent la vibration ininterrompue de l'écorce terrestre : choc des vagues contre les rivages, action du vent sur les falaises, les montagnes, les bâtisses et les arbres, secoués jusqu'aux plus profondes racines, pluie tambourinant sur le sol, eaux qui ruissellent, qui tombent en chutes et cataractes, rivières souterraines, orages, typhons, variations de la pression barométrique, et aussi les formes de l'activité humaine, depuis les trépidations des moteurs et les charrois de tout genre jusqu'aux explosions industrielles ou belliqueuses. Un frémissement continu de l'écorce du globe en résulte, que les sismomètres sensibles inscrivent sous forme d'une ligne zigzagante ininterrompue.

L'étude de ces *microséismes* est intéressante à bien des égards, entre autres parce qu'elle permet de déceler à grande distance la naissance d'un typhon et d'en suivre la marche et l'approche éventuelle. Ce « bruit de fond », si on l'enregistre sans atténuation suffisante, par contre gêne la lecture de l'inscription laissée par les tremblements de terre; aussi règle-t-on les sensibilités et les périodes propres des instruments de telle sorte que les microséismes ne viennent pas obscurcir la trace des séismes tectoniques.

Chacun connaît l'aspect d'un sismogramme; l'on est moins au courant de ce qu'on peut distinguer même sans être spécialisé en la matière, dans cette succession de zigzags hiéroglyphiques. Un bon enregistrement d'un choc suffisamment éloigné montre la succession de trois types d'ondes, qui sont à la fois de plus en plus lentes (puisque, parties ensemble du foyer, elles parviennent au sismographe les unes après les autres) et de plus en plus amples. L'arrivée d'un train d'ondes débute par une *impulsion* brusque, *i,* ou par un passage plus graduel que les sismologues appellent *émergence, e,* de l'état normal du sol à celui de vibration.

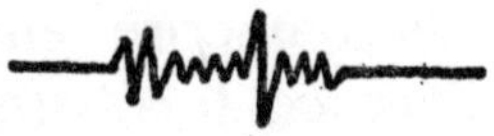
Impulsion.

Emergence.

Les plus rapides sont des ondes de faible amplitude et de courte période; le vrai profane à première vue ne les distingue parfois guère du « bruit de fond » microsismique. Premières à s'inscrire, on les appelle P. Ce sont, comme les ondes sonores, des ondes de compression : sur leur trajet, les particules de roches tour à tour se compriment et se dilatent, c'est-à-dire que chaque particule est propulsée d'arrière en avant et d'avant en arrière dans le sens même où l'onde se propage; aussi les nomme-t-on également ondes « longitudinales ».

Après un certain nombre de secondes (ou de minutes, selon la distance du foyer) survient un second type de vagues élastiques, les S, de période et d'amplitude plus grandes que les P. On les appelle aussi ondes « transversales », « ondes de distorsion » ou ondes « de cisaillement » parce que chaque particule de matière, sur leur passage, vibre de part et d'autre dans un plan perpendiculaire à la propagation. Vous pourrez vous le figurer fort bien en comparant le mouvement des particules rocheuses mises en branle par des S à celui d'une corde que l'on fait ondoyer en la secouant par un bout.

Les S sont suivies par des trains d'ondes de période et d'amplitude beaucoup plus fortes, celles de la grande famille des L, les longues; mais où il n'est pas mauvais que même l'amateur fasse la distinction entre les L proprement dites ou ondes de Love, les M d'amplitude maximale et les C de la queue (ou Coda) de l'ébranlement.

Une différence fondamentale sépare les P et S d'une part des L de l'autre : pour aller du foyer qui les engendre aux divers points de la surface où on les ressent et les enregistre, les premières traversent l'intérieur du globe alors que les dernières en « font le tour » le long de l'écorce.

Tout cela — façon de vibrer, itinéraires parcourus, nature des ondes — a été découvert peu à peu par la coalition de la physique mathématique et de la sismographie d'observatoire, de la théorie des ondes mécaniques et de la comparaison des sismogrammes d'un même grand tremblement de terre, enregistrés dans les divers observatoires du globe.

Au début, on a cru que les P et les S étaient les ondes d'un choc préliminaire au séisme principal dont les L seules étaient le message. L'idée n'était pas irrationnelle d'ailleurs, qui expliquait ces ondes « préliminaires » par une fracturation mineure des roches, précédant le bris principal. Mais on eut tôt fait de s'apercevoir que les prétendus préliminaires étaient bel et bien les ondes les plus véloces du séisme lui-même.

La comparaison de tous les sismogrammes d'une même grande secousse, enregistrés aux quatre coins du globe, a conduit à la conception d'ondes de natures différentes voyageant à des vitesses propres : plus le lieu d'enregistrement est éloigné de l'épicentre, plus est important le retard des S sur les P et celui des L sur les S.

Faits dans tel ou tel observatoire, les enregistrements des ondes provenant d'une même région éloignée se ressemblent souvent comme frères jumeaux, même pour des séismes que de longues années d'intervalle séparent. Comme le dit Richter, il ne pouvait y avoir que deux hypothèses pour expliquer cette étrange similitude : ou bien l'identité des sismogrammes était due à la répétition, point pour point, détail pour détail, des mécanismes successifs de la rupture des roches; ou bien, après un choc normalement bref et simple provoqué par le jeu d'une faille, la complexité de l'enregistrement reflète la complexité du long parcours entre foyer et sismographe. L'interprétation de ces enregistrements doit alors permettre de découvrir les constantes physiques de divers milieux que les ondes ont traversés, et leurs variations, progressives ou brutales. C'est ainsi que l'on a peu à peu déchiffré certaines des énigmes que pose l'intérieur du globe, et que l'on est arrivé à s'en faire une idée relativement précise.

Comparant ainsi des milliers et des milliers de sismogrammes de toutes provenances, les sismologues ont déterminé les vitesses de différentes ondes dans les différentes roches qu'elles traversent, et les trajets que ces ondes parcourent. Ils ont découvert que les P et les S, pénétrant dans les profondeurs, se réfractent et se réfléchissent sur des surfaces séparant des milieux différents. Ainsi, et ainsi seulement, on a découvert que la planète est formée de sphères concentriques que des discontinuités nettement marquées séparent.

Le nom du sismologue Mohorovicic qui l'a découverte, est resté attaché à celle de ces discontinuités qui se trouve entre l'écorce superficielle et le manteau de magma, et le nom du sismologue Gutenberg à celle qui, vers 2 900 kilomètres de profondeur, délimite le noyau central. En outre, des discontinuités mineures ont été décelées, tant dans la croûte que dans le manteau; et dans le noyau lui-même, vers 5 000 kilomètres sous la surface, on a découvert une frontière qui isole une « graine » centrale.

Chacun connaît ce phénomène de réfraction qui fait qu'une tige droite plongée obliquement dans une eau transparente semble brusquement brisée à hauteur de la surface. Cette illusion d'optique est due à la différence de densité entre les deux milieux.

D'autre part, chacun a remarqué qu'un rayon de lumière envoyé, par exemple sur une vitre, se réfléchit d'autant plus qu'est faible l'angle qu'il fait avec elle.

Il en est de même avec les « rais » d'ondes élastiques que le foyer d'un tremblement de terre irradie : au contact d'une surface séparant deux milieux de nature ou de poids spécifique dissemblables, ils se réfractent et se réfléchissent plus ou moins, d'une part selon les différences de densité de ces milieux, de l'autre selon l'angle d'incidence. Les ondes peuvent d'ailleurs se réfléchir également contre la surface extérieure du globe et être renvoyées en profondeur pour aller resurgir ailleurs.

On a peu à peu découvert ainsi aux P et aux S initiales des quantités de parents, descendants directs ou cousins plus ou moins rapprochés, et on les a baptisés selon leur filiation. Par exemple une onde P qui s'est réfléchie une fois sur la surface du globe avant d'être enregistrée s'appelle PP; l'onde S correspondante donne une SS (rien à voir avec les sinistres individus que ce sigle évoque !). Une double réflexion sous la surface donne des PPP et des SSS... Il se peut qu'une P par réflexion se transforme en une S, et réciproquement; cela donnera alors une onde Ps dans le premier cas, une Sp dans le second. Lorsqu'une onde se réfléchit sur la discontinuité de Gutenberg (celle séparant le manteau du noyau), elle devient une PcP ou une ScS, le *c* indiquant qu'elle a rebondi sur le *core,* mot anglais pour noyau. Si la nature de la vibration change lors de la réflexion, on obtient des PcS ou des ScP. Quand l'onde directe pénètre dans le noyau (en se réfractant), on lui attribue la lettre K (allemand *Kern :* noyau); par exemple PKP signifie qu'une P, avant d'être enregistrée, a fait en tant que telle le parcours foyer-surface du noyau, a traversé celui-ci, où elle a pris le nom de K, s'est réfractée en émergeant dans le manteau et sous forme d'une P de nouveau a traversé celui-ci jusqu'au sismographe. Ces PKP étant l'une des phases les plus importantes des sismogrammes, on lui a donné un nom abrégé, P'. Parfois, la nature de la vibration change lors de la réflexion, on obtient des enregistre des PKS, des SKP, des SKS. Des ondes K peuvent se réfléchir sur la face inférieure de la discontinuité de Gutenberg, et donner alors des PKKP, des PKKS, des SKKP ou des SKKS. Et des complications supplémentaires engendrent les PKSPKS, les PKSSKP, les SKPPKS, les SKPSKP... Il est probable qu'on n'a pas encore découvert tous les types d'ondes réfléchies et réfractées qui existent. Les analyses qui conduisent à ces découvertes sont évidemment très délicates, et l'on peut essayer de se l'imaginer en songeant, par exemple, à ce que peut être la recherche d'une impulsion particulière, ou d'un léger changement de période ou d'amplitude au milieu de la forêt de dents de scie d'un sismogramme de grand choc, surtout si cette impulsion et ces altérations sont celles d'ondes qui ont non seulement été réfractées et réfléchies aux diverses surfaces de discontinuité mais ont parcouru deux, voire trois fois le diamètre de la planète, telles les PcPP' (ou PcPPKP) ou les P'P'P' (c'est-à-dire PKPPPKPPKP !)...

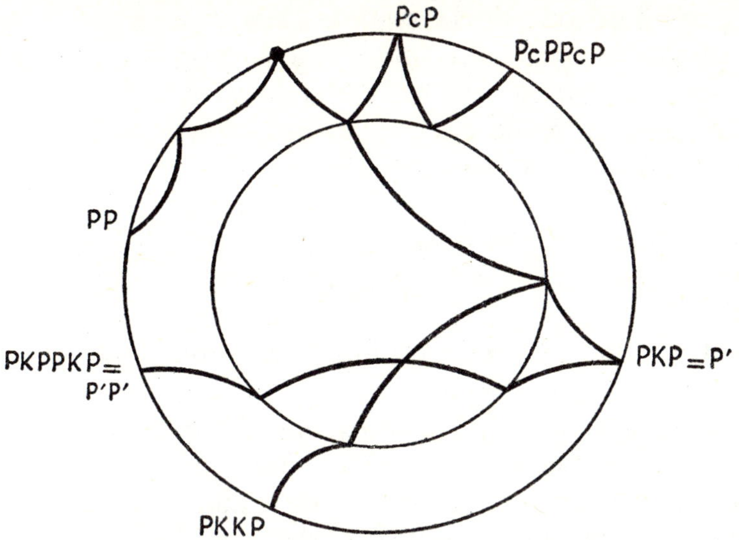

Parcours des principaux types d'ondes P d'un séisme superficiel. Le symbole c indique une réflexion sur le noyau (core), le symbole K indique la traversée du noyau (Kern). La « graine » n'a pas été figurée. Les parcours des S ne sont pas figurés, mais le lecteur pourra les tracer aisément en se référant aux symboles du texte.

Un schéma montrera plus clairement le parcours de ces ondes. On s'aperçoit, à le regarder, que les itinéraires ne sont jamais rectilignes mais concaves vers le haut. La cause en est l'augmentation progressive de la densité de la matière terrestre avec la profondeur. De même que la tige plongée obliquement dans un verre d'eau semble, une fois dans le liquide à la densité plus élevée que l'air, avoir soudain une inclinaison moindre, de même les rais d'ondes se réfractent vers le haut à mesure qu'augmente, avec la densité, l'indice de réfraction des couches profondes; comme cette augmentation semble progressive, la réfraction l'est aussi, et le parcours prend une allure concave.

Parmi les notations qu'il faut signaler, citons encore *p* et *s;* elles correspondent au parcours direct entre le foyer et la surface. Si cette onde se réfléchit sous la surface avant d'arriver à l'enregistreur, elle donnera des pP, des sS, des pS ou des sP. Cette phase prend toute son importance dans le cas des séismes profonds.

La vitesse des ondes mécaniques augmente avec

l'élasticité du milieu qu'elles traversent et comme les vitesses des ondes sismiques croissent à mesure qu'elles s'enfoncent vers l'intérieur du globe, on en a déduit que l'élasticité, la rigidité donc de la matière terrestre grandit avec la profondeur. Du moins en est-il ainsi jusqu'à la discontinuité de Gutenberg à 2 900 kilomètres sous la surface. Car là, par contre, la vitesse des P, qui avait crû assez régulièrement depuis 6 km/sec. environ dans l'écorce terrestre jusqu'à 13,5 km/sec. à la base du manteau, tombe soudain à 8 km/sec., la frontière du noyau à peine franchie. Après quoi elle se remet à augmenter, et cela jusqu'au centre, où elle est de 11,5 kilomètres par seconde.

Déduits de l'analyse des sismogrammes, ces faits sont de puissants arguments en faveur des hypothèses qui voient dans le noyau de la planète quelque chose de nettement différent de ce qui l'entoure. Mais en quoi consiste cette différence — changement de l'état physique du magma, métamorphose soudaine de sa minéralogie, composition chimique fondamentalement autre — le problème n'est pas résolu, loin de là. Cependant, ici encore, le langage des ondes sismiques nous apporte une clef supplémentaire : ce noyau réagit aux tremblements de terre comme le ferait un liquide. Les ondes de distorsion en effet, les S — on le sait par la théorie et par l'expérience — ne se propagent qu'au travers des solides, car les liquides les arrêtent. Or, voici ce qui se passe pour elles à l'intérieur du globe : de trois à quatre kilomètres par seconde dans l'écorce, leur vitesse croît, au sein du manteau magmatique, jusqu'à 8 km/s. à 2 900 kilomètres de profondeur; au-delà, plus rien : elles ne dépassent pas la grande discontinuité du noyau. Ou alors, si elles la dépassent, c'est sous forme de K longitudinales, qui apparaissent à la résurgence, du côté des antipodes, comme SKP, ou SKS selon que l'onde de compression K au sortir du noyau demeure longitudinale (P) ou se retransforme en tranversale S.

Un autre indice encore de la liquidité du noyau est donné par la sismologie; c'est le comportement de certaines ondes extrêmement longues (plusieurs centaines de kilomètres), dont la découverte et l'étude sont toutes récentes.

Je me surprends à parler des déductions relatives à l'architecture de la planète, alors que je n'ai rien dit encore de ce travail premier des stations sismographiques, la localisation des épicentres; la faute en est à la tendance naturelle du géologue, pour qui la sismologie est avant tout un merveilleux outil pour ausculter la planète et en connaître la structure.

Il est aujourd'hui fort simple de déterminer la distance d'un épicentre pour peu que le moment précis où les P, puis les S, se sont inscrites sur l'enregistrement soit connu. Comme la vitesse de chacune de ces ondes est désormais connue, le retard sans cesse croissant que les secondes prennent sur les premières permet de calculer aisément la distance. On exprime cette dernière en degrés plutôt qu'en kilomètres; les degrés, correspondant à l'angle au centre du globe entre foyer et station réceptrice, mesurent la distance de façon univoque; cela évite toute confusion avec les distances diverses parcourues par les ondes, dont certaines traversent plus ou moins directement la planète pendant que d'autres la contournent par la surface.

La distance une fois connue, il s'agit de préciser la direction. Galitzine avait mis au point une méthode permettant de déterminer l'azimut à partir d'une seule station à condition d'y avoir obtenu une bonne inscription pour chacune des trois composantes; les deux sismographes horizontaux étant identiques, on compare entre elles les amplitudes de la première impulsion P, enregistrées selon la composante N.-S. et selon la composante E.-O; leur rapport est en relation directe avec le trajet de l'onde, et l'on peut donc calculer l'angle de ce dernier avec le nord. Reste à déterminer l'azimut, ce qui se fait selon que la première impulsion était une compression ou une raréfaction de la matière. Cela se détermine d'après la composante verticale : si le premier mouvement du sismogramme est un soulèvement, il s'agit d'une compression, et inversement. L'angle avec le nord, obtenu à partir du rapport des composantes horizontales, indique la direction de l'épicentre en cas de raréfaction initiale, la direction opposée en cas de compression.

Mais il est bien plus simple, et plus exact, de procéder par triangulation, grâce aux distances mesurées à trois stations différentes (trois ou davantage).

La chose est d'autant plus aisée que dans le domaine de la sismologie la coopération internationale est plus poussée qu'en aucune autre science peut-être et que les divers observatoires échangent aussitôt que possible les données qu'ils récoltent. Ces échanges se font soit directement, soit par l'intermédiaire de quelques importants organismes de centralisation, tels que le Bureau central international séismologique de Strasbourg ou le U.S. Coast and Geodetic Survey de Washington.

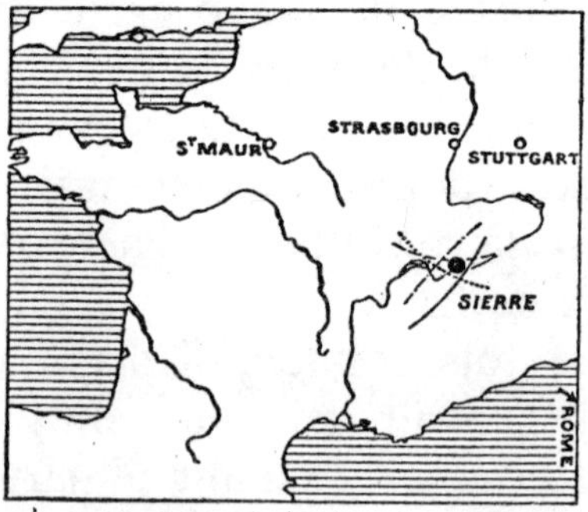

Détermination d'un épicentre.

L'épicentre d'un séisme normal est donc en général aisé à situer. Si les enregistrements sont techniquement bons — c'est-à-dire si l'inscription est claire, si les ondes débutent avec un *impétus* bien net et non par une émergence progressive, si le moment de cet *impetus* peut être fixé au dixième de seconde ou moins encore — la précision peut être de l'ordre d'une lieue ou deux.

Il suffit de connaître la distance séparant trois observatoires de l'épicentre pour déterminer celui-ci en traçant sur la carte (ou le globe) un arc de cercle autour de chaque station, avec la distance correspondante pour rayon.

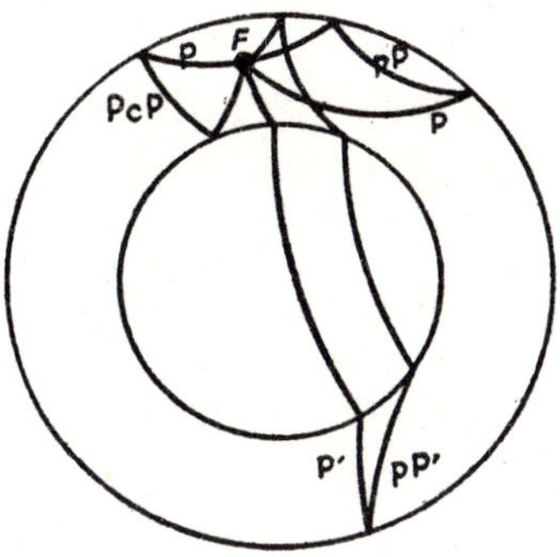

Il peut arriver que les arcs de cercle ainsi tracés ne se recoupent pas du tout au même point ni même dans sa proximité. C'est alors l'indice certain que le séisme ici n'est pas normal, mais profond. Les distances calculées sont en effet celles qui séparent les stations du foyer et non de l'épicentre, lequel n'est rien que le point de la surface terrestre située à l'aplomb du foyer. Lorsque ce dernier ne se trouve qu'à quelques kilomètres ou même à une dizaine de kilomètres de profondeur, le temps mis par une onde pour atteindre un enregistreur suffisamment éloigné est pratiquement le même que si ce foyer était à l'épicentre. Mais lorsqu'une ou plusieurs centaines de kilomètres séparent épicentre et foyer, il n'en est plus ainsi, et il faut alors calculer la profondeur pour pouvoir faire se croiser en un même point les arcs de cercle correspondant à chaque station. Le principe du calcul qui sert à déterminer la profondeur est simple. Si l'observatoire se trouve de l'autre côté du globe, l'onde venue du foyer à travers le noyau (pKP) arrivera beaucoup plus tôt que la P' (ou PKP) arrivant à l'épicentre; l'écart représentera le parcours aller et retour de l'onde *p* du foyer à l'épicentre. Si l'observatoire se trouve au contraire dans le voisinage de l'épicentre, on se base sur l'écart de temps entre l'arrivée de *p* et celle de pcP, l'onde *p* réfléchie sur le noyau. Si la station se trouve dans une situation intermédiaire, l'écart utilisé est celui entre la *p* directe et la pP de réflexion sur la surface du globe.

La profondeur d'un séisme joue un grand rôle dans la sévérité de ses effets; il est évident qu'à magnitude égale l'intensité à la surface sera d'autant moindre que le foyer est enfoui loin sous son épicentre. Une autre raison importante est qu'un choc profond n'engendre pas de fortes ondes superficielles. Or ce sont celles-ci, à cause de leur grande amplitude pour des périodes relativement courtes encore, qui sont les plus dangereuses pour l'homme. Un troisième facteur enfin joue son rôle dans la gravité des secousses qui se produisent près de la surface, c'est qu'une importante partie de l'énergie libérée ne peut s'enfoncer dans l'intérieur du globe car elle est réfléchie au contact du manteau, où les vitesses de translation deviennent soudain beaucoup plus élevées que dans l'écorce. Cette énergie renvoyée entre la discontinuité de Mohorovicic et la surface s'ajoute à celle des ondes superficielles. Ceci explique aussi pourquoi l'arrivée des trains d'ondes se prolonge à mesure que la distance de l'épicentre augmente; que se passe-t-il lorsque cette distance, baptisée △ dans le langage sismologique, est assez grande ? Après l'arrivée des ondes directes P, puis S, et se superposant aux différentes phases des ondes de surface, surviennent ces ondes réfléchies, d'abord celle qui s'est réfléchie sous un angle minimal, puis, coup sur coup, celles qui ont subi des réflexions successives sous des angles de plus en plus grands jusqu'à ce que celui-ci atteigne une valeur critique, celle qui permet au rai de se réfracter dans le manteau.

Cet extraordinaire spectre d'ondes, s'étalant depuis les vibrations aux périodes d'une fraction de seconde jusqu'aux majestueuses pulsations dont les crêtes, quoique se poursuivant à la vitesse de quelque quatre kilomètres par seconde, mettent près de cent minutes pour passer au même point du globe, ce spectre est l'outil essentiel d'auscultation de notre planète.

J'aurais aimé décrire plus longuement les techniques utilisées par les sismologues pour enregistrer chacune des phases de ce spectre, pour en déceler ces fugaces nuances dont chacune est un message venu des tréfonds mystérieux du globe. J'aurais voulu parler du patient décryptage de ces graphiques, accumulés par kilomètres de lignes zigzagantes sur la table du sismologue qui les parcourt, les annote, les déchiffre, en tire les données de base des calculs, en déduit des hypothèses de travail que d'autres dépouillements confirment... ou démentent. Ainsi naissent peu à peu les certitudes, apparaissent l'un après l'autre les faits sur lesquels s'étaie notre savoir sur les structures profondes de la Terre.

Mais je ne suis pas qualifié pour ce faire, et je renvoie le lecteur à l'un ou à l'autre des livres et articles — haute vulgarisation ou même publications scientifiques mais que tout « honnête homme » peut suivre — dont une bibliographie élémentaire se trouve à la fin de ce volume.

Cependant, certaines de ces techniques, nous les utilisons dans notre propre métier, la volcanologie. Elles sont même, à l'heure actuelle, les meilleures que nous possédions, tant pour ausculter les profondeurs inaccessibles d'un volcan actif que pour en prévoir l'éruption.

III

Sismologie volcanique

Un volcan n'est qu'une fissure ouverte à travers l'écorce terrestre, qui met en communication directe la surface avec une poche de magma en fusion; autour de la gueule s'accumulent les matières qu'elle vomit, coulées désormais figées de laves sorties incandescentes et fragments de toutes tailles, blocs, bombes, scories, lapilli, poussières et cendres, que la ruée des gaz a lancés dans les airs. Ainsi se sont édifiés et s'édifient les cônes volcaniques, terrils naturels des plus profondes des mines, dont la hauteur va de quelques centaines de pieds à près de dix mille mètres. La fracturation des roches de la croûte superficielle du globe qui donne naissance aux volcans est étroitement apparentée aux failles qui font se mouvoir les uns par rapport aux autres les vastes blocs se chevauchant ou ripant le long des zones d'instabilité sismique. Mais ce voisinage, cette intimité, cette parenté ne signifient pas que volcans et séismes tectoniques soient liés entre eux par une quelconque relation de cause à effet : les éruptions se produisent sans aucune corrélation apparente avec un tremblement de terre, et le plus formidable de ceux-ci ne parvient guère à réveiller un volcan. C'est d'ailleurs à cause d'une prétendue exception à cette règle — et quelle exception : dix éruptions simultanées, dont deux de volcans nouvellement apparus ! — que j'ai dû de pouvoir voler vers le Chili ravagé de 1960.

Nés tous deux de forces de tensions qui brisent l'écorce de la planète, séisme et volcan sont frères, mais indépendants l'un de l'autre. Encore faut-il bien préciser : séismes tectoniques. C'est-à-dire ceux-là qui constituent plus de quatre-vingt-dix pour cent de tous ceux qui secouent le monde, et les cent pour cent des chocs de magnitude élevée. Les pour-cent qui restent sont presque entièrement constitués de tremblements de terre volcaniques, ceux qui toujours précèdent, d'ordinaire accompagnent, et parfois suivent les éruptions.

Quelle différence y a-t-il entre séismes tectoniques et séismes volcaniques ? En fait, on ne peut pas dire qu'il existe de limite parfaitement tranchée. Comme dans la plupart des phénomènes naturels, il y a passage progressif de l'une des catégories dans l'autre, et c'est notre esprit classificateur qui, ici comme partout, trace avec un certain arbitraire une frontière catégorique. Du point de vue de leur genèse, les chocs volcaniques, au contraire de la majeure partie des séismes tectoniques, ne sont pas provoqués directement par les puissants efforts de compression qui font jouer les grandes failles de chevauchement ou de coulissage, ces accidents qui, comme nous l'avons vu, semblent à l'origine de la quasi-totalité des grands séismes du monde. C'est au contraire à des tensions, à des effets de décompression, que les volcans et les chocs qui les accompagnent devraient leur existence. Les tremblements de terre volcaniques, dont l'énergie n'est jamais qu'une fraction de celle des grands séismes tectoniques, et qui sont toujours superficiels, ne s'apparentent qu'avec des cassures qui sont, elles aussi, liées à des tensions.

Par superficiels, n'oublions pas que l'on entend tous ceux qui se produisent jusqu'à une soixantaine de kilomètres sous la surface. C'est bien à ce niveau que se déclenchent les plus profonds des tremblements de terre volcaniques. On en a localisé, entre soixante et soixante-dix kilomètres, qui précédèrent des éruptions au Kamtchatka et à Hawaii. Ce sont les foyers éruptifs les plus éloignés de la surface et, il faut le préciser, les seuls à avoir jamais été décelés avec précision jusqu'ici. Les sismogrammes que l'on a enregistrés à partir de ces secousses, avec leur succession des phases P, S et L, ne diffèrent guère de ceux des chocs tectoniques normaux.

Cependant les séismes volcaniques donnent naissance à des ondes de période fort courte (ce qui, à énergie égale, les fait mieux ressentir). Les chercheurs japonais, Takeshi Minakami en tête, ont distingué, à l'Asama et au Sakurajima notamment, deux espèces bien distinctes de secousses, qu'ils ont baptisées A et B. Les premières sont précisément celles-là, à l'aspect ordinaire de séisme normal, qui se produisent entre un et dix, parfois vingt kilomètres sous la surface; les autres au contraire, où l'on ne retrouve pas les phases classiques et qui surviennent en essaims, ont un foyer situé dans un rayon d'un kilomètre à peine autour du cratère. Alors que les chocs de type A semblent résulter de la fracturation des roches de l'écorce, probablement sous l'action du magma en train de se frayer un chemin vers l'extérieur, les secousses de la deuxième catégorie proviendraient des explosions, des échappements gazeux qui caractérisent l'éruption. Minakami distingue, de plus, des séismes d'explosion accompagnant les violentes éruptions à caractère vulcanien, et enfin les microséismes de l'agitation volcanique liée à l'activité strombolienne.

Aujourd'hui où il reste encore tant à découvrir dans ce domaine, l'observation minutieuse de l'activité sismique d'un volcan est le moyen le plus sûr d'en prévoir le réveil. A plusieurs reprises on est parvenu déjà à déterminer à l'avance le jour et le lieu d'une éruption. L'on n'est peut-être pas loin, par l'interprétation judicieuse des données sismographiques, d'arriver à en prédire le cours.

Ces prévisions, évidemment, ne sont possibles que lorsque le volcan se trouve dans le champ d'un observatoire bien outillé. De plus il est presque indispensable, pour interpréter correctement la signification des chocs qui s'y produisent, d'avoir l'expérience des habitudes sismiques et des particularités du volcan en question. Et chacun d'eux, hélas, possède son tempérament personnel... Quel que soit d'ailleurs son comportement habituel, il semble certain que nulle éruption ne puisse survenir sans qu'aient augmenté de façon extraordinaire et le nombre et l'intensité des chocs, malheureusement pas toujours suffisamment à l'avance. Il se pourrait même que l'activité sismique préalable soit en relation directe avec la violence de l'éruption à venir. Un exemple saisissant en est celui de l'éruption la plus violente peut-être de ce siècle, passée inaperçue parce qu'elle s'est produite dans les déserts glacés du Kamtchatka hivernal.

Le volcan où elle éclata s'appelle — si l'on peut dire, car cela signifie « sans Nom » — Bezimianny, et n'était soumis à aucune surveillance car on le considérait comme éteint. A la fin de septembre 1955, la station volcanologique de Klioutchi, établie quarante-cinq kilomètres plus au nord pour observer le Klioutchevskoï, très actif et gigantesque (4 800 mètres d'altitude), commença à enregistrer des secousses dont l'épicentre, au lieu de coïncider avec le volcan actif, se situait au « volcan sans nom ». Pour être sûrs que quelque incompréhensible erreur dans les calculs ne les avait pas trompés, Gorshkov et ses collaborateurs de la station de Klioutchi organisèrent une expédition et, parvenus sur place, purent se convaincre que c'était bien sous le Bezimianny, réveillé d'un sommeil plusieurs fois séculaire, que la terre tremblait.

A partir du 29 septembre 1955, date où le premier et faible séisme fut enregistré à Klioutchi, leur nombre quotidien et leur force allèrent croissant. Le 11 octobre déjà, les mouvements du sol à Klioutchi atteignaient cent microns, malgré la distance. Du 11 au 22 la vibration augmenta jusqu'à dépasser mille microns, et l'on ressentait à Klioutchi plusieurs centaines de secousses chaque jour. L'éruption commença le 22, et les chocs dès lors se succédèrent sans interruption jusqu'au colossal paroxysme du 30 mars 1956, où la montagne se décapita en une formidable explosion et projeta ses débris à près de cinquante mille mètres de hauteur. Durant cette période éruptive, longue de cinq mois, plus de *trente mille* secousses furent enregistrées.

L'éruption n'était cependant pas terminée : dans la vaste éventration laissée par le cataclysme, une excroissance de lave très épaisse apparut et se mit à pousser. C'était un dôme d'accumulation, caractéristique des volcans à magma très visqueux, ceux-là mêmes qui, telle la montagne Pelée à la Martinique, engendrent ces terrifiantes nuées ardentes qui fusent à des vitesses dépassant parfois 600 kilomètres à l'heure.

Pendant les années qui suivirent la fantastique explosion du 30 mars 1956, l'activité s'est poursuivie dans le cratère élargi du Bezimianny. Le cumulo-dôme croissait, avec des ralentissements, des accélérations, et des éruptions, gaz et cendres volcaniques, survenaient de temps à autre. Chacune d'elles était précédée par un accroissement de l'intensité et du nombre de secousses, qui atteignait son maximum au moment de l'éruption. Si l'on trace les courbes de l'activité de cette éruption très importante et complexe on voit que non seulement le réveil du volcan a été annoncé près d'un mois à l'avance, mais aussi que chaque maximum explosif a été précédé d'une intensification de la sismicité. Il faut remarquer qu'il est tout à fait exceptionnel que des secousses volcaniques soient ressenties dans un rayon de plusieurs dizaines de kilomètres comme ce fut le cas au Bezimianny; ceci était dû à la violence extrême de cette éruption.

De nombreux autres exemples existent : le Vésuve, au pied duquel se trouve le premier en date de tous les observatoires volcanologiques, fondé par François Arago, l'Usu-San, le Sakurajima, l'Asamayama, le Kirisima au Japon, le Taal aux Philippines, le Merapi, le Kelud à Java, le Mauna Loa et le Kilauea à Hawaii, le volcan de Rabaul en Nouvelle-Bretagne, où la fréquence des secousses prémonitoires et leur intensité ont crû jusqu'à atteindre leur maximum entre douze et vingt-quatre heures avant l'éruption. A l'Asama, Omori était arrivé à la conclusion qu'une période de forte activité était annoncée de dix à dix-huit *mois* avant le réveil du volcan par la reprise d'une véritable inquiétude sismique.

Des tremblements de terre d'origine volcanique se produisent parfois aussi *après* une éruption ou une phase éruptive. Ils sont dus alors à l'effondrement soudain d'une partie de l'édifice volcanique dans le vide laissé par l'éjection d'un grand volume de lave. Le plus catastrophique des séismes de cette espèce est celui qui suivit le paroxysme explosif du Krakatoa, dans le détroit de la Sonde en 1883; en réalité, ce ne furent pas les ondes sismiques proprement dites qui provoquèrent la mort de plus de 35 000 personnes sur les côtes de Sumatra et de Java, mais l'onde marine, le *tsunami*, que l'effondrement engendra.

Moins dramatique fut la crise sismique de Faial, l'une des Açores, en mai 1958. L'éruption succédait à un sommeil de plusieurs siècles. Elle avait été précédée de plus de deux cents secousses, d'intensité V au maximum, qui débutèrent le 16 septembre 1957 et s'interrompirent onze jours plus tard, au moment où l'éruption éclatait.

Pendant huit mois, du cratère qui s'était réveillé au large à l'ouest du phare de Capelinhos, des milliards de mètres cubes de lave furent expulsés avec violence, au cours d'une éruption extrêmement spectaculaire. Plusieurs fois par jour se produisaient des exacerbations d'activité et pendant des dizaines de minutes d'affilée, bombes et cendres étaient propulsées verticalement jusqu'à plus de quinze cents mètres d'altitude parfois. Le spectacle était d'autant plus impressionnant que cette effrayante colonne, noire et forcenée, de gaz en expansion chargés de myriades de particules de roc, jaillissait dans le silence, étrange et paradoxal, qui préside aux éruptions sous-marines, tout fracas étouffé par l'épaisseur d'eau qui pèse sur la gueule du volcan.

A trois ou quatre reprises, la conjoncture éruptive m'avait permis de m'approcher du cône de débris amoncelés qui avait rapidement dépassé le niveau de la mer, formant un îlot annulaire d'abord, puis une péninsule qu'un isthme, sans cesse élargi par l'accumulation de matière nouvelle, reliait désormais au cap Capelinhos. Alors, dans cette monstrueuse intimité, j'étais gratifié d'un facteur supplémentaire formidable : sans interruption durant les longues ruées de gaz violemment expulsés, la terre tremblait avec une force telle que j'en percevais la vibration à travers le corps tout entier, sensation impressionnante s'il en est !

Après huit mois d'activité intense, l'éruption connut une accalmie relative. Et soudain, au milieu de celle-ci, éclata une crise sismique violente, qui dura dix-huit heures, au cours desquelles se produisirent quatre cent soixante secousses qui provoquèrent la panique de la population entière de l'île et jetèrent bas plus de mille maisons, anéantissant trois villages. En même temps le puissant cône volcanique qui forme l'ossature même de l'île, la Caldeira, tonnait par deux fois avec un fracas terrible, ajoutant à la conversation terrorisée des gens.

Il semble bien que la cause de cette catastrophe locale soit due, tout simplement, à l'effondrement du toit de la vaste caverne qu'avait engendrée l'expulsion de l'énorme quantité de laves qui s'étendait sur des kilomètres carrés et une épaisseur décroissant de deux cent cinquante mètres autour du cratère jusqu'à quelques pieds à une lieue de distance. Faial tout entière, mais surtout sa partie occidentale, se trouvait balafrée de crevasses et de failles dont le rejet vertical dépassait un mètre; ce rejet regardait toujours vers l'axe est-ouest de l'île; vers le nord dans sa moitié méridionale, vers le sud dans l'autre. Ces failles étaient donc du type dit « normal » (par opposition aux failles de chevauchement, dites « inverses ») et c'était une présomption très forte en faveur de l'hypothèse de l'effondrement d'un toit de grotte lavique.

Quant aux explosions de la Caldeira, elles avaient été provoquées non par ce que les habitants redoutaient entre tout, un réveil de ce grand volcan, mais simplement par cette ouverture de crevasses : l'une d'elles avait fêlé le fond plat du vaste cratère de la Caldeira et par cette fente s'était englouti dans les profondeurs un petit lac qui s'y trouvait niché. Sous un volcan endormi, les roches sont incandescentes à quelques centaines de mètres déjà sous la surface. L'eau engouffrée s'y était vaporisée quasi instantanément, et les tensions énormes ainsi engendrées avaient provoqué les explosions alarmantes. Mais le sommeil de la Caldeira n'en avait pas été altéré. Heureusement !

L'un des premiers traits du caractère d'un volcan à débrouiller lorsqu'on désire savoir ce qui s'y passe — et peut s'y passer — est son comportement sismique. Le volcan est, pour le volcanologue, une sorte d'énorme animal souffrant, dont la fièvre, la toux et les vomissements sont les seuls symptômes extérieurs de la maladie; parmi les instruments dont il peut se servir pour localiser en profondeur la partie enflammée, le sismographe est pour lui ce que le stéthoscope est au vétérinaire. C'est pourquoi, lorsque je reçus du gouvernement des Nouvelles-Hébrides l'offre de venir étudier le volcanisme de cet archipel dont la géologie est déjà assez bien déchiffrée, je cherchai immédiatement les moyens d'opérer cette auscultation.

Mme Labrouste, qui dirige le département de sismologie à l'Institut de Physique du Globe de Paris, n'hésita pas à prêter au débutant complet que j'étais en la matière tout un jeu de géophones et deux excellents enregistreurs ACB. Il faut un courage certain pour confier ainsi des instruments précieux et fragiles à un homme inexpérimenté dans leur emploi et qui compte de surcroît les emporter de l'autre côté de la planète, pour les transbahuter d'une île volcanique à l'autre par les mers agitées du Sud-Ouest Pacifique...

Les sismographes fonctionnèrent fort bien, mais le danger le plus grand qu'ils aient couru, ce ne fut ni celui des tempêtes, ni celui des éruptions, mais celui d'être transformés en quelque objet de culte païen. Nous avions installé un réseau de géophones sur le Yasur, petit volcan en activité strombolienne permanente situé dans l'île de Tanna, au sud de l'archipel. Notre objectif était avant tout d'essayer de déterminer la vitesse des ondes élastiques dans le matériau meuble de scories amoncelées qui constitue ce volcan, d'établir un début de statistique des secousses en liaison avec les phénomènes directement observables au cratère, et de déchiffrer dans les graphiques les types de chocs et de microséismes qui caractérisent ce volcan. Pour y arriver, nous avions placé un géophone au bord du cratère, où il était destiné à donner le moment exact de chacune des explosions qui y survenaient plusieurs fois l'heure; un câble électrique le reliait à l'enregistreur, mis à l'abri d'une tente que nous avions montée au pied du cône dans une étendue de sables gris appelée la plaine des Cendres. Un deuxième géophone avait été enfoui dans les scories à mi-pente du volcan, et était lui aussi relié à l'enregistreur par un fil électrique. Un troisième sismographe était placé dans une autre tente, non loin de la première. Enfin trois autres appareils étaient disposés à une certaine distance du pied du Yasur, et raccordés à un deuxième enregistreur situé à une petite lieue de là. Tout cela faisait de nombreux kilomètres de câble, et nous avions passé une journée entière à les dérouler.

Dès le lendemain, les ennuis commencèrent. Nous logions au dispensaire, chez le jeune médecin de l'île, le docteur Colin. A l'aube, un Canaque vint nous trouver pour nous dire que les notables du village de Sulfur Bay, du territoire duquel le volcan faisait partie, exigeaient que nous ôtions immédiatement les fils : *You fella take'em off wire* (« Vous, les gars, vous allez m'ôtez ces fils »). Cette phrase de *pidgin english,* nous devions l'entendre jusqu'à satiété durant les dix jours qui suivirent, où nous nous obstinâmes, malgré la mauvaise volonté évidente et croissante des indigènes, à poursuivre nos enregistrements.

Il y eut d'abord un *very big talk-talk,* une très grosse palabre, autour de notre tente de la plaine des Cendres, entre notre groupe puissamment renforcé par l'administrateur de l'île, M. Duc Dufayard, heureusement alerté par radio et accouru à notre rescousse à travers les cinq lieues de brousse qui nous séparaient, et une cinquantaine de Man-Tanna. L'expression de ces insulaires est très rarement avenante, au contraire de celle des primitifs de l'Afrique noire par exemple. Mais ce jour-là l'impression hostile était renforcée par les bariolages rouges et blancs dont ils s'étaient peint la face. Une demi-journée se passa à un dialogue de sourds exaspérant, comme le sont toujours ceux que l'on fait avec des gens qui refusent de comprendre; et ils s'y refusent car ils ne veulent pas, ou n'osent pas dire leurs raisons *véritables.* Les raisons des Man-Tanna, nous ne les avons connues que beaucoup plus tard. Ici, le seul argument, le leitmotiv, c'était *take'em off wire !* repris inlassablement au terme de chaque longue et patiente plaidoirie de Duc Dufayard, par un notable, puis par un autre, puis un troisième. Nampas, puis Mpoite, puis Mwailess, puis Kwari. Chaque fois, l'administrateur, s'adressant à son nouvel interlocuteur en l'appelant par son nom, reprenait avec une ferme douceur l'exposé de ses arguments...

Nous nous en tirâmes ce jour-là par une concession : j'acceptai de retirer le câble qui, du cratère, descendait toute la pente du volcan. C'était celui qui semblait gêner le plus les indigènes, et ils manifestaient à son égard une antipathie profonde. Le sacrifice me fut d'autant moins pénible que le géophone du cratère n'avait pas fonctionné : si nous perdions en ôtant ce fil tout espoir de détermination exacte des vitesses dans le cône volcanique lui-même, nous n'avions plus à nous tracasser au sujet du dépannage...

Les jours suivants nous poursuivîmes notre travail dans une atmosphère que notre bonne volonté ne parvenait pas à rendre moins tendue. S'ils ne se peignaient plus en guerre, les naturels n'en manifestaient pas moins leur antipathie pour nos entreprises. Ils rôdaient autour de nous, le visage fermé, l'œil sournois, et cela n'avait rien d'agréable.

Cependant nous continuions à enregistrer des sismogrammes, et c'était pour moi d'excellentes *manipes* de pratique sismographique, car Claude Blot, qui avait accepté de m'accompagner dans ces îles somme toute assez étranges, était le directeur de l'Observatoire sismologique de la Nouvelle-Calédonie, et il m'apprit beaucoup de choses.

L'absence d'un signal de départ donné par un géophone placé au cratère ne fut pas une perte bien grave, car dès que nous eûmes développé nos premiers sismogrammes, nous nous aperçûmes que les secousses enregistrées ne correspondaient en rien aux observations que nous avions notées sur nos carnets : les explosions entendues ou vues ne coïncidaient guère avec les ondes sismiques inscrites, du moins avec celles des tremblements de terre caractéristiques. Ceux-ci devaient donc avoir une origine différente, correspondre à un autre phénomène qu'un échappement plus ou moins explosif de gaz magmatiques. Il est probable que ces chocs se produisaient à profondeur plus grande que les explosions superficielles, mais il était impossible de chercher à localiser leur foyer : s'ils toléraient plus ou moins le *statu quo*, les Canaques de Sulfur Bay refusaient avec une obstination taurine que nous *déplacions* le moindre de nos fils électriques. Le seul changement qu'ils admettaient, qu'ils souhaitaient même ardemment, c'était leur disparition. *Take'em off wire !*

Il nous fut cependant possible de déterminer sinon le

foyer du moins l'épicentre. Celui-ci ne se trouvait pas, comme chacun l'eût supposé, sous le cratère mais à plusieurs centaines de mètres au sud-est de celui-ci. Un enregistrement que nous pûmes faire, sans « *wires* », en transportant un sismographe à une lieue de l'autre côté du volcan, le confirma. Mais l'interdiction de tendre d'autres câbles empêcha de localiser exactement l'épicentre de ces chocs relativement profonds et, par conséquent, de déterminer avec exactitude les vitesses des ondes P et S, comprises entre 4 et 2 kilomètres par seconde.

Cet enregistrement « sans fils », nous l'avions fait sur la rive d'une vaste baie appelée Port-Resolution. Ce nom, elle l'a reçu il y a deux siècles, du grand James Cook lui-même, qui, entre tant de choses, découvrit l'île de Tanna. Sa frégate, la *Resolution*, avait alors mouillé dans cette baie bordée de sources bouillantes et de petits geysers, à l'est du volcan Yasur : aujourd'hui, seules des pirogues, ou notre bombard pneumatique, peuvent encore y naviguer; son fond en effet a été soulevé de plusieurs brasses par une tremblement de terre, l'un de ces séismes de haute magnitude qui font des Nouvelles-Hébrides l'un des endroits les plus violemment agités du monde.

En rentrant de Port-Resolution, nous allâmes à la plaine des Cendres où le deuxième enregistreur avait fonctionné sans surveillance toute la journée. Le crépuscule descendait, et l'air se remplissait de parfums, senteurs de brousse, fragances indéfinissables des soirs tropicaux. Sur le pastel vert et bronze du ciel se découpaient les branchages nus et lisses, membres contorsionnés, des dernières plantes à croître sur cette étendue sinistre de cendres volcaniques, étrange flore survivante des temps carbonifères. En dessous de nous, les gracieuses frondaisons des cocotiers bruissaient en se balançant dans la brise du Pacifique, et par-delà montaient les fumées des feux du village. La nuit tomba et nous demeurâmes assis autour de la petite tente où ronronnait l'enregistreur, à attendre qu'achève de se dérouler son papier photographique. Nous savions en avoir jusqu'à huit heures environ, et nous avions demandé au docteur Colin de venir nous prendre avec sa jeep vers ce moment-là.

Nous étions, qui assis, qui couché, agréablement las dans la douce nuit tropicale, à déchiffrer les constellations australes dans le sombre velours du ciel, à nous détendre après une longue journée de fatigues, à réfléchir nonchalamment aux conclusions possibles de cette recherche...

Blot dit tout à coup :

« Il y a des vaches par ici.

— Des vaches ? Tiens... Je n'ai rien entendu. Et puis, du bétail dans ce désert !...

— Je ne les ai pas entendues, dit Blot, je les *sens*. »

Il fit jaillir le faisceau de sa torche électrique : dans la lumière crue, à une dizaine de pas, nous vîmes les visages sombres, bariolés de rouge et de blanc, les yeux luisants, la toison épaisse, crépue, partiellement décolorée à la chaux, traversée de tiges d'os ou de bois, d'une bande de Canaques immobilisés soudain dans leur reptation cauteleuse. N'eût été la finesse d'odorat de Blot, je me demande ce qui serait arrivé...

Nous nous le demandions d'ailleurs, avec une angoisse certaine : absolument désarmés, nous n'étions que cinq Européens, mon vieil ami le volcanologue Jacques Richard, Claude Reichenfeld le topographe, Roland Priam, l'ingénieur des mines du Condominium des Nouvelles-Hébrides, Blot et moi; notre porteur indigène, venu avec nous de l'île de Vate, étranger ici, donc automatiquement ennemi, était défiguré par la peur; les autres, eux, étaient quinze, vingt peut-être; allez donc savoir, dans la nuit soudain devenue hostilité.

Je me levai avec tout ce que je pus rassembler de nonchalance et tout en leur souhaitant la bienvenue je m'avançai vers les hommes toujours appuyés sur les paumes ou les avant-bras. Eux aussi se levèrent, eux aussi d'un air qui se voulait naturel et dégagé. Aucun ne répondit à mes tentatives de conversation. Ils firent quelques pas, et s'accroupirent sur les talons, en amont de nous, Blot avait réglé la lampe et l'avait posée de façon à éclairer toute la scène et à nous prévenir d'une surprise.

La situation était fort désagréable, d'autant plus que les Canaques se trouvant au-dessus de nous, pouvaient soudain sortir de leur passivité morne et se ruer sur nous, avec l'aide de la pente. Je me demandais s'ils avaient des couteaux, des machettes. Et pour essayer de le savoir, autant que pour me donner contenance, je le leur demandai, mais en français : ils ne pouvaient comprendre un seul mot, mais cela établissait un lien. Tout en leur parlant, de n'importe quoi, Paris, volcanologie, Van Gogh, je m'approchai, fis le tour du groupe, m'arrêtai devant l'un d'eux que je savais être un notable, lui baragouinai une amabilité en *pidgin*, tout cela devant la même impassabilité obtuse, et inquiétante. Armes ou pas, impossible de savoir.

Le temps passait extrêmement lentement. Nous nous demandions si Colin allait venir; avec sa jeep, ses phares, sa connaissance de ces hommes. Cette demi-heure fut très inconfortable...

Le lendemain, nous nous résolûmes à rebobiner les câbles. Et ce ne fut que plusieurs mois plus tard, rentré en Europe, que je reçus copie du rapport d'enquête de Duc Dufayard.

« Le cratère du Yasur est la demeure du génie Iaropiangi, divinité tutélaire des gens d'Ipekel, le village de Sulfur Bay. Les Blancs du gouvernement, dans leur volonté de réduire les Man-Tanna en complet esclavage, avaient fait appel à un sorcier européen, un *cleverman* habile en volcans, pour qu'il s'empare de leur *devil*. Il était donc venu, avec d'autres sorciers, avec des machines magiques, avec des fils incassables pour manigancer un piège; ils avaient tendu les fils tout autour du volcan et sur le volcan : les Man-Tanna avaient essayé de s'y opposer, mais en vain ou presque. Ils observaient les Blancs, anxieux de ce qu'ils pourraient faire pour les empêcher d'aboutir en leurs horribles projets.

« Ils eurent une terrible émotion lorsqu'ils surent ce qui s'était passé dans la nuit du 29 au 30 avril. Ce soir-là, le *cleverman*, silencieusement, sans donner l'alerte, avait allongé ses fils jusqu'à l'intérieur du cratère. Puis il s'était dissimulé dans une anfractuosité de la paroi. Vers minuit, Iaropiangi sortit du feu, désireux d'aller jeter un coup d'œil sur Tanna et de descendre se rafraîchir dans le lac Siwi, au bord de la plaine des Cendres. Quelque chose d'imprécis mais d'insolite mit sa prudence en éveil. Il scruta le cratère, mais ne vit ni le *cleverman,* ni les fils. Il commença l'escalade de la paroi à-pic du cratère, passa près du trou où le sorcier blanc se rencoignait, le dépassa. Il aperçut les fils. Il revint sur ses pas mais alors le *cleverman* bondit et l'enlaça dans ses rêts de métal. Le terrible Iaropiangi, dont la force est colossale, lutta comme seul un *devil* est capable de le faire, mais ne put rien contre les *wires* ensorcelés. Le pouce arraché, le visage fendu, la cuisse ouverte, il fut vaincu et le sorcier blanc l'emmena à Eteleke et l'encagea chez le docteur Colin. Iaropiangi fit semblant de se soumettre, mais dès qu'il eut récupéré ses forces, il parvint à briser sa cage, s'enfuit et replongea dans son cratère... »

Voilà l'essentiel des récits que Duc Dufayard recueillit, et la raison pour laquelle les Canaques de Tanna haïssaient et redoutaient nos lignes de fils électriques : voilà pourquoi nous n'avons pas pu, entre autres choses, localiser le foyer des secousses du Yasur...

Si la sismologie volcanique n'offre pas à chaque fois autant de pittoresque, exotique et inconfortable, elle présente souvent par les lieux mêmes où elle se pratique, des difficultés techniques qui lui donnent un charme très particulier. Bien sûr, aussi longtemps qu'il ne s'agit que d'enregistrer dans un observatoire les pulsations d'un volcan assoupi, la profession est de tout repos. Dès qu'une éruption menace par contre, dès qu'elle éclate, qu'il faut placer les sismographes dans une nature hostile, sans abri ou presque contre le froid ni le chaud, le vent ni la pluie, résoudre les problèmes de l'alimentation des instruments en courant électrique, du ravitaillement en eau pour développer les sismogrammes photographiques, du transport à dos d'homme de charges de trente ou quarante kilos sur des pentes de scories instables, de dérouler et d'enrouler des centaines, voire des milliers de mètres de câbles, eh bien, le métier prend une couleur toute personnelle.

De même lorsque l'on s'attaque à un volcan où aucun observatoire n'existe encore et où une première auscultation géophysique doit donner les éléments du programme d'études ultérieures, la sismologie volcanique exige de ceux qui la pratiquent des qualités physiques et psychiques pareilles à celles que réclament les plus rudes des sports d'équipe : physiques, une résistance permettant de faire, chargé, des heures d'ascension pénible sans risque de voir son potentiel intellectuel annihilé par la fatigue; une grande indifférence à la soif, à la faim, au froid comme au chaud; psychiques, outre le sang-froid qu'exige l'affrontement d'une nature activement hostile, un sens du travail collectif, de la coopération, du partage des responsabilités et de l'esprit de camaraderie qui sont indispensables au déroulement harmonieux et au succès des recherches entreprises.

Si des compagnons mal choisis peuvent tout gâter d'une mission volcanologique, comme ce fut le cas, par exemple, pour une expédition au Chili en 1961, quelles joies par contre, lorsque l'équipe est harmonieuse, procure l'exploration d'un monde aussi passionnément neuf qu'un volcan où tout est à découvrir, à commencer par les rythmes sismiques de son pouls ! Joies qui procèdent du *voyage extraordinaire*, de l'enquête policière, du diagnostic médical, du « plaisir des sports » comme l'appelait Jean Prévost, avec la domination de soi qu'exigent aussi bien les efforts physiques poussés à l'extrême que les dangers côtoyés; de la confrontation enfin de notre raison et de notre savoir scientifique nouveau-né avec nos ancestrales terreurs mythiques.

C'est bien d'une enquête qu'il s'agit, en sismologie tout court comme en sismovolcanologie : à partir de ces minuscules indices que sont les fréquences des vibrations, les amplitudes, les vitesses des ondes diverses qui s'inscrivent et qu'il s'agit d'identifier, de leurs réflexions, leurs réfractions, leur absorption, leur dispersion, de tels *impetus* à grand-peine perceptibles parfois, l'on arrive à se figurer de façon rationnelle les traits essentiels de la structure profonde d'un volcan : à partir des épicentres et des foyers, localisés dans l'espace, l'on infère l'existence de zones de faiblesse de la croûte terrestre, des plans de faille, des chenaux par lesquels le magma se fraie une sortie; l'on déduit le type de forces qui provoquent tel type d'onde, tel micro-déplacement des particules du sol; l'on en tire des conclusions sur les mouvements dans les profondeurs, des roches en fusion, des gaz qui s'en libèrent, des blocs qui s'affaissent, péripéties de l'activité volcanique dont le patient pistage et la prompte interprétation peuvent permettre de prévoir le déclenchement d'une éruption et son cours.

Quoique l'agitation microsismique ait été enregistrée et signalée depuis un demi-siècle, au Japon, au Vésuve, à Hawaii, ce ne fut guère avant les années trente que l'on entreprit de l'étudier en détail. Ces trépidations qui agitent constamment un volcan actif, donnent des enregistrements à première vue désespérément monotones, de trains d'ondes successifs ou, en période d'activité accrue, de vibrations continues. Et il faut beaucoup de patience pour déceler peu à peu dans cette interminable succession de dents de scie sans personnalité apparente les nuances qui permettent de les différencier d'abord, d'en déduire les causes ensuite, et de s'en servir, enfin, pour une diagnose.

Kenzô Sassa, le premier, découvrit quatre espèces de microséismes différents parmi ceux qui agitent le célèbre volcan Aso, dans Kyu-Shu, l'île méridionale de l'archipel nippon. Ces résultats, que voici, vous donneront une idée de ce que l'on peut ainsi observer; la première espèce — dont la période est d'une seconde, la vitesse d'environ un kilomètre par seconde, l'amplitude moyenne pendant les périodes tranquilles de moins d'un demi-micron — résulterait de migrations de bouffées de gaz dans l'appareil volcanique; la deuxième espèce possède des périodes nettement plus longues, allant de trois secondes et demie à sept secondes (ce qui signifie que ce temps-là s'écoule avant qu'une particule du sol, dérangée par le passage de l'onde, revienne à sa position d'origine), la vitesse de propagation est de neuf cents mètres par seconde, l'amplitude en période calme est de quelques microns, le rapport entre les amplitudes verticales et horizontales augmente lorsque la période décroît; et Sassa suppose que ces chocs sont provoqués par l'oscillation de la lave dans son réservoir souterrain; les microséismes de la troisième catégorie ne s'observent que pendant les phases actives du volcan; leur période est d'une demi-seconde environ et leur amplitude varie à intervalles irréguliers, plus ou moins en parallèle avec les grondements et les émissions de fumées volcaniques; comme pour le premier type, ces vibrations seraient provoquées par des éruptions gazeuses profondes; la quatrième espèce enfin est une vibration de très courte période : deux dixièmes de seconde à peine, et elle serait engendrée par certains phénomènes se passant à très faible profondeur, phénomènes assez obscurs encore, dont la seule manifestation extérieure avait été l'émission soudaine, après un long repos, de bouffées de fumées noires dans le Premier Cratère de l'Aso (qui en compte quatre alignés).

Les chercheurs japonais ont poursuivi cette très patiente investigation qu'est le déchiffrement des microséismes volcaniques. Et lorsque, en 1958 d'abord puis en 1959, nous avons mis sur pied des expéditions pour aller étudier dans l'est du Congo le fantastique lac permanent de lave en fusion que j'avais eu la chance de découvrir dix ans plus tôt, ce fut tout naturellement l'un des plus renommés parmi les spécialistes japonais que nous priâmes de se joindre à notre groupe.

Shimozuru, professeur à la faculté des siences de Tokyo, est un homme souriant, réservé, de taille petite, souple et adroit. La sympathie avec chacun des équipiers fut, je crois, immédiate, malgré ce rideau exaspérant qu'est la différence de langage. Bien sûr, nous avions en commun l'anglais. Mais outre le fait de parler une langue étrangère à chacune des parties, nous avions avec « Shimo », comme nous l'avions bientôt affectueusement appelé, les difficultés que l'on a avec la plupart des Japonais, dont l'articulation des syllabes et la rapidité d'élocution rendent l'anglais peu compréhensible pour des oreilles continentales, cependant que lui-même avait, avec notre « anglais », des difficultés identiques. Et bien des conversations furent, hélas ! des dialogues de sourds ! Ce qui fit que peu à peu des sourires de sympathie remplacèrent de trop fatigants échanges d'idées. Malgré cette sorte d'isolement dans lequel il passa ces cinq longues mais passionnantes semaines dans le vaste cratère du Niragongo, Shimozuru ne semble pas en avoir gardé mauvais souvenir, puisqu'il se propose aujourd'hui pour nous accompagner ailleurs, et qu'il nous aide, de loin, à notre prospection sismologique de l'Etna et de Vulcano.

Le Niragongo est un volcan exceptionnel en ce sens qu'il est le seul actuellement au monde à recéler, au fond de son cratère fait alors de trois énormes puits concentriquement emboîtés, un lac de roc en ébullition. Jadis, à Hawaii, le Kilauea en possédait un semblable, mais il disparut lors de l'éruption de 1924. Un tel phénomène est fort prisé des volcanologues, qui met à portée de leurs pyromètres, de leurs analyseurs de gaz, de leurs spectrographes et de tous leurs instruments d'investigation les deux éléments essentiels du volcanisme, lave en fusion et gaz qui s'en échappent. Ces matières, fort extraordinaires tout de même, il les met à leur portée sans qu'ils aient pour autant de danger à courir, car l'approche d'une mare de basalte en fusion est somme toute moins périlleuse — pour un volcanologue expérimenté s'entend — que les grand-routes modernes ne le sont pour ceux qui les parcourent. C'est pourquoi il était important de s'attaquer au plut tôt à l'étude approfondie du Niragongo.

Dans ce but, le ministère de l'Education nationale de Belgique créa le Centre national de Volcanologie. La présidence en fut confiée à un homme qui n'avait jamais vu de volcan, si ce n'est le Stromboli depuis le pont d'un navire; mais Ivan de Magnée, professeur à l'université de Bruxelles, par son savoir, sa persévérance, sa modestie, sa rigoureuse honnêteté, son dévouement, est l'homme auquel la volcanologie européenne, assoupie depuis la guerre mondiale, doit en grande partie sa vigoureuse renaissance actuelle.

Les résultats de l'exploration géophysique du Niragongo ont été intéressants à divers points de vue, sismologique, entre autres.

Des périodes de deux dixièmes de seconde caractérisaient l'agitation enregistrée tout au fond du cratère, 430 mètres sous sa lèvre, aux abords immédiats du lac de lave; cette vibration semble provoquée par les spectaculaires « fontaines » de lave très fluide qui bouillonnaient de façon quasi continue dans le coin sud du lac, bouillonnement dû à l'échappement de grosses bulles de gaz au travers de ce basalte particulièrement liquide.

Les microséismes enregistrés sur les autres plates-formes de ce cratère à étages avaient des périodes allant de trois à cinq dixièmes de seconde. Shimozuru les compare à celles enregistrées au Kilauea, à l'Aso, au Sakurajima, entre autres, et observe que la période augmente avec la fluidité du magma. Il suppose que ces microséismes seraient dus à une vibration longitudinale de toute la colonne de lave dans la cheminée du volcan, vibrations déclenchées par le transfert du haut vers le bas de l'énergie que le volcan dissipe.

Ces premiers résultats ne sont que l'ébauche de ce que prévoyait un programme ambitieux portant sur des années successives d'observation et de calculs. Malheureusement le chaos politique dans lequel le Congo devait sombrer dès l'année suivante interdit la poursuite de ces études. Et le seul lac permanent du monde fut rendu à son étrange solitude.

Au Kamtchatka, les stations volcanologiques de l'Académie des Sciences de l'U.R.S.S. s'appliquent à une observation minutieuse et systématique des phénomènes éruptifs, et sous la direction de G. Gorshkov, homme sympathique d'apparence, jeune d'aspect et dynamique de caractère sous sa chevelure blanche, la volcanosismologie a permis d'obtenir des résultats plus qu'intéressants. Outre l'étude des séismes de la formidable éruption du Bezimianny, Gorshkov a fait une découverte de très grande importance, celle de la profondeur et des dimensions du foyer d'un grand volcan : entre 60 et 70 kilomètres sous la surface, une poche liquide de forme lenticulaire, longue de 25 à 30 kilomètres cubes, existerait sous le très actif Klioutchevskoï, dont l'altitude proche de celle du Mont-Blanc en fait le volcan le plus élevé de toute l'Eurasie. S'il en est bien ainsi, ce serait le premier et le seul volcan au monde dont on ait décelé le réservoir profond. Jusqu'ici, se basant sur des considérations spéculatives et plus ou moins arbitraires, les géologues croyaient en général que les foyers volcaniques se trouvaient dans l'écorce terrestre, beaucoup plus près de la surface. La découverte de Gorshkov démontrerait que le magma devient liquide dès la base de la croûte superficielle du globe, et même au-dessous de la discontinuité de Mohorovicic, dans le *manteau.*

C'est une particularité bizarre de certains sismogrammes enregistrés à la station de Klioutchi, à trente-trois kilomètres au nord du volcan, qui a conduit Gorshkov à ses conclusions : les inscriptions des séismes qui se produisent dans le sud du Japon, et ceux-là seuls, ne présentent pas à Klioutchi la moindre phase S, ces ondes transversales que les liquides arrêtent; provenant de cette même direction par contre, les séismes de Hokkaïdo, dans le nord du Japon, aussi bien que ceux des Philippines et de Célèbes dans le prolongement de la « zone d'ombre », transmettent aux sismographes de Klioutchi les phases S aussi bien que les P. De tous les autres azimuts, toutes les phases, S comprises, parviennent normalement.

Gorshkov en a conclu qu'un écran liquide arrêtait quelque part les ondes de distorsion. Cet écran agissait sur les séismes distants de 24 à 50° (la distance en sismologie, rappelons-le, s'exprime en degrés) provenant de l'azimut 213 à 230°. Les ondes S des chocs se produisant moins loin sur le même azimut passent au-dessus de l'écran, celles des séismes plus éloignés passent dessous. Ceux provenant de toutes les autres directions de la rose des vents passent à côté. Partant de ces données, et des angles d'émergence des ondes S et P en fonction de la distance épicentrale, Gorshkov calcula les dimensions, la forme et la profondeur du puissant réservoir de magma liquide.

Le service géologique des États-Unis a récemment consacré des sommes importantes pour rééquiper l'observatoire de Hawaii. Deux des cinq grands volcans qui forment cette île, le Mauna Loa, treize mille pieds d'altitude, et le Kilauea, quatre mille, sont parmi les plus actifs du monde. Les éruptions s'y succèdent au rythme d'une tous les deux ou trois ans, et sont très spectaculaires car les basaltes de Hawaii sont fort fluides et ruissellent en fleuves incandescents sur les pentes douces qui les conduisent à la mer. Cette fluidité extrême permet d'autre part aux gaz de traverser sans peine la roche en fusion lorsqu'elle se trouve encore dans la cheminée du volcan; c'est pourquoi les éruptions sont caractérisées ici par la quasi-absence d'explosions, au contraire des volcans à magmas visqueux, ceux-là mêmes qui abondent tout autour du Pacifique, au Kamtchatka et au Japon par exemple. Par contre, les basaltes fluides peuvent aisément dévaler les pentes en torrents et cascades sur des dizaines de kilomètres de distance et engloutir sous leur masse incandescente cultures, fermes et cités.

Dans le double but de prévoir cette éventualité, et de profiter de l'activité remarquable du volcanisme hawaïen pour en rechercher les mécanismes et les raisons profondes, l'observatoire du Kilauea, qui avait été créé par Thomas Jaggar en 1912 pour étudier le lac de lave permanent qui s'y trouvait à l'époque, vient d'être considérablement développé. Entre autres sous l'angle sismologique.

Un premier réseau consiste en quatre sismographes verticaux, disposés dans un rayon de quinze kilomètres du cratère du Kilauea, que des câbles relient à un enregistreur unique à traces visibles (et non à un enregistreur photographique avec lequel il faut attendre le développement du papier sensible pour savoir ce qui s'y est inscrit, attente qu'avec les volcans il vaut mieux éviter...). Un deuxième réseau est formé par cinq stations périphériques, placées en bordure de cette île de quelque vingt-cinq lieues de diamètre. Enfin, des sismographes portatifs permettent de cerner les épicentres de près et d'en suivre le déplacement éventuel lorsque la crise s'exacerbe.

Déjà, des résultats intéressants ont été obtenus. A la fin de 1958 et au début de 1959, les clinomètres montrèrent que tout autour de la caldera (nom que l'on donne aux très larges cratères), le Kilauea se gonflait, vraisemblablement sous l'effet de l'ascension du magma (la sensibilité de ces clinomètres — ou tiltmètres comme on les appelle aussi — est très grande : elle permet de déceler une variation d'inclinaison de l'ordre de cinq centièmes de seconde d'arc, soit un millimètre en hauteur sur cinq kilomètres de distance...).

Au mois d'août, après que le gonflement se fut arrêté, un essaim de secousses se déclencha qui dura près d'une semaine; les foyers s'en trouvaient à la profondeur, assez extraordinaire, semble-t-il, pour des séismes volcaniques, de cinquante-cinq kilomètres. Mais depuis que Gorshkov a situé le foyer du Klioutchevskoï, il n'y a pas à s'étonner que l'activité volcanique parte d'aussi bas. Cependant, la chose est tout de même étrange ici, car la limite inférieure de la croûte terrestre dans cette région du Pacifique se trouve à quatorze kilomètres seulement sous le niveau de la mer. (Alors qu'au Kamtchatka elle se niche quatre fois plus bas.) Le foyer profond des volcans hawaiiens est donc enfoui à une quarantaine de kilomètres à *l'intérieur du manteau...*

Le bombement du sommet du volcan reprit ensuite et se poursuivit jusqu'au 14 novembre. Dans l'après-midi de ce jour-là, des secousses de plus en plus nombreuses affectèrent la région de la caldera, qui tout entière vibrait sous la montée du magma qui se frayait une voie en fêlant les dernières centaines de mètres de la partie supérieure de la croûte terrestre. Et peu après 8 heures du soir la lave faisait éruption par une fissure de la paroi du Kilauea Iki, l'un des trois grands puits à pic qui s'ouvrent dans la caldera. Aussitôt les secousses cessèrent, et les sismographes n'enregistrèrent plus que les microséismes harmoniques qui accompagnent le déversement de la lave très liquide, cependant que les tiltmètres révélaient que le volcan se « dégonflait » rapidement à mesure que son réservoir superficiel se vidait à l'extérieur.

L'éruption se poursuivit pendant une semaine exactement, et s'interrompit tout net après que quarante millions de mètres cubes de lave eurent été déversés.

Mais les sismographes et les clinomètres disaient aux volcanologues que ce n'était pas fini : le volcan se remit à s'enfler, et des secousses légères se produisirent, de plus en plus serrées jusqu'à ce que la lave jaillisse de nouveau. L'éruption se poursuivit par à-coups pendant trois nouvelles semaines, avec des exacerbations où l'échappement des gaz, comme d'une gigantesque locomotive, lançait la lave liquide en d'impressionnantes fontaines incandescentes; l'une d'elles atteignit la hauteur record de six cents mètres. Lorsque cette phase de l'éruption s'acheva, 133 millions de mètres cubes déjà avaient été déversés. Mais les clinomètres montraient que le magma continuait à affluer des tréfonds et s'accumulait sous le volcan.

A la fin de décembre, un essaim de petites secousses fut enregistré par le sismographe de Pahoa, l'une des cinq stations périphériques, située près de la pointe orientale de l'île. Aussitôt Jerry Eaton et K. Murata, les deux sismologues du Kilauea Observatory, se rendirent sur les lieux, munis d'un sismographe portable et fort sensible, et ils eurent tôt fait de localiser les épicentres. Ceux-ci se trouvaient non loin de la côte, dans une étroite zone de fractures, un rift allongé à l'est du volcan depuis les abords de la caldera jusqu'à l'Océan. La nature des secousses enregistrées montrait que les fissures s'ouvraient, ou se rouvraient, sous la montée du magma.

Le nombre et la force des chocs croissaient progressivement, et les foyers se déplaçaient peu à peu vers la mer. Il était certain qu'une éruption latérale allait se produire ici, à quarante-cinq kilomètres du cratère et près de mille mètres plus bas. Le 13 janvier le village de Kapoho fut secoué par de nombreux séismes très superficiels et au crépuscule, le sol s'affaissa, donnant naissance à un graben de deux milles de long sur un demi-mille de large et profond de plusieurs pieds. Les secousses s'interrompirent à 7 h 30 du soir et furent remplacées par la vibration harmonique : la lave s'était mise à jaillir par une fissure longue d'un kilomètre. Kapoho et Koae disparurent, engloutis sous les coulées. et plus de quatre cents millions de tonnes de basalte furent vomis.

Il faut remarquer combien les sismogrammes ont fidèlement souligné les diverses phases de cette éruption, longue de plus de six mois. Non seulement souligné mais, ce qui est beaucoup plus intéressant du point de vue des prévisions, *précédé* chacune des manifestations essentielles : pour commencer, séismes à cinquante-cinq kilomètres sous la surface au moment où, vraisemblablement, le magma se remettait en branle dans le foyer profond du volcan encore assoupi; ensuite, secousses se rapprochant de plus en plus de la surface et devenant de plus en plus nombreuses jusqu'à la première apparition de la lave; disparition des chocs dès cet instant, cependant que l'émission de lave n'est accompagnée que de microséismes harmoniques; les phases d'activité suivantes furent à nouveau, chacune à son tour, précédées de séisme et accompagnées de vibrations harmoniques : la forte éruption latérale enfin put être prévue, lieu et moment, par un véritable « pistage » au sismographe.

Ce sont ces brillants résultats obtenus au Japon, au Kamtchatka et à Hawaii qui nous ont incités à tenter d'en obtenir de similaires sur nos volcans européens. La volcanosismologie, en fait, est née dans notre vieux continent, au Vésuve. La dernière éruption de ce volcan, le plus célèbre des volcans du monde peut-être, remonte à mars 1944, en pleine guerre mondiale. L'Osservatorio Vesuviano était équipé de pesants sismographes de modèle ancien avec lesquels il était impossible de procéder à une auscultation aussi fine qu'on le peut aujourd'hui. Depuis plus de vingt ans, le Vésuve s'est enfoncé dans un sommeil, tel qu'il n'en avait plus connu depuis des siècles...

L'Etna, par contre, se trouve dans une période de grande vitalité. A côté du vaste cratère central, dont les éruptions sont séparées par des repos de deux, trois ou quatre ans à peine, la bouche nord-est, née en 1911, est en activité quasi continuelle; de petites explosions, lançant dans les airs des lambeaux de lave incandescente, des scories et des cendres, se succèdent à cadences variables qui vont d'une détonation par heure jusqu'à une douzaine par minute; d'étroites coulées suintent presque sans interruption de la base du cône tout neuf qui s'est édifié autour de cette Bocca Nord-Est. De plus, de grandes éruptions latérales éclatent en outre à peu d'années d'intervalle.

L'Etna vaut donc la peine d'être étudié, autant pour tâcher de mieux comprendre les mécanismes mystérieux qui régissent les éruptions que dans le but de les prévoir avec une précision suffisante pour organiser, le cas échéant, la sauvegarde de la population.

Nous n'en sommes qu'aux tâtonnements du début, mais cette recherche est passionnante. Il a fallu d'abord choisir un type de sismographe portatif pour une première auscultation. Nous avions commencé par acheter un modèle anglais, dont les géophones, que l'on peut installer aussi bien pour réagir à la composante verticale qu'aux composantes horizontales, sont robustes et pèsent une dizaine de kilos à peine. L'enregistreur, malheureusement, est photographique : outre le grave inconvénient de ne pouvoir suivre l'inscription des yeux pour faire la comparaison immédiate avec les phénomènes que l'on peut observer dans le même temps à la bouche éruptive, il faut avoir connu l'empoisonnement de développer des feuilles impressionnées sur les flancs d'une montagne sans eau, sans chauffage, sans électricité, mais avec froid, avec vent, avec poussières volcaniques, voire avec gaz... De quoi vous brouiller avec vos plus vieux amis, surtout s'ils ont l'esprit chagrin et l'enthousiasme ratatiné, et en dégoûter plus d'un de la volcanosismologie !

Après beaucoup d'agacements, de temps perdu, de missions compromises, je suis désormais catégorique : il est indispensable pour ce métier de disposer d'un enregistreur à traces visibles. Malheureusement, l'outillage étant acquis, il nous faut l'utiliser, et c'est avec lui que nous avons entrepris, à partir du mois de juin de la même année, une première prospection de l'Etna. Nous avons dû d'ailleurs renoncer à toute auscultation mobile, et avons fini par installer l'instrument dans les locaux de l'Observatoire.

Les résultats ne peuvent être que fort modestes encore. Mais déjà il ressort d'une étude des microséismes faite à l'analyseur mécanique d'ondes par notre ami Shimozuru que la période principale de ces vibrations est, pour l'Etna dans son état actuel d'activité persistante et modérée, de 0,46 seconde. Et Shimozuru fait remarquer que cette fréquence correspond bien à la teneur en silice de la lave de l'Etna. Chacun sait que la proportion de silice est le caractère premier de la classification des roches éruptives, et que plus un magma en contient, plus il est *acide*, plus il est visqueux, et plus l'activité volcanique qu'il engendre est explosive. Au Niragongo, dont la lave est très *basique* (40 p. 100 de silice principale de la vibration volcanique est, nous l'avons vu, de quatre-vingts centièmes de seconde. A l'Aso-San, au Japon, pour une lave à 58 p. 100 de silice, la période principale n'est que de trente-huit centièmes de seconde, soit moins de la moitié de l'autre. Celle de l'Etna, avec ses quarante-six centièmes pour une teneur de 50 p. 100 en SiO^2, se place donc harmonieusement sur une courbe que l'étude d'autres volcans permettra de peu à peu tracer.

Il est intéressant de chercher à savoir le pourquoi de chacun de ces phénomènes, y compris de quelque chose d'aussi peu spectaculaire que les fréquences de l'agitation microsismique. En plus de la joie subtile de comprendre, c'est lorsque l'on sait ce que ces symptômes signifient que l'on peut prévoir ce qu'ils annoncent. Et même s'il n'est pas possible encore de déterminer avec certitude la cause de tel ou tel aspect d'un sismogramme, il est de toute façon capital, pour qui veut arriver à prédire le réveil d'un volcan, de disposer d'un maximum de données statistiques.

Aussi, dès que nous avons pu nous le procurer, avons-nous installé un sismographe sur l'Etna; mais un seul instrument ne peut guère servir qu'à indiquer l'intensité de l'activité sismique. Pour en savoir davantage, il faut disposer d'un réseau beaucoup plus coûteux d'appareils. C'est à le constituer que nous nous efforçons à présent, grâce aux moyens que nous donne l'Institut international de Recherches volcanologiques, récemment crée par l'U.N.E.S.C.O. et le Conseil national de la Recherche d'Italie. Mais outre la surveillance sismologique, cet institut va nous permettre l'épreuve des idées quelque peu hétérodoxes sur le mécanisme de certaines espèces d'éruptions volcaniques, celles-là mêmes qui ont jusqu'à présent défié les tentatives de prévision : les éruptions explosives.

Alors que les effusions de basalte, provoquées, semble-t-il, par la montée de magma fluide depuis d'assez grandes profondeurs sont, par ce fait même, précédées par les essaims de séismes qui dénoncent la fraturation progressive des roches et par l'enflure que subit la montagne volcanique sous l'afflux de masses juvéniles — manifestations que les sismographes et les clinomètres décèlent — les éruptions explosives au contraire sont demeurées rebelles jusqu'ici à toute détection prémonitoire; les secousses qui s'enregistrent sur les volcans à laves visqueuses sont cependant abondantes mais celles qui précéderaient les éruptions ne se distinguent guère des autres; quant aux variations d'inclinaisons, abondantes elles aussi, elles sont très difficiles à interpréter. Je ne connais aucun cas où l'on soit arrivé à prévoir une éruption explosive. Or les volcans sujets à ce genre de crises sont les plus redoutables et, c'est bien normal, les mieux surveillés : hors celui de Hawaii, tous les observatoires dignes de ce nom au monde sont installés sur le pied de volcans explosifs : Asama-Yama, Aso-San, Sakurajima, Kirisima au Japon, Kliutchi au Kamtchatka, Rabaul en Nouvelle-Guinée et, avant la Grande Guerre, Merapi à Java...

Que tant d'efforts déployés par des équipes scientifiques aussi qualifiées, et après tant d'années déjà, n'aient pas répondu à leurs espoirs, voilà de quoi vous donner l'idée qu'il faudrait peut-être chercher dans une autre direction. Et c'est ce que nous voulons essayer.

Ce qui différencie essentiellement les volcans à grandes coulées tels ceux de Hawaii, des volcans à fortes explosions, qui sont la grande majorité, c'est la viscosité des magmas; même si leur teneur en gaz est identique — ce qui n'est d'ailleurs pas prouvé — ils seront d'autant plus explosifs que la viscosité de leurs laves sera plus élevée : les gaz traversent sans peine les laves fluides et s'échappent dans l'atmosphère sans s'accumuler, sans se gonfler peu à peu d'énergie latente; les magmas épais au contraire les entravent, ce qui provoque l'augmentation progressive du volume des gaz en même temps que de leur pression; comme des bulles de vapeur qui s'échappent continuellement d'une casserole d'eau en ébullition et de celles qui, par à-coups, éclatent à la surface d'une purée ou d'une bouillie en train de cuire.

Les laves fluides avant de s'écouler à la surface, comme les études poursuivies au Kilauea l'ont prouvé, font un parcours vertical de plusieurs kilomètres, voire de plusieurs dizaines de kilomètres sous la terre. C'est ce parcours, précédé et accompagné par le jeu de fractures successives, qui est décelé par les sismologues. C'est, de même, l'afflux de matières nouvelles dans l'appareil volcanique qui le gonfle et est dénoncé par le clinomètre.

J'ai tendance à croire que pour les volcans à laves visqueuses le processus est autre, et ce serait la raison pour laquelle ces instruments se montrent — jusqu'ici du moins — inefficaces.

La viscosité du magma — qu'elle soit due à sa composition chimique, à son degré de cristallisation, à sa température (50 degrés de moins provoquent une multiplication par dix de la viscosité) ou d'un effet combiné de ces trois causes — qui détermine l'explosibilité, s'oppose non seulement à la percolation des gaz en son sein, mais aussi à sa propre progression. On le voit fort bien lorsque des rhyolites, des dacites, des trachytes, certaines andésites, épaisses comme de la poix en hiver, sont émises à la surface : sur des pentes de plus de 25 degrés j'en ai regardé qui rampaient à la vitesse, si l'on peut dire, de trois centimètres à l'heure... Certaines, incapables de s'épancher mais expulsées par la pression des forces endogènes, s'élèvent verticalement dans l'air en monolithes gigantesques. Alfred Lacroix a observé en 1902, lors de la fameuse éruption de la montagne Pelée, l'extrusion d'une telle « aiguille » qui atteignit la hauteur de 400 mètres; au Tibesti, le pic Wobu, deux fois plus haut encore, a été engendré de la sorte.

Cette incapacité de s'écouler, à l'air libre pourtant, où plus rien à l'extérieur du liquide épais qu'est cette lave ne s'oppose cependant plus à sa progression, me fait croire que sous la surface, où règnent au contraire des contraintes infiniment plus astreignantes, ce genre de magma ne peut guère migrer, et que lorsqu'il se déplace, c'est avec une lenteur extrême sans commune mesure avec la vitesse d'ascension des basaltes et des basanites. En d'autres termes, l'incubation d'un paroxysme éruptif se ferait ici quasiment sur place, dans un réservoir magmatique situé à profondeur relativement faible. Ceci, supprimant les fracturations des roches de l'écorce liées à l'ascension d'un magma fluide, supprime du même coup l'un des symptômes les plus sûrs des éruptions basaltiques. Supprimant l'injection de matières juvéniles dans le corps de la montagne, cela supprime de même l'autre moyen de deviner ce qui se passe sous le volcan.

Comment, alors, s'y prendre pour arriver tout de même à prévoir une catastrophe ? Peut-être par une étude minutieuse et continue des fumerolles qui, peu ou prou, s'échappent généralement d'un cratère, même assoupi.

Puisque, si mon raisonnement tient plus ou moins debout, il n'y a pas dans ce cas éruption par montée du magma mais par lente séparation d'une phase gazeuse indépendante aux dépens du bain de roc fondu dans le réservoir du volcan, avec accumulation progressive d'une poche de gaz dont la masse et la pression vont en augmentant jusqu'à atteindre une valeur supérieure à la résistance qui lui oppose le « bouchon » qui, obturant la cheminée, la sépare de l'air libre; c'est l'éruption explosive.

S'il en est bien ainsi, les fumerolles qui s'exhalent du cratère, et qui ne sont que l'émanation des gaz magmatiques faufilée par les interstices et les fissures du toit du réservoir, — ces fumerolles devraient refléter, par leur chimisme, leur pression, voire leur température, l'évolution de ce phénomène de dégazage profond.

Voilà pourquoi nous nous sommes attelés à l'analyse des gaz. Il a fallu imaginer des techniques nouvelles, inventer de nouveaux instruments, puis les mettre à l'épreuve des conditions matérielles très hostiles des cratères.

Nous en sommes au stade des tentatives d'application. L'Institut de Recherhes volcanologiques va s'y mettre, sur l'Etna et sur Vulcano. Peut-être une clef nouvelle sera-t-elle forgée ainsi pour accéder à une connaissance meilleure du phénomène éruptif.

Mais, direz-vous, ceci n'est plus de la sismologie, pourquoi en parler tellement ici ? Parce que, précisément, on a trop tendance à compartimenter, à isoler les unes des autres les diverses disciplines des sciences de la Terre. Ce qui est une erreur. La Terre est une entité, un milieu bien délimité, quoique formidablement complexe, en quelque sorte une « phase indépendante », ou presque, du « tout » universel. Au sein de cette Terre, les phénomènes physiques, chimiques et mécaniques sont étroitement solidaires les uns des autres et c'est de l'étroitesse de pensée que prétendre ignorer ce que font les volcans sous prétexte que l'on est géodésien ou gravimétriste. Ce n'est que par la confrontation continuelle des résultats obtenus par les diverses méthodes existantes (ou à inventer) que l'on arrivera à une compréhension meilleure des choses. Et cela vaut aussi bien pour les éruptions volcaniques que pour les tremblements de terre, enfants turbulents nés des mêmes géniteurs.

La sismicité de la France

Le 18 octobre 1356 Mulhouse fut anéantie avec toutes les villes, les bourgs et les villages qui se trouvaient dans un rayon de quelque trente kilomètres autour de l'épicentre du formidable tremblement de terre de Bâle.

Ce qui peut-être rend le mieux compte de la violence de ce séisme, c'est qu'il détruisit plus de soixante châteaux forts. Or Dieu sait combien étaient solides les forteresses du Moyen-Age ! L'un des éléments de cette solidité, du moins pour ceux — et c'étaient la plupart — construits en pierre de taille, résidait dans le fait que les blocs qui les constituaient avaient une assise très large et que le ciment qui les scellait non seulement était un mortier à la chaux excellent, mais que la masse de ce mortier était minime comparée à celle de la pierre. C'est-à-dire le contraire de la pauvre maçonnerie d'aujourd'hui où des pierres de taille modeste sont enrobées dans un volume quasi égal de ciment fort douteux.

Début décembre 1980, moins de deux semaines après le séisme d'Eboli, *Le Monde* écrivait : « ... les magistrats commencent à s'intéresser à ces immeubles » « tout dans la façade, rien dans les murs »; trois ingénieurs, un avocat et un promoteur, responsables d'une construction qui s'est effondrée sur 52 personnes à Naples, viennent d'être inculpés d'homicide. Les premières analyses en laboratoire confirmant que la quantité de ciment nécessaire n'avait pas été utilisée ».

Ceci risque d'arriver quelque jour à quelques promoteurs de chez nous...

Pour en revenir à 1356, où la qualité des constructions était excellente, depuis le mortier servant à joindre les pierres jusqu'à la largeur d'assise de chacune d'elles, il est clair que l'exceptionnelle homogénéité des murs constitués par un appareil de très grands blocs, taillés parfaitement pour parfaitement s'ajuster les uns aux autres est, pour une maçonnerie, un facteur fondamental de résistance aux secousses. Les cités incas de la cordillère péruvienne sont le plus stupéfiant exemple de l'excellence de ce type d'architecture parasismique : sans le moindre ciment, sans le moindre mortier, elles ont traversé sans souffrir et les siècles et d'innombrables séismes *de magnitude 8*... Qui a visité Machu Picchu a vu ces édifices admirables faits d'énormes blocs de granit, taillés non pas en simples cubes ou en simples parallélépipèdes rectangles, mais en prismes à angles non droits s'adaptant exactement les uns aux autres. L'ensemble, à coup sûr, résiste au degré X de l'échelle des intensités, et probablement au degré XI.

Les châteaux forts détruits par le tremblement de terre de Bâle n'avaient certes pas la perfection inca, mais nous connaissons suffisamment de châteaux identiques pour supposer que ceux d'entre eux qui étaient de pierre pouvaient tenir un choc de force X et, en tout cas, ne pas s'écrouler. C'est pourquoi, au contraire de ce que supposent les spécialistes du BRGM qui ont publié en 1979 une histoire extrêmement intéressante des tremblements de terre de France, j'attribuerais volontiers au séisme de Bâle, comme l'avait fait le spécialiste suisse François Montandon il y a quarante ans de cela, une intensité XI ou X-XI, alors qu'eux le classent officiellement dans la catégorie X.

Quoi qu'il en soit, ce fut un désastre. La surface détruite dépassa 1 500 kilomètres carrés et les dégâts furent très sérieux sur plus de 8 000 km^2. Des murs, des clochers et des cheminées s'abattirent jusqu'à 350 kilomètres de distance, à Dijon, à Strasbourg, à Avallon... Il y eut des milliers de morts.

Trois quarts de siècle plus tard, le 2 février 1428, un autre tremblement de terre majeur, auquel les spécialistes du BRGM attribuent aussi le degré X, frappa la Catalogne. Prats de Mollo fut rasée. De Barcelone, à plus de cent kilomètres au sud, jusqu'à Céret, 80 kilomètres au nord-est, les destructions furent terribles et les morts innombrables. Albi, à près de 200 kilomètres de l'épicentre, Le Puy, à plus de 300, Bordeaux à près de *400 kilomètres*, furent secoués *à force VIII.*

Un troisième séisme de force X, le troisième en trois siècles, se produisit le 20 juillet 1564. L'épicentre se trouvait entre les vallées de la Tinée et de la Vésubie, à une trentaine de kilomètres au nord de Nice. La superficie détruite dépassa 2 500 kilomètres carrés, et des tsunamis ravagèrent la Côte d'Azur et la Riviera italienne.

Nous ignorons tout de la sismiscité de la France d'avant le XIIIe siècle. Il est plus que probable qu'au moins une demi-douzaine de chocs aussi violents que ces trois-ci ont secoué notre pays entre l'époque de Vercingétorix et celle de Saint-Louis. Malheureusement les chroniques de ce que les Anglais appellent *dark middle-ages* sont à la fois trop incomplètes et trop sibyllines pour nous renseigner à ce sujet. Par contre, les documents de ces cinq derniers siècles sont suffisants pour avoir permis aux sismo-historiens du BRGM de reconnaître et localiser plus de vingt épicentres de séismes destructeurs de force IX. Le schéma cartographique qui suit en donne la répartition.

L'intensité IX, je le rappelle, est caractérisée entre autres par une panique générale, la chute des monuments et des colonnes, un grand nombre de destructions, des ruptures de canalisations, des crevasses dans le sol, des glissements de terrain... De quoi inquiéter ceux pour lesquels ces régions importent.

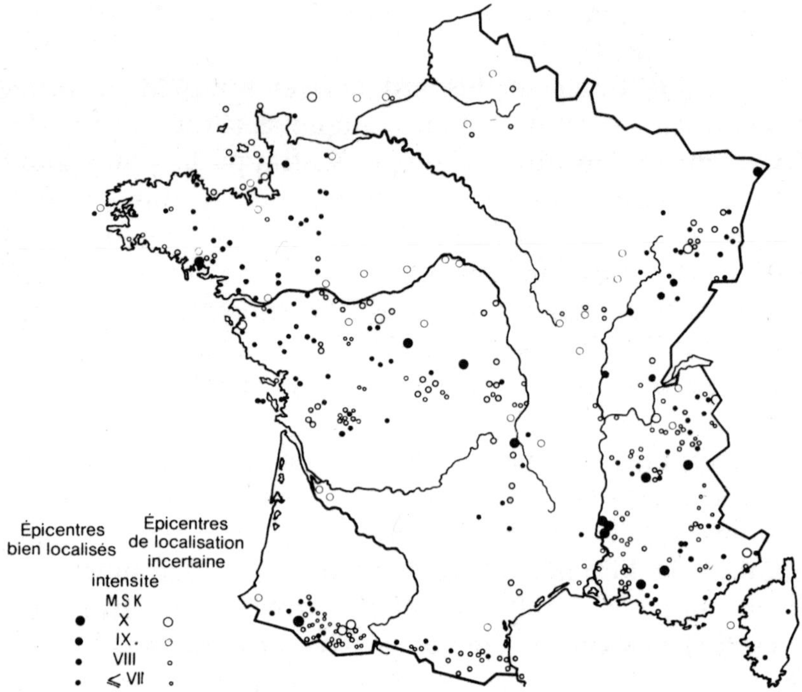

Ainsi, plus de deux douzaines de séismes destructeurs, dont un de force X et deux de force XI sans doute, se sont produits en France au cours des six derniers siècles, soit quatre par siècle en moyenne. Le nôtre, le xxe, n'en a encore connu qu'un seul, le 11 mai 1909, à Lambesc, entre Salon et Aix-en-Provence. Il y eut beaucoup de victimes, beaucoup, beaucoup plus sans doute que le chiffre de quarante auquel les historiographes officiels s'accrochent : il semble en effet que, bizarres, les autorités cherchent presque toujours et presque partout à minimiser autant qu'elles le peuvent le nombre des morts par tremblement de terre. Je l'ai remarqué sur place pour celui de mai 1960 au Chili, de patientes enquêtes l'ont montré pour divers séismes importants, ainsi celui de Tachkent en U.R.S.S., en 1966, celui de 1976 à Tangshan en Chine, et semble-t-il — et il le semble fort — pour celui de 1909 à Lambesc en France.

D'ailleurs, peu importe. Ce qui importe, c'est que *la France est condamnée à connaître des tremblements de terre destructeurs* et qu'il conviendrait que les autorités prétendument responsables qui la gouvernent et l'administrent prennent au plus tôt les mesures nécessaires pour en atténuer au maximum les effets. Ces mesures, au contraire de ce que certains tentent de faire croire, ne consistent en aucune façon dans une quelconque tentative de prévoir les tremblements de terre.

Il est vain d'espérer atteindre à une prévision suffisamment précise pour assurer la sécurité. Ce n'est pas le remarquable succès obtenu le 4 février 1975 par les Chinois, à l'occasion du séisme de Haicheng, qui démontre le contraire. Une hirondelle ne fait pas le printemps et l'exceptionnel concours de circonstances qui avait permis d'observer et d'interpréter correctement les signes avant-coureurs de ce tremblement de terre particulier ne se reproduira que très exceptionnellement. Pour mille séismes meurtriers, un de prévu, allons même jusqu'à dix, ce qui je le crains est très improbable, ce n'est pas suffisant du tout pour protéger les gens.

Cette protection repose essentiellement, d'une part sur la construction de bâtiments capables de supporter le choc maximal qu'à la lumière de l'histoire récente on doit redouter dans les zones sismiques de la France et, d'autre part, sur une organisation rationnelle des secours moins minable que celle des plans ORSEC que j'ai eu le triste privilège de voir appliquer, que ce soit en métropole ou à la Guadeloupe.

« Mais, m'a-t-on déjà rétorqué au cours de débats publics sur la question, le tremblement de terre de Bâle, il y a plus de six siècles qu'il s'est produit. Et le dernier X, celui de Nice, il y aura quatre cents trente ans bientôt. La France, sismiquement, se calme. A preuve : un seul IX à peine au cours du XXe siècle, au lieu de trois ou de quatre jadis. » A cela je réponds :

La sismicité d'une région est un phénomène géologique. C'est là, bien sûr, une lapalissade, mais il faut parfois réaffirmer des évidences dont l'évidence n'aveugle plus. Comme tous les phénomènes géologiques, il a pour unité de temps, non pas l'année, ni le siècle, ni même le millénaire, mais plutôt le million d'années. Les fluctuations observables au cours d'une époque historique, donc relativement très brève par rapport aux temps géologiques, n'ont guère grande signification en ce qui concerne la tendance générale, intensification ou décroissance, d'un phénomène qui se poursuit depuis des dizaines de milliers de siècles. Et d'un siècle à l'autre d'ailleurs, d'une année à l'autre, le nombre et la magnitude des séismes varient fort, autant à l'échelle du globe qu'à celle de la France. Il y a eu chez nous trois X du XIIIe au XVIe, puis aucun jusqu'en 1980. Il peut n'en pas survenir pendant cent ans encore ou même davantage, mais il peut s'en produire aussi bien deux ou trois en quelques décennies.

Je me permettrai, ici, une deuxième lapalissade : puisque les séismes sont un phénomène géologique à se manifester en France depuis des millions d'années, il se manifestera encore pendant d'autres millions d'années. *In secula seculorum !*

Ceci nous amène à une troisième lapalissade : plus le dernier choc destructeur ayant frappé une région donnée s'éloigne dans le temps, plus le suivant se rapproche... Méfions-nous donc davantage des lieux où le dernier séisme destructeur remonte à cent, trois cents ou six cents ans que de ceux où ils sont récents. Quoique l'exemple — unique au monde à ma connaissance — d'El Asnam où deux chocs de force X se sont succédé en un quart de siècle, montre que l'exception ici aussi peut confirmer la règle.

En fait, il n'y a en la matière aucune régularité, aucun rythme, et les seules choses intelligentes à faire sont donc de construire des bâtiments qui tiennent le choc, d'organiser un système efficace de secours (un pourcentage très considérable de victimes succombent de longues heures, de longs jours et parfois même des semaines après l'effondrement du bâtiment sous les ruines duquel elles demeurent prisonnières), de faire renforcer, dans la mesure du possible, les bâtiments existants et, d'autre part, de suivre les exemples chinois et japonais en instruisant aussi véridiquement et intelligemment que faire se peut la population de ce qui peut à tout moment se produire. Au lieu de la tenir volontairement — criminellement — assoupie dans une ignorance que trop de bonimenteurs de la télévision actuelle entretiennent.

En ce qui regarde l'architecture parasismique, il faut bien se mettre dans la tête que l'objectif n'est pas de rendre les constructions inendommageables : un tel objectif est impossible à atteindre. Celui que l'on recherche est de les empêcher de s'écrouler. S'ils ne font que se lézarder, se fissurer, perdre des morceaux de taille assez réduite pour ne pas tuer ceux qu'ils frappent, l'essentiel est atteint, qui est de sauver les vies. Bien souvent, après un séisme majeur en pays assez civilisé pour avoir construit suivant les normes parasismiques, l'on se trouve contraint d'abattre des bâtiments trop abîmés pour être réparables. Mais l'objectif essentiel a été atteint, car ils n'ont tué personne.

L'on sait parfaitement aujourd'hui, au Japon et aux États-Unis en tout cas, comment construire pour résister aux séismes de force X, et on y oblige à construire de la sorte. J'ignore si l'on sait comment renforcer, comment rendre potentiellement aussi peu meurtriers que possible les bâtiments qui n'avaient pas été édifiés dans le respect de ces règles. Je crains que les études en ce sens ne soient guère très poussées encore. Or, ce serait quelque chose de très urgent à entreprendre, et notamment en France. Un gouvernement réellement responsable programmerait cela tout de suite, sans attendre la prochaine catastrophe (ni la prochaine campagne électorale).

Bien sûr, une telle entreprise — renforcer des milliers d'édifices dans des centaines de localités — coûterait des milliards. Mais le fait est, qu'il vaut mieux dépenser des milliards à sauver des vies plutôt qu'à fabriquer toujours plus de bombes nucléaires, plus de vecteurs aériens, plus de sous-marins pour véhiculer ces bombes à prix d'or (la « dissuasion » en effet n'exige nullement d'exagérer son potentiel nucléaire, lequel sera toujours minime comparé à celui des « superpuissances »; elle consiste à entretenir le potentiel existant et à le rendre crédible) il vaut mieux dépenser des milliards à sauver des milliers de vies, lesquelles coûteraient incomparablement plus à être perdues, qu'à lancer des programmes dits de prestige, qui ne font qu'enfoncer davantage l'économie du pays dans le marasme. De surcroît un tel programme, de recherches d'abord, d'application ensuite, créerait des emplois par centaines de mille.

Pour finir, je voudrais faire remarquer que, contrairement à ce que laissent entendre certains mandarins universitaires aujourd'hui politiquement fort bien en cour, je n'ai nullement le tempérament alarmiste. Lorsqu'il n'y a pas de danger, je suis le premier à le proclamer, même lorsque cela me coûte cher à l'excès (on l'a vu avec l'éruption de la Soufrière de Guadeloupe en 1976), et à maintenir mes prises de position malgré chantages, pressions et diffamations distillés par les mêmes mandarins aux ordres.

Le cri d'alarme que je lance depuis près de vingt ans est simplement destiné à faire prendre, *à temps,* les précautions indispensables pour que soient évités les milliers de cadavres, les centaines de milliers de blessés qu'une série de tremblements de terre violents tôt ou tard risquent de provoquer. Ce risque n'est pas une probabilité, il est une certitude, que les lapalissades énoncées plus haut démontrent.

Quelles faiblesses, quelles compromissions, quels intérêts, semblables à ceux qui avaient sous-tendu l'affaire de la Soufrière, font que les gouvernants de la France se refusent en ce qui regarde les tremblements de terre ne serait-ce qu'à amorcer une politique de protection civile sérieuse ? Il semble que seule l'opinion publique puisse mettre ces gouvernants face à leur responsabilité.

Ce livre cherche à faire prendre conscience au lecteur — citoyen — consommateur — payeur d'impôts qu'il est possible, d'une part de s'organiser pour minimiser les effets des tremblements de terre, d'autre part de se conduire autrement que comme grenouilles qui se sont donné un roi ou comme des autruches, dont la légende dit qu'elles s'enfouissent la tête dans le sable pour ne pas voir ce qui menace. Pauvres autruches calomniées, elles ne se conduisent jamais de façon aussi stupide. Seuls en sont capables des humains médiocres.

Au lecteur suffisamment patient pour être arrivé jusqu'ici, je voudrais dire quelque chose que tout ce que l'on écrit sur les tremblements de terre, ce livre-ci inclus, efface de l'esprit : la probabilité d'être victime d'un séisme, même si l'on habite Tokyo, Messine, Lima, San Francisco ou Lisbonne, est incomparablement moindre que celle de mourir d'un accident de la route. A fortiori pour Nice ou Mulhouse, Perpignan ou Avignon, secouées tellement plus rarement que la Turquie, la Chine, le Japon, la Californie, l'Italie ou la Grèce.

En France, la route tue actuellement douze mille personnes et en blesse gravement trois cent mille *par an*. Les tremblements de terre n'ont pas atteint ce chiffre en six siècles. Seulement, lorsqu'ils se déclenchent, c'est une surprise totale et le bilan par séisme est de loin plus impressionnant que celui du plus meurtrier des accidents d'automobile. Mais les tremblements de terre ne sont pas du tout entrés dans l'existence quotidienne du citoyen français, alors que la voiture et la moto sont devenues aussi familières que le téléphone ou l'ascenseur, et personne dès lors ne se soucie vraiment des dangers qu'il court, sur la route ni dans la rue.

L'habitude fait oublier le risque. D'autant, qu'on ne s'efforce guère d'en entretenir la crainte, qui serait préjudiciable aux intérêts du plus puissant des groupes de pression, celui qui associe les profits du pétrole avec ceux de la voiture, de la moto, du pneumatique et du ciment. Alors qu'au contraire on exagère par tous les moyens la très minime insécurité criminelle, dont les victimes sont mille fois moins nombreuses que celles, blessés graves inclus, de la circulation. Seulement, cette campagne de sensibilisation à un danger incomparablement moindre que l'autre aura permis de restreindre ce qu'il nous reste de liberté. Ce qui, aux yeux de certains, semble beaucoup plus important que sauver la vie des citoyens et l'économie du pays.

Les habitants des régions où des tremblements de terre destructeurs se sont produits et donc se produiront doivent exiger, de ceux qui les représentent et de ceux qui les administrent, que les précautions nécessaires soient prises et cela en dépit du fait que la probabilité de périr dans un séisme soit plusieurs milliers de fois moindre que celle de succomber dans un accident de la circulation.

APPENDICES

Mesures de la pesanteur

CHACUN sait que la Terre exerce sur tout objet qui se trouve à sa surface une force d'attraction appelée pesanteur. Cette force est dirigée verticalement, c'est-à-dire vers le centre du globe. Elle est proportionnelle à la masse de matière qui se trouve entre la surface et le centre de la planète et inversement proportionnelle au carré du rayon terrestre.

Mais cette force d'attraction n'est pas la même entre tous les points de la surface du globe. Et cela tout d'abord parce que les roches dont est composée la croûte terrestre ont des densités et des épaisseurs différentes d'un endroit à l'autre : une roche basaltique de densité 3 par exemple exerce une attraction nettement plus grande qu'un même volume de sable ou de vase de densité inférieure à 2. La gravité varie d'autre part avec la latitude, puisqu'elle est inversement proportionnelle au carré du rayon terrestre et que celui-ci diminue de l'équateur aux pôles; et l'altitude qui accroît la distance de la surface au centre du globe a pour effet, elle, de diminuer la gravité.

Avec d'ingénieux instruments appelés gravimètres, on mesure l'attraction de la pesanteur en tout point du globe avec une précision extrême. Après avoir fait les corrections destinées à compenser les effets de la latitude et de l'altitude du relief environnant, on obtient une certaine valeur, qui, comparée avec la valeur théorique calculée pour une Terre supposée parfaitement homogène, donne l'anomalie de la pesanteur à l'endroit considéré. C'est sur ce principe qu'est basée la prospection gravimétrique : une masse plus dense que les roches environnantes tel un corps de minerai métallique, ou une masse moins dense, de sel ou de pétrole par exemple, seront détectées depuis la surface par leurs anomalies, positive dans le premier cas, négative dans le second.

Quelques-uns des principaux tremblements de terre

Remarque liminaire. — La magnitude, cet « enfant terrible », comme l'appelle son « père », C.F. Richter, je voudrais le rappeler une dernière fois, est une grandeur mesurée de l'énergie d'un séisme, calculée d'après une formule empirique à partir d'une amplitude inscrite sur le sismographe. Or cette amplitude varie pour diverses raisons parmi lesquelles le mécanisme du choc, qui peut provoquer des différences azimutales qui donneront une intensité plus grande dans certaines directions, la distance entre foyer et sismographe, la nature du substratum géologique de la station d'observation, et d'autres raisons plus ou moins subtiles; une difficulté supplémentaire provient de la nécessité de réduire à celles fournies par un type standard les données des nombreux modèles de sismographes employés. Ajoutons à cela le fait que tous les sismologues ne sont pas entièrement d'accord avec la même formule pour la conversion des microns de l'amplitude enregistrée en chiffres de magnitude, et vous saisirez immédiatement pourquoi des écarts existent entre les magnitudes calculées de par le monde pour un même choc, écarts qui peuvent atteindre jusqu'à un degré entier (par exemple, pour la secousse principale de la crise chilienne, celle du 22 mai 1960 à 19 h 11 mn 17 s TMG, les magnitudes calculées ont été les suivantes : Pasadena, Californie, entre 8,25 et 8,5; Moscou, 8,4; Berkeley, Californie, 8,5; Matsushiro, Japon, 8,75; Kew, Angleterre, et Strasbourg, 8,9...). D'autre part, à mesure que les travaux théoriques et que les techniques d'enregistrement progressent, les formules adoptées évoluent, leurs coefficients subissent des modifications, et les grandeurs obtenues par conséquent changent.

Il faut donc bien se convaincre que les chiffres de magnitude ne sont que des ordres de grandeur. Mais leur précision, quoique loin encore d'être extrême, est excellente déjà pour donner une idée pondérée de l'énergie, des forces libérées par un tremblement de terre.

Date	*Lieu*	*Morts*	*Magnitude*
1456	NAPLES	30 000	
1556	CHEN-SI	830 000	
1716	ALGER	20 000	
1755	LISBONNE	60 000	
1759	BAALBEK	20 000	
1783-1786	CALABRE	60 000	
1819	KUTCH (Indes)	1 800	
1883 28 VII	ISCHIA (Italie)	2 300	
1891 28 X	MINO-OWARI (Japon)	7 300	
1897 12 VI	ASSAM	1 542	8,7 R (R = selon Richter 1958)
5 VIII	38 N 143 E		8,7 R
20 IX	6 N 122 E		8,6 R
21 IX	6 N 122 E		8,7 R
1899 10 X	YAKUTAT (Alaska)		8,6 R
1902 22 VIII	40 N 77 E		8,6 R
1905 4 IV	KANGRA (Inde)	19 000	8,6 R
23 VII	49 N 98 E		8,7 R
1906 31 I	COLOMBIE		8,9 R
17 III	FORMOSE	1 250	
18 IV	SAN FRANCISCO	700	8,3 R
17 VIII	VALPARAISO		8,6 R
1908 28 XII	MESSINE	82 000	7,5 S (S = magnitude calculée à Strasbourg)
1911 3 I	TIEN CHAN		8,7 R
1915 13 I	AVEZZANO (Italie)	30 000	
1917 1 V	29 S 177 O		8,6 R
26 VI	15 S 173 O		8,7 R
1920 16 X	KANSON	180 000	8,6 R
1923 1 IX	KWANTO (Japon)	140 000	8,2
1927 7 III	TANGO (Japon)	3 000	7,9 R
1929 7 III	51 N 170 O		8,7 R
1930 26 XI	IDU (Japon)		
1933 3 III	SANRIDU	3 000	8,9 R
1935 31 V	QUETTA (Belouch.)	30 000	
1938 1 II	5 S 130 E		8,6 R
1939 25 I	CONCEPCION (Chili)	25 000	8,3 R
26 XII	TURQUIE	25 000	7,9 R
1940 10 XI	BUCAREST	1 000	
1942 24 VIII	15 S 76 O		8,7 R
1943 10 IX	TOTTORI (Japon)	1 400	7,4 R
1944 15 I	SAN JUAN (Argentine)	5 000	
1946 10 XI	ANCASH (Pérou)	1 500	7,4

1948	28 VI	Fukui (Japon)	5 300	7,3
	4 X	Turkmenistan (Iran)	3 000	7,3
1949	5 VIII	Ambato (Equateur)	6 000	6,75
1950	15 VIII	Assam	1 526	8,7 R 8,6 S
1951	6 V	San Salvador	4 000	
1952	4 III	Tokaichi (Japon)	600	8,6 R 8,3 S
1953	9-13 VIII	Iles Ioniennes	500	7 (longue et forte crise)
1954	9 IX	Orléansville	1250	67 S
	29 III	Grenade (Espagne)		7 S
			Prof.	640 km
				470 km
1955	17 II	Lipari (Italie)		
1956	9 VII	Santorin (Grèce)	53	7,7 S
1957	4 XII	Altaï (Mongolie Ext.)	20	8,6 R
	13 XII	Kurdistan	2 000	7,25 S
	25 IV	Thessalie (Grèce)		7,25 S
1960	29 II	Agadir (Maroc)	10 000	
	24 IV	Lar (Iran)	1 000	5,75 S
	22 V	Chili (choc principal)	5 à 10 000	8,9 S
				S. moy. 8,6
1961	26 II	Kyu-Shu (Japon)	1	7,2
	23 VI	Nouvelles-Hébrides	—	7,2
	20 XII	Balboa (Colombie)	23	6,75
1962	30 VII	Colombie	47	6,75
	21 VIII	Naples (Italie)	20	6
	28 VIII	Grèce	21	6,75
	1 IX	Buyin-Zahra (Iran)	12 000	7,5
1963	26 VII	Skopje (Yougosl.)	1 028	5,8
	2 IX	Cachemire (Inde)	29	5,5
1964	27 III	Prince Williams Sound (Alaska)	114	8,4 à 8,75 (Berkeley)
	16 VI	Hondo (Japon)	26	7,5
	6 VII	Mexique	36	7,5
	9 VII	Nouvelles-Hébrides	—	7,5 à 8
	6 X	Turquie	36	7
1965	28 III	Chili	400	7,25
	23 VIII	Mexique	8	7,5
1966	20 III	Uganda, plus de	100	7
	19 VIII	Turquie. plus de	3 000	6,75
	17 X	Pérou	125	7,5

LISTE DES TREMBLEMENTS DE TERRE DE MAGNITUDE 7 A 8 POUR LA PÉRIODE DE 1960 A 1978

Date	*Lieu*	*Nombre de morts*	*Magnitude*
1960			
13.01	Pérou		7.5
13.01	Pérou		7.0
21.05	Chili		7.2
22.05	Chili		7.3
20.06	Chili		7.2
25.07	Kamchatka		7.0
28.10	Kamchatka		7.0
01.11	Chili		7.3
13.11	Fox Islands, Aleutian Island		7.0
24.11	Iles Fidji		7.0
03.12	Mongolie		7.0
13.12	Macquarie Islands		7.2
1961			
22.01	Santa Cruz		7.0
07.03	Iles Kermadec		7.3
19.08	Côtes Pérou-Brésil		7.0
31.08	Côtes Pérou-Brésil		7.1
31.08	Côtes Pérou-Brésil		7.5
01.09	Iles Sandwich		7.5
08.09	Iles Sandwich		7.6
13.09	Chili		7.0
1962			
14.02	Chili		7.2
07.03	Iles Mariannes		7.0
17.03	Atlantique Nord		7.0
12.04	Japon (Nord-Est) Monshu		7.1
23.04	Japon (Mok Kaïdo)		7.1
06.05	Mer de Scotie		7.0
11.05	Mexique		7.0
19.05	Mexique		7.1
21.05	Changhai (Chine)		7.1
03.08	Chili		7.1
01.09	Iran		7.2

1963			
13.02	Taïwan		7.2
26.02	Nouvelle-Guinée		7.3
16.03	Iles Kuril		7.0
26.03	Iles Kermadec		7.2
28.03	Iceland		7.1
19.04	Chine (Changhai)		7.0
01.05	Nouvelles-Hébrides		7.0
15.08	Côtes Pérou-Bolivie		7.7
15.09	SantaCruz		7.3
17.09	Santa Cruz		7.2
18.12	Iles Fidji		7.3
1964			
21.03	Mer Banda		7.0
07.05	Japon (Monshu)		7.0
26.05	Iles Sandwich		7.3
16.06	Japon (Monshu)		7.3
23.06	Iles Kuril		7.0
09.07	Nouvelles-Hébrides		7.2
12.09	Auckland		7.2
17.11	Nouvelle-Bretagne (Ile de la Mélanésie)		7.2
1965			
24.01	Mer de Céram		7.6
04.02	Rot Islands		7.7
23.02	Chili		7.0
14.03	Hindu-Kush (région)		7.5
28.03	Chili		7.1
02.08	Iles Macquaire		7.1
11.08	Nouvelles-Hébrides		7.0
11.08	Nouvelles-Hébrides		7.0
13.08	Nouvelles-Hébrides		7.3
23.08	Mexique		7.2
12.09	Archipels Chagos		7.0
1966			
07.03	Hopek (Chine)		7.1
12.03	Formose		7.8
22.03	Hopek (Chine)		7.3
15.06	Iles Salomon		7.5
15.06	Iles Salomon		7.5
04.07	Aléoutiennes		7.0
07.08	Aléoutiennes		7.0
19.08	Turquie Orientale	2 520	7.0
17.10	Lima (Pérou)	110	7.6
28.12	Chili (Taltal)		7.8
31.12	Iles Santa Cruz		7.7
31.12	Iles Santa Cruz		7.4
1967			
05.01	Mongolie		7.5
19.01	Fidji		7.0
20.01	Mongolie		7.0
09.02	Colombie		7.2
19.03	Kormites		7.0
21.05	Sumatra		7.0
22.07	Turquie (Mudurnu)	173	7.3
30.08	Chine		7.0
09.10	Formose		7.0

15.10	Mexique		7.0
25.10	Formose		7.0
21.12	Chili		7.3
25.12	Fidji		7.1
27.12	Chili		7.0
1968			
19.02	Mer Egée (Ile de St-Eustratios)		7.4
01.04	Shikoku (Japon)		7.8
16.05	Tokachioki (Japon)		8.2
23.05	Nouvelle Zélande		7.4
19.06	Pérou		7.0
01.08	Luzon (Philippines)	216	7.5
02.08	Mexique		7.5
14.08	Khorazon (Japon)	10 488	7.4
14.08	Célèbes (Indonésie)		7.7
14.10	Australie Occidentale		7.3
23.10	Nouvelle-Guinée		7.4
1969			
05.01	Iles Salomon		7.4
06.01	Iles Santa-Cruz		7.1
19.01	Hokkaïdo		7.0
24.01	Iles Fidji		7.0
30.01	Iles Talaud		7.5
03.02	Iles Talaud		7.1
11.02	Mer de Banda		7.0
23.02	Célèbes (Indonésie)		7.3
28.02	Ouest de Gibraltar		8.0
27.03	Iles Taland		7.1
31.03	Mer Rouge		7.0
11.04	Détroit des Moluques		7.0
21.04	Kyuschu		7.0
14.05	Aléoutiennes		7.0
18.07	Chine	3 000	7.6
05.08	Détroit des Moluques		7.2
11.08	Kouriles		7.8
17.08	Golfe de Californie		7.3
21.11	Sumatra		7.7
22.11	Kamtchatka		7.3
25.12	Petites Antilles		7.2
1970			
04.01	Yunnan (Chine)		7.5
08.01	Kermadec		7.0
10.01	Mindonoo		7.5
20.01	Tonga (Ile Raoul)		7.4
28.02	Aléoutiennes		7.0
27.03	Moluques		7.0
28.03	Turquie	1 086	7.4
07.04	Iles de Luçon		7.6
12.04	Philippines		7.1
29.04	Mexique		7.2
27.05	Iles Marianne		7.1
31.05	Aucash (Pérou)	5 400	7.8
11.06	Iles Macquaire		7.2
15.06	Terre de Feu		7.0
24.06	Archipel de la Reine Charlotte		7.2
25.07	Japon		7.0
31.07	Equateur Oriental	7.0	

11.09	Nouvelles-Hébrides		7.0
30.08	Mer d'Okhotsk		7.2
31.10	Nouvelle-Guinée		7.1
10.12	Equateur Pérou		7.3
1971			
10.01	Nouvelle-Guinée		8.0
04.02	Sumatra		7.1
08.02	Shetlands du Sud		7.0
02.05	Aléoutiennes		7.0
18.05	Sibérie		7.0
22.05	Anatolie		7.0
17.06	Nord du Chili		7.0
09.07	Chili Central		7.6
14.07	Nouvelle-Bretagne		7.9
26.07	Nouvelle-Bretagne		7.9
27.07	Equateur		7.3
02.08	Hakkaïdo		7.2
05.08	Atlantique Equatorial		7.0
05.09	Sakhaline		7.7
27.10	Nouvelles-Hébrides		7.1
21.11	Iles Salomon		7.1
24.11	Kamtchatka		7.4
15.12	Kamtchatka		7.8
1972			
04.01	Formose		7.4
23.01	Nouvelles-Hébrides		7.2
25.01	Formose		8.5
25.01	Formose		7.8
14.02	Iles Santa Cruz		7.4
29.02	Sud du Japon		7.3
10.04	Iran	5 374	7.0
24.04	Formose		7.4
25.04	Philippines		7.5
22.05	Philippines		7.0
22.05	Iles Tonga		7.1
11.06	Mer des Célèbes		7.5
30.07	Sitkie (Alaska)		7.6
17.08	Nouvelle-Bretagne		7.1
04.09	Iles de Santa Cruz		7.0
02.12	Philippines		7.8
04.12	Sud du Japon		7.5
23.12	Managua	4 à 6 000	6.7
1973			
18.01	Nouvelle-Bretagne		7.0
30.01	Mexique		7.5
06.02	Chine		7.7
28.02	Kamtchatka		7.4
17.03	Philippines		7.5
17.06	Iles Kouriles		7.8
24.06	Iles Kouriles		7.5
28.08	Mexique	538	7.2
29.09	Mer du Japon		7.0
06.10	Atlantique Sud		7.5
28.12	Nouvelles-Hébrides		7.5
28.12	Nouvelles-Hébrides		7.2

1974

02.01	Chili		7.0
10.01	Nouvelles-Hébrides		7.2
31.01	Iles Salomon		7.0
01.02	Iles Salomon		7.1
08.05	Japon		7.0
02.07	Kermadec		7.3
04.07	Mongolie		7.0
13.07	Colombie		7.2
30.07	Hindou-Kouch		7.4
11.08	Pamir		7.3
18.08	Chili		7.1
27.07	Iles Kouriles		7.0
03.10	Pérou		7.6
08.10	Antilles		7.1
16.10	Atlantique		7.3
23.10	Iles Salomon		7.1
09.11	Pérou		7.2
20.11	Nouvelles-Hébrides		7.1
29.11	Iles Bonin		7.4
28.12	Pakistan	900	6.2

1975

19.01	Cachemire		7.0
02.02	Iles Aléoutiennes		7.5
04.02	Chine	7.4	
10.05	Chili		7.8
26.05	Atlantique Nord		8.0
10.06	Iles Kouriles		7.1
10.07	Mindanoo		7.0
20.07	Iles Salomon		7.4
20.07	Iles Salomon		7.8
06.09	Lice (Turquie)	2 386	6.8
01.10	Sumatra		7.0
06.10	Iles Santa-Cruz		7.1
11.10	Iles Tonga		7.8
31.10	Philippines		7.7
29.11	Hawaï		7.2
26.12	Samoa		7.6

1976

14.01	Iles Kermadec		8.0
04.02	Guatéméla	2 300	7.5
29.05	Chine	80 000	6.9
20.06	Sumatra		7.0
25.06	Nouvelle-Guinée		7.1
11.07	Panama		7.0
27.07	Chine		8.0
28.07	Chine		7.1
29.10	Nouvelle-Guinée		7.2
24.11	N.O. Bord Iran/U.R.S.S.	3 000	7.3

1977

21.03	Iran		7.0
20.04	Iles Salomon		7.2
29.07	Iles Salomon		7.2
19.08	Sud Iles Sumbuwa		8.0
26.08	S.O. Océan Atlantique		7.0
10.10	Sud-île Tonga		7.2
23.11	Argentine		7.1

1978

09.02	Iles Kermadec		7.7
17.06	Iles Tonga		7.2
23.07	Taïwan		7.1
24.07	Taïwan		
23.08	Costa Rica		7.2
16.09	Iran	20 000	7.8
16.04.79	Yougoslavie	200	

Échelle internationale des intensités ou Mercalli modifiée.

Degré I : secousse seulement inscrite par les sismographes, imperceptible à l'homme.

Degré II : secousse ressentie par quelques personnes isolées et surtout aux étages supérieurs des maisons.

Le 11 juin 1938 vers midi, se produisit en Belgique un séisme suffisamment fort pour qu'il ait renversé plus de quinze mille cheminées dans la région de Courtrai et pour qu'il ait intéressé une surface de 120 000 km^2 dont 24 000 en France : il fut légèrement perçu, avec le degré II, dans la région parisienne, et pour Paris même le professeur Lemoine constata que sur cent cinquante-cinq réponses positives à son enquête, soixante-huit provenaient de personnes habitant au cinquième ou au sixième étage alors que deux personnes seulement dans la rue et trois au rez-de-chaussée avaient signalé avoir ressenti cette secousse.

Degré III : secousse assez forte pour être ressentie par un certain nombre de personnes et pour que la durée et la direction de la secousse soient appréciées.

Degré IV : ébranlement constaté par un petit nombre de personnes en plein air, par beaucoup à l'intérieur des maisons; la vaisselle vibre, les planchers et les plafonds craquent comme quand un camion lourdement chargé passe dans une rue pavée.

Degré V : ébranlement *constaté par toute la population*; ébranlement de meubles et de lits; tintement de quelques sonnettes.

Degré VI : réveil général des dormeurs; des personnes effrayées sortent des habitations; tintement général des sonnettes; oscillations des lustres, arrêt des pendules; ébranlement apparent des arbres; dans les maisons mal construites les crépis se fendillent, des plâtras tombent.

Degré VII : épouvante générale sans dommage aux édifices bien construits; tintement des cloches dans les églises, lézardes dans certains bâtiments : chute des cheminées en mauvais état, qui peut causer des dégâts aux toits; vitres brisées; la vase des étangs est remuée; des vagues se produisent sur certains cours d'eau. Les maisons en bois et branchages entrelacés des régions tropicales, les maisons japonaises en bois restent intactes.

Degré VIII : la plupart des cheminées s'effondrent; fentes béantes dans les bonnes constructions; les statues tournent sur leur piédestal ou tombent; les clochers d'église, les cheminées d'usine souffrent le plus, leur chute peut causer des dégâts importants; dans les pays de montagnes des rochers tombent des sommets.

Degré IX : destruction partielle ou totale de quelques édifices; les maisons européennes sont sérieusement endommagées, un grand nombre rendues inhabitables.

Degré X : la plupart des bâtiments en pierre sont détruits, les solides bâtiments en bois et les ponts subissent des dommages, quelques-uns sont détruits; les conduites d'eau, de gaz sont brisées; dans les rues des fentes se produisent. Il se forme des fissures dans les terrains meubles, des éboulements le long des pentes et des berges. L'eau des rivières et des lacs est projetée sur le rivage.

Degré XI : il ne subsiste rien des bâtiments de pierre; de solides constructions de bois et de branchages ne résistent que dans des cas isolés. Les ponts les mieux construits sont détruits, les rails de chemin de fer tordus, les digues disjointes.

Degré XII : rien ne demeure plus des œuvres humaines : il se produit de véritables changements dans la topographie : des failles, des dislocations horizontales importantes, des éboulements de montagne, la formation de lacs, de cours d'eau, etc.

Bibliographie des ouvrages et articles consultés par l'auteur

1) *Introduction à la sismologie. Tectonique générale.*

BULLARD E.C. : The Earth as a Planet, *Chicago,* 1954.

COULOMB J. : La Constitution physique de la terre, *Albin Michel, Paris,* 1952.

COULOMB J., GOGUEL J., ROTH J.-P. : *In* La terre (Coll. La Pléiade), *Paris,* Nouvelle édition.

EIBY G. A. : Earthquakes, *London,* 1957.

GOGUEL J. : Étude mécanique des déformations de l'écorce terrestre, *Paris,* 1943.

GUTENBERG B. & RICHTER Ch. F. : Seismicity of the Earth, *Princeton,* 1954.

HOWELL B. J. : Introduction to Geophysics, *New York,* 1959.

JACOBS-RUSSEL-WILSON : Physics and Geology, *London*, 1959.

MEUNIER St. : Les Convulsions de l'écorce terrestre, *Paris,* 1910.

MONTESSUS de BALLORE F. DE. : Les Tremblements de terre, *Paris,* 1905-1923.

RICHTER Ch. F. : Elementary seismology, *San Francisco*, 1958.

ROTHÉ Edm. : Les Tremblements de terre, *Paris,* 1942.

SCHEIDEGGER A. E. : Principles of Geodynamics, *Göttingen,* 1958.

TAZIEFF H. : 1972. Les Volcans et la Dérive des Continents, P.U.F.

2) *Descriptions de séismes, historique.*

DAVISON C. : Great Earthquakes, *Murby, London,* 1936.
HUMBOLDT A. VON : Cosmos.
ROTHÉ Edm. : Les tremblements de terre en France *in* Revue pour l'Étude des Calamités, *Genève*, 1926.
ROTHÉ J. P. : Chronique séismologique *in* Revue pour l'Étude des Calamités, *Genève,* 1938-1961.
MONTANDON Fr. : Les tremblements de terre destructeurs en Europe, *Genève,* 1953.
U.S. Geol. Survey. The Alaska, 1964.
d° The San Fernando, 1971.
VOGT J. : 1979, Les Tremblements de Terre en France, B.R.G.M. Orléans.

3) *Articles.*

a) *Sismologie.*

BATH M. : The problem of magnitude détermination, *Strasbourg,* 1956.
BYERLY P. : Earthquake Mechanisms, *Science,* May 1960, 131.3412.
COULOMB J. : Séismométrie *in* Encyclopedia of Physics, *Springer, Göttingen,* 1956.
DAMMANN Yvonne : Le Séisme du Kansu. *Thèse.*
GUTENBERG B. & RICHTER Ch. F. : Magnitude & Energy of Earthquakes, *Natures*, 44^{86}, 1955.
KAMAMORI H. : Quantification of earthquakes, *Nature,* Vol. 271 n° 5644, 1978.
NISHIMURA. : Eicchi-Phenomena foretelling... destructive Earthquakes, *Kyoto Univ. Bull.*, 6, 1953.

PETERSCHMITT E. : Séismes profonds de la mer Tyrrhénienne, *Annali di Geofisica, Roma*, 1956.
SASSA K. & NISHIMURA E. : On phenomena forerunning Earthquakes, *Bur. Cent. Seis. Int., Strasbourg*, 1954.
TAZIEFF H. : Méthode de mesure tension O. *Bull. Soc. B. Géol.*, 1962.
The Alaska Earthquake — March 27 1964 U.S. Geol. Survey Professional Paper 541-542

b) *Tectonique — Géographie.*

AMBROGGI A. : Le Séisme d'Agadir, *Rabat*, 1960.
BERG G. V. and STRATTA J. L. : Anchorage and the Alaska Earthquake. Am Steel Institute *New York*, 1964.
DESPEYROUX J. : Mission en Yougoslavie. Le séisme de Skopje. U.N.E.S.C.O. n° 24, octobre 1963.
LOUPEKHINE I.S. : Uganda, the Toro earthquake of March 20 1966, U.N.E.S.C.O., *Paris*, July 1966.
Preliminary report Prince William Sound Alaska earthquakes. March April 1964. USCGS. *Washington*, 1964.
ROTHÉ J.-P. : Sismicité des Alpes occidentales, *I.P.G., Strasbourg*, 1931.
TAZIEFF H. : Signification tectonique des glissements de terrain, Chili, *C. R. Ac. Sc., Paris*, 1961.
WEISCHET W. : Transformaciones geograficas... sismo 22-5-60, *Santiago Chile*, 1960.

c) *Océanographie.*

BULLARD E. C., MAXWELL A. E., REVELLE R. : Heat flow through the deep sea floor. *Acad. Press.*, 1956.
HURLEY P.M. : Conformation Continental Drift. Sci. Amer. 218,4. 1968.
MENARD H : East Pacific Rise, *Science*, vol. 132, 1960.
OULIANOFF N. : Transport de matériaux meubles sur les fonds océaniques, *C. R. Ac. Sc., Paris*, 1960.

ROTHÉ J.-P. : La zone séismique médiane indo-atlantique, *London,* 1954.
RUNCORN Sk. : Continental Drift, Academic Press. 1962.
TAZIEFF H. : Profils en travers du centre de la mer Rouge, *Cong. Géol. Int.*, 1952.
TAZIEFF H. : The Afar Triangle. Sci. Amer. 222,2 32/40, 1970.

d) *Volcanosismologie.*

EATON J.-P., MURATA K. J. : How volcanoes grow, *Science,* vol. 132, n° 3432, 1960.
GORSHKOV G. X. : On some theoretical problems of volcanology, *Bull. volc.*, XIX, *Napoli,* 1958.
GORSHKOV G. S. : Some results of Seismometric Investigations at the Kamtchatka, volcanological station, *Bull. vol.*, XXIII, *Napoli,* 1960.
MACDONALD G.A. : Volcanology, *Science,* vol. 133 n° 3454, 1961.
MINAKAMI T. : Fundamental Research for predicting volcanic eruptions, *Bull. Earthqu. Res. Inst., Tokyo,* 1960.
SASSA K. : Micro-seismometric study on eruptions of volcano Aso Mem. *Coll. Sc., Kyoto*, 1936.
SHIMOZURU D., BERG E. : Seismological study of Niyragongon volcano, *Bull. Ac. R. Sc. O. M., Bruxelles,* 1961.
TOKAREV P. I. : Estimation énergétique des séismes du volcan Bezimianny (en russe), *Bull. Stat. volc. de l'Ac. Sc. u.r.s.s.,* 1960
The San Fernando, California, Earthquake of February 9, 1971
U.S. Geol. Survey. Professional Paper 733, 1971.
Earthquake Shaking and Damage to buildings. R.A. Page, J.A. Blume, W.B. Joyna. Science : Vol. 189, 1975 pp. 601-608.
WEBER Christian : Animaux et Séismes, La Recherche, vol. 8, n° 84, p. 1098-99, 1977.

LOTT D.F., HART B.L., VEROSUB K.I., HOWELL M. H. : Is unusual animal behavior observed before earthquakes ? Yes and no. *American Geophysical Union*. Paper N° 9 L 1059.

e) *Prévision — Protection*

xxx Prediction of the Haickery Earthquake.

C. & L. LOMNITZ 1978, Tangshan 1976 : A case history in earthquake prediction in *Nature*. Vol. 271 N° 5641.

L. R. SYKER & Y. P. AGGARIVAL : Earthquake Prediction : Physical Basis. *Science,* vol. 181. pp. 803-810. 1973.

WEBER Ph. : La prédiction des tremblements de terre : des succès récents en Chine. *La Recherche*, n° 65, pp. : 258-261. 1976.

Règles parasismiques. 1969.

Éditions Eyrolles. 1976.

TABLE DES CARTES
dessinées par Pierre Simonet.

Les séismes du Chili 38
Planisphère des séismes.. 94
Les principaux tremblements de terre en Asie
centrale 138
Japon.. 151
Arcs et abysses circumpacifiques 166
La grande dorsale subocéanique mondiale
et ses principaux épicentres connus.. 210

TABLE DES MATIÈRES

LA TERRE TREMBLE 9

PREMIÈRE PARTIE

LE GRAND SÉISME DU CHILI

I. — Destruction et mirages 25
II. — Intensités et magnitudes 33
III. — Bâtir en pays instable 45
IV. — Cinq départements s'affaissent 53
V. — Un sacrifice humain 61
VI. — Maremoto 67
VII. — Rio Golgol 77
VIII. — Riñihue 83
IX. — Glissements de terrain et nappes de charriage 89

DEUXIÈME PARTIE

GÉOGRAPHIE DES TREMBLEMENTS DE TERRE

I. — Zone méditerranéenne 113
Grèce 113
Yougoslavie 117

Italie 119
Ibérie 122
Maghreb 126
II. — La ceinture asiatique 131
III. — La ceinture du Pacifique 145
Japon 149
Kurriles, Kamtchatka 158
Sud-Est asiatique 159
Sud-Ouest du Pacifique 161
Amérique Latine 164
Californie 179
Alaska 188
IV. — La chaîne de montagnes la plus longue du monde 195
V. — Zones « stables » 207

TROISIÈME PARTIE

LES INSTRUMENTS ET CE QU'ILS ENSEIGNENT

I. — Les sismographes 225
II. — Langage des sismographes 233
III. — Sismologie volcanique 247
IV. — La sismicité de la France 279

APPENDICE

Mesures de la pesanteur 291
Quelques-uns des principaux tremblements de terre 293
Échelle internationale d'intensités 303
Bibliographie 305
Table des cartes 311

L'impression de ce livre
a été réalisée sur les presses
des Imprimeries Aubin
à Poitiers/Ligugé

pour le compte de France Loisirs

Achevé d'imprimer le 14 septembre 1981
N° d'édition, 6201. — N° d'impression, L 13887
Dépôt légal, 4e trimestre 1981

ISBN 2-7242-1091-3

Imprimé en France